中国非遗保护的当代传播实践

Contemporary Communication Practice of the Safeguarding of Intangible Cultural Heritage in China

杨 红 著

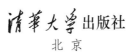

版权所有，侵权必究。举报：010-62782989，beiqinquan@tup.tsinghua.edu.cn。

图书在版编目（CIP）数据

中国非遗保护的当代传播实践 / 杨红著 . -- 北京：清华大学出版社 , 2024. 10. -- ISBN 978-7-302-67327-9

Ⅰ. G122

中国国家版本馆 CIP 数据核字第 2024MG3592 号

责任编辑：周　菁
封面设计：傅瑞学
责任校对：王荣静
责任印制：杨　艳

出版发行：清华大学出版社
网　　址：https://www.tup.com.cn，https://www.wqxuetang.com
地　　址：北京清华大学学研大厦 A 座　　邮　编：100084
社 总 机：010-83470000　　邮　购：010-62786544
投稿与读者服务：010-62776969，c-service@tup.tsinghua.edu.cn
质 量 反 馈：010-62772015，zhiliang@tup.tsinghua.edu.cn
印 装 者：三河市君旺印务有限公司
经　　销：全国新华书店
开　　本：165mm×238mm　　印　张：14.75　　插页：1　　字　数：233 千字
版　　次：2024 年 10 月第 1 版　　印　次：2024 年 10 月第 1 次印刷
定　　价：88.00 元

产品编号：107148-01

序　言

近年来,《舌尖上的中国》《传承者》《去有风的地方》等与非物质文化遗产相关的纪录片、综艺节目以及电视剧成为"霸屏"一时的社会热点,丰富而活态的非物质文化遗产(简称:非遗)给大众媒体提供了取之不尽的文化内容资源。与此同时,传统戏曲、传统手工艺等各类非遗也通过无所不在的网络新媒体得到了前所未有的展示与传播。这些来源于传统、存续于当代的无形文化重新回归当代人的生活世界,并获得了超乎以往的关注与热度。

非物质文化遗产是中华优秀传统文化的重要组成部分,已上升为国家文化战略的重要组成部分,正处于赓续与振兴的机遇期。2017 年 1 月,中共中央办公厅、国务院办公厅印发了《关于实施中华优秀传统文化传承发展工程的意见》,提出要实施"非物质文化遗产传承发展工程",进一步完善非遗的保护制度,同时强调要实施传统节日振兴工程、传统工艺振兴计划等。2021 年 8 月,中共中央办公厅、国务院办公厅又就进一步加强非物质文化遗产保护工作印发意见,提出要"加大非物质文化遗产传播普及力度"。当前,在促进基本文化基因与当代文化相适应、与现代社会相协调的过程中,准确阐释、创新传播、有机融入、有效转化是非物质文化遗产等传统文化得以传承和弘扬的重要步骤。"十四五"时期,传承弘扬中华优秀传统文化、提高社会文明程度是《国民经济和社会发展第十四个五年规划和 2035 年远景目标纲要》关于文化发展提出的目标之一。只有当中华传统文化及其所蕴含的价值通过广泛传播并被广大人民群众所认知,才能发挥优秀传统文化提高社会文明程度的作用。要达到这个目标,传播是核心环节,而非遗传播工作则成为"十四五"时期非遗保护的重要内容。

回顾我国非遗保护的历程,从加入联合国教科文组织《保护非物质文化遗产公约》开始,经过了 20 年的探索与发展。可以说,中国非物质文化遗产保护事业迎来了一个注重系统性保护、高质量发展,注重保护成果惠及当代的新阶段。我国的非遗保护事业呈现传承与传播两大类举措并行的格局,尤其是近年来,非遗传播实践的覆盖面、纵深度不断拓展,结合"十四五"时期我国非遗保护规划在传播方面的布局,主要有四方面的实践方向:

兴建各级非物质文化遗产馆，完善非遗传承体验设施体系。设立非遗展示场所是非物质文化遗产系统性保护的重要组成部分，也是非遗传播的重要阵地。随着非遗保护工作的深入推进，包括非遗馆在内的非遗传承体验设施体系建设成为一项重点保护措施。其中，非遗馆是"十四五"期间推进非遗保护传承事业发展的重点。国家"十四五"规划和2035年远景目标纲要的专栏部分明确提出要建设20座国家级非物质文化遗产馆。据前期在全国范围开展的《非物质文化遗产馆建设情况调查问卷》数据显示，已建成或正在建设的区域综合性非遗馆就达到了339座，各类非遗展示场馆数量已经达到数千座。"十四五"期间，将有更多不同层次的非遗馆建成或投入建设。作为一类新兴的公共文化设施，非遗馆将成为弘扬中华优秀传统文化、提升社会文明程度、推动文化和旅游融合发展的重要阵地。

促进非遗新媒体传播，聚力培育品牌传播项目。从"十三五"到"十四五"，从"宣传传播"到"传播普及"，非遗传播工作实现了三个转变：从名词普及向深度传播过渡、从表象展示向价值传播过渡，以及由单向传播向全民传播过渡。传播工作切实帮助更多非遗项目回归日常生活、焕发生机。与此同时，我们感受到现代传播对非遗传承走向的影响力、对传承人和从业者生计的作用力，以及对全社会尤其是青年一代对非遗保护意义认同度的决定性作用。当代，新媒体已成为非遗实践媒介化的核心渠道，大众借助新媒体参与非遗传播的广度和热度已成为当代非遗保护实践活力的重要来源，"十四五"时期预计将有更多非遗传承及保护人群拥抱新媒体，扩大非遗保护的"朋友圈"。

非遗与旅游的融合发展使旅游业成为传播非遗的广阔平台。非遗作为一类传统文化形态，在与旅游的融合中实现从日渐式微的原有存续场景到各类当代场景的延伸，有利于促进文化遗产形成"有效保存—合理利用—反哺保护"的良性循环。而其中的核心问题就是正确认识文化遗产保护与经济社会发展的关系，在保护中发展，在发展中保护。非遗与旅游的融合，实质上就是非遗借助旅游业获取更多保护和发展动力的问题，旅游业完全可以成为实现非遗创造性转化、创新性发展的重要渠道和动力。随着文化旅游持续增长，旅游业可为非遗带来可观收益用于反哺保护，还可创造就业机会、遏制人员外流、增强当地人身份认同和文化自觉意识、增强地方发展潜力等。在现阶段，非遗与旅游融合发展的现实意义已不局限于非遗相关产品和服务贸易带来的经济利益，更重要的是二者所形成的互动关系赋予文旅消费行为以特殊的意义，在互动中确认了非遗在身份认同、文化交流层面的重要价值。

推动非遗融入国民教育体系，使"非遗进校园"常态化。学校教育重在培养人，而非物质文化遗产是国家人才培养的战略资源。结合人才培养的需要和社会发展的需求，使非物质文化遗产更大范围、更深层次地通过教育手段普及，才能充分发挥非遗的当代价值，凸显其战略资源的突出优势。与此同时，学校教育可推动协同创新。非遗保护是一项充满活力的、可持续的社会文化事业，由一代代人来继承和实践，而一代代人又在其中体现出自我价值和时代表达。因而，非遗等传统文化教育可与新时代创新创业教育有机融合，促进非物质文化遗产中文化基因的转化应用。

当代可见的非物质文化遗产，既得益于代际传承，也与其跨越时空的人际传播息息相关，是其得以在时间长河中得以活态传承的重要原因；传承与传播缺一不可，共同维系着非物质文化遗产活态存在的生命力。以传播视角对非遗保护展开研究，有助于我们理解当代非物质文化遗产传承与发展中出现的各种现象，也有助于完善对非遗系统性保护的认知体系和措施体系。

中华优秀传统文化是中华民族的宝贵财富，而传播则是文化保护传承利用的核心一环，从凝聚文化认同到支撑社会创新，非遗传播承载着重要的历史使命。

2024 年 5 月于大有书馆

目 录

绪论 中国非遗保护的当代传播实践 ·················· 1

第一节 传播是达成非遗保护目的的重要环节 ············ 1

第二节 我国非遗保护中传播实践的主要方式 ············ 2

　一、大众传播促进非遗的内涵和价值广泛传递 ············ 2

　二、文化消费为非遗提供宽泛多元的传播载体 ············ 4

　三、社交媒体提升非遗传播的覆盖面和参与度 ············ 6

第三节 从传播实践中获取非遗保护方向的重要参考 ············ 7

　一、在传播实践中可获知全社会对非遗的认知与需求 ············ 7

　二、传播视角下扩展公众参与非遗保护的途径 ············ 8

第一章 非物质文化遗产保护的传播视角 ·················· 11

第一节 传统文化全民传播时代已经到来 ············ 11

　一、全民传播传统文化的意义 ············ 11

　二、全民记录与传播的时机已然成熟 ············ 12

　三、培育记录与传播的良性外环境 ············ 13

第二节 传播为非遗传承发展提供"链接键"与"外环境" ············ 14

　一、传播视角的定位 ············ 14

　二、传播在非遗传承发展中的作用 ············ 15

　三、发挥"链接键"和"外环境"的正效应 ············ 17

第二章 非物质文化遗产数字化保存与传播 ·················· 22

第一节 非遗数字化的冷思考 ············ 22

　一、数字化保存对于非遗保护的价值 ············ 22

　二、传播是非遗数字资源实现保护价值的核心 ············ 23

　三、非遗数字化需避免流于形式 ············ 24

第二节 非遗记录工程及国外经验借鉴 ············ 25

　一、非遗记录工程的相关背景 ············ 26

　二、加拿大有关部门对非遗记录工作的价值认识 ············ 27

　三、面向公众的加拿大非遗数字化指南 ············ 30

第三节 非遗数字化传播的意义更新与趋势分析 ………………… 32
    一、非遗数字化传播相关研究背景 …………………………… 32
    二、非遗数字化传播的历史溯源与意义更新 ………………… 33
    三、非遗数字化传播的趋势分析 ……………………………… 36
    四、数字形态维系遗产生命力 ………………………………… 40

第三章 非物质文化遗产新媒体传播 …………………………… 41

第一节 公众号：非遗机构的门户自媒体 ………………………… 41
    一、省级非遗专题微信公众号发展调查 ……………………… 41
    二、省级非遗专题微信公众号情况分析 ……………………… 43
    三、省级非遗公众号新媒体传播存在的问题 ………………… 46
    四、省级非遗公众号新媒体传播未来发展 …………………… 47

第二节 视频号：非遗的视频化传播渠道 ………………………… 49
    一、"视频号 × 非遗"的过程 ………………………………… 49
    二、视频号需要怎样的非遗 …………………………………… 50
    三、非遗需要怎样的视频号 …………………………………… 52

第三节 新媒体传播现状对比：以世界遗产地为落点 …………… 55
    一、以世界遗产地为对比研究落点 …………………………… 55
    二、世界遗产传播相关研究综述 ……………………………… 56
    三、世界遗产地新媒体传播个案对比 ………………………… 58
    四、新媒体在遗产保护中应发挥更大作用 …………………… 70

第四节 新媒体传播个案分析 ……………………………………… 71
    一、清明节的"纪录片 + 新媒体"融合传播 ………………… 71
    二、年画借助互联网新媒体重回春节 ………………………… 74

第四章 非物质文化遗产的展览与体验 …………………………… 77

第一节 非遗专题展览的叙事方式 ………………………………… 77
    一、展览叙事的重要性 ………………………………………… 78
    二、非遗专题展览的特点及对叙事的需求 …………………… 80
    三、墨尔本博物馆原住民文化中心的叙事策略 ……………… 82
    四、非遗专题展览的叙事方法 ………………………………… 88

第二节 非遗体验基地超级连接大众生活 …………………………… 92
　　一、非遗体验基地的特点与效果 ………………………………… 92
　　二、非遗体验基地建设的意义 …………………………………… 96

第五章 非物质文化遗产的舞台展示 …………………………… 100

第一节 从最传统到最时尚：看非遗如何焕彩T台 ………………… 100
　　一、让传统形成时尚 ……………………………………………… 100
　　二、让传统再造时尚 ……………………………………………… 101
　　三、让时尚青睐传统 ……………………………………………… 101

第二节 非物质文化遗产服饰秀的碰撞与表达 …………………… 102
　　一、碰撞：无形+有形，交互与活化 …………………………… 102
　　二、表达：非遗+时尚，诠释与传播 …………………………… 103

第三节 非遗创意秀：用"科技+""艺术+"展现非遗独特价值 … 103
　　一、用非遗呈现人与自然的关系 ………………………………… 104
　　二、用虚拟场景解读非遗的内涵 ………………………………… 104
　　三、用符号化语言实现跨文化传播 ……………………………… 105
　　四、找到传统文化与现代艺术跨界的契合点 …………………… 105

第四节 "非遗+演艺"成为高效"破圈"旅游吸引物 ……………… 106
　　一、非遗为演艺新空间提供"文化张力" ……………………… 106
　　二、非遗+实景演艺，为城市夜经济提供"文化撬点" ……… 108
　　三、非遗+科技，为旅游演艺提供"双创样板" ……………… 108
　　四、从"网红"到"常红"的"非遗+"路径 ………………… 109

第六章 非物质文化遗产的商业活动与消费传播 …………… 110

第一节 非遗传播在乡村扶贫中的作用 …………………………… 110
　　一、"非遗传播"与"非遗保护"的关系 ……………………… 110
　　二、"非遗扶贫"与"非遗保护"的关系 ……………………… 111
　　三、"非遗传播"在"非遗扶贫"中的作用 …………………… 112

第二节 传统手工艺的功能转型与可持续发展 …………………… 115
　　一、传统手工艺功能转型个案研究背景 ………………………… 115
　　二、传统手工艺相关文献综述 …………………………………… 117
　　三、个案浙江土布纺织技艺及传承人概况 ……………………… 119

四　浙江土布纺织技艺传承人转型行为的三个阶段……123
　　五　传统手工艺可持续发展的案例经验……127
　　六　传统手工艺应主动谋求转型发展……129
第三节　绍兴非遗客厅：非遗与城市融合的新据点……130
　　一　嵌入商业场景，展现城市印记……130
　　二　拓展空间功能，提升场所人气……131
　　三　鼓励社会参与，以先富带后富……132

第七章　非物质文化遗产的文旅融合场景……133

第一节　旅游，为非遗增添保护与发展的动力……133
　　一　传统手工艺成为热门旅游产品……133
　　二　传统表演艺术融入当代旅游场景……134
　　三　文化体验产品丰富文旅消费内涵……135
第二节　非物质文化遗产与旅游业关系的国际经验探析……136
　　一　非遗与旅游业关系研究背景……136
　　二　非遗与旅游业关系研究的意义……137
　　三　非遗与旅游业关系研究中的三对关系……139
　　四　国外处理非遗与旅游业关系的主要经验……143
　　五　旅游业可在遗产保护中发挥多种正向作用……151
第三节　非遗与旅游融合的五大类型……152
　　一　非遗节事旅游："错过等一年"……152
　　二　非遗进驻景区：提升体验"金钥匙"……153
　　三　建成遗产+活态遗产：传统聚落"活起来"……154
　　四　非遗主题场馆、景区："非遗C位出道"……155
　　五　非遗主题旅游线路："不走寻常路"……156
第四节　遗产保护与文旅融合：关于露天博物馆模式的探讨……158
　　一　"露天博物馆"及相关研究……158
　　二　露天博物馆的形态与特征……160
　　三　露天博物馆模式的主要优势……162
　　四　露天博物馆模式应用于文旅融合的策略要点……165
第五节　传统手工艺类非遗的节事旅游发展路径……169
　　一　个案克罗地亚国际蕾丝节概述……169

二、节事的主角是蕾丝制作技艺 170
　　三、地方传统手工艺如何发展节事旅游？ 171

第八章　非物质文化遗产的跨界传播 174

第一节　品牌：传递非遗的当代价值 174
　　一、专业品牌：巩固跨越百年的信赖 174
　　二、工匠品牌：抓住振兴传统的良机 175
　　三、时尚品牌：助力传承汇聚成潮流 175
　　四、公益品牌：结成社会力量保护链 176
　　五、电商品牌：网络市场也传播文化 176

第二节　潮玩也非遗：非遗流行指数再升级 177
　　一、非遗商品消费趋势分析 177
　　二、非遗与潮玩结合的必然性 178
　　三、非遗与潮玩结合的可能性 179
　　四、非遗与潮玩结合还处于萌芽阶段 180

第三节　网络游戏：非遗植入网游现状 181
　　一、网络游戏成为传统文化内容呈现的新载体 181
　　二、非遗植入网游的相关研究 183
　　三、非遗植入网游的现状分析 187
　　四、非遗植入网游的现存问题与发展方向 190

第九章　非物质文化遗产的教育传播 196

第一节　我国非遗教育相关研究背景 196
　　一、国际背景概述 196
　　二、国内背景概述 196
　　三、非遗教育的内涵与外延 197
　　四、非遗教育相关文献综述 198

第二节　广州市"非遗课来了"案例分析 198
　　一、非遗主题社会教育的内容 199
　　二、非遗主题社会教育的实施 200
　　三、非遗主题社会教育的效果 202

第三节　非物质文化遗产教育特点 ················· 205
　　一、体系化建构：非遗教育生态体系不断构建 ········· 205
　　二、体验式教育：非遗教育内容边界不断拓展 ········· 205
　　三、趣缘性传承：非遗教育情感认同不断提升 ········· 206
第四节　高校非遗通识课程的开设意义与实施取向 ········ 207
　　一、非遗通识课程的开设情况 ················ 207
　　二、非遗通识课程的开设意义 ················ 207
　　三、非遗通识课程的目标定位 ················ 208
　　四、非遗通识课程的实施取向 ················ 209

第十章　总结与展望 ························ 211

第一节　"非遗＋科技"在当代中国 ················ 211
　　一、当代的非遗，全民的非遗 ················ 211
　　二、非遗的传承伴随着创新 ·················· 212
　　三、非遗的传播因技术升级 ·················· 214
第二节　共同性与时代性：增强中华文明传播力影响力 ······ 216
　　一、着眼共同性，促进中华文化资源全球共享 ········· 216
　　二、凸显时代性，讲述与体验方式同步当代化 ········· 218
　　三、激发创新力，布局文明赓续的未来链接点 ········· 219

参考文献 ···································· **221**

绪论　中国非遗保护的当代传播实践

非物质文化遗产保护在当代中国，已由单一行业行为演进为多领域广泛参与的社会事项。这是因为：其一，"非遗热"持续升温，非遗的内涵及价值在各类大众传播实践中得到愈加广泛的传递，传播促传承的效应已经显现；其二，蓬勃发展的文化消费市场及制造业、服务业等多行业"产业文化化"趋势，为非遗资源提供了宽泛而多元的传播载体与场景，在生活日用与艺术欣赏之间开辟了文化传播的新路径；其三，社交媒体已由简单的人际沟通工具升级为文化传播的主流渠道，基于网络社交的"圈层文化"在年轻人中逐渐替代传统的熟人社会形态，因而基于网络媒介环境开展的非遗普及传播往往覆盖面更广。研究非遗在当代中国的各类传播实践及其效果，有助于了解当代人对非遗的真实认知与切实需求，应作为确立非遗保护方向的重要参考。

第一节　传播是达成非遗保护目的的重要环节

"传播"一词语义复杂，比如人类学所定义的"传播"是指一个社会的习俗或惯常做法流传到另一个社会。① 那么，这是较为纯粹的人际传播行为，非物质文化遗产基于人际的代际传承和横向扩布都隶属于这一范畴。本书所指的"传播"更偏向于现当代借助媒介和技术手段实现的大众传播行为，即通过各类传播渠道实现非物质文化遗产相关信息与知识的传播。

联合国教科文组织《保护非物质文化遗产公约》（以下简称"《公约》"）在序言部分即提到："考虑到必须提高人民，尤其是年轻一代对非物质文化遗产及其保护的重要意义的认识""认为非物质文化遗产是密切人与人之间的关系以及他们之间进行交流和了解的要素，它的作用是不

---

① [美]威廉·A.哈维兰.文化人类学（第十版）[M].翟铁鹏,张钰,译.上海：上海社会科学院出版社 2006：461.

可估量的",① 可以说，《公约》将非物质文化遗产的作用（至少是作用之一）定义为密切人际关系、促进人际交流与了解，且明确了《公约》的通过旨在提高人们尤其是年轻人对非遗及其保护意义的认识（至少是目的之一）。因而，无论是从促进非遗在当代和未来更好地发挥人际交流要素作用的角度，还是从提升人们对非遗及其保护意义认识的角度，都与传播实践紧密关联。

而在《公约》提及的确保非物质文化遗产生命力的各项措施中，"宣传"和"弘扬"这两项措施都隶属于"传播"行为；"传承"这一措施中的"非正规教育"即是以文化普及和社会教育为主要形式的传播实践；"振兴"这一措施也离不开社区、群体对遗产意义与价值共有认识的达成，离不开促进这种共识形成的相关传播行为。因而，传播是达成非遗保护目的的重要环节。

第二节 我国非遗保护中传播实践的主要方式

在当代中国，非遗保护已由单一行业行为演变为多领域广泛参与的社会事项，比如传媒业、教育业、旅游业、实体商业及电商、演艺行业、娱乐业、制造业、服务业、其他新业态等，各行各业均不同程度地、直接或间接地参与其中，不但对非遗保护事业本身产生各种影响，更为确定的是增加了非遗在社会公众中的可见度、影响力，让非遗的保护与利用变得越来越社会化，这也使得这项社会文化事业更加充满活力和可持续性。

一、大众传播促进非遗的内涵和价值广泛传递

随着"非遗热"持续升温，非遗的内涵与价值在各类大众传播实践中得到较为广泛的传递，传播促传承的效应已然显现。认知是参与保护的起点，认可则是参与保护的理由。在新闻传播、影视传播、网络传播、会展和活动传播、社会教育与普及传播中，非物质文化遗产的特征和价

---

① 中华人民共和国文化和旅游部国际交流与合作局.联合国教科文组织《保护非物质文化遗产公约》基础文件汇编（2016版）[M].北京：中国数字文化集团有限公司 2019：4.

值逐步被社会公众所认知与认可。非遗的价值认可度越高，非遗保护越能深入人心，并且公众对非遗有了正确认知才能引导他们正确参与保护。

其一，"传播也是保护"的理念得到更多的认可，传播促传承的效应不断显现。①媒体的关注、报道与推广，可有效提升非遗项目持有者、非遗保护工作者的社会地位与文化自觉。比如，行业内已然达成"传承人是非遗保护的核心"这一共识，而"传承人"这一名词在行业外也得到了普遍认知，并逐渐成为社会关注、舆论支持的人群类型，而这一认知形成的过程正是得益于正确、有效、广泛而生动的传播。

越来越多的非遗项目代表性传承人及其所传承的工艺技艺被社会所知晓。大多数非遗门类从业者曾长期处于默默无闻的"守艺"状态，而近年来随着传播渠道的拓展、行业关注度的提高，越来越多传承人的事迹及其手艺因为媒体报道而被公众所了解。比如，华县皮影传承人汪天稳与汪海燕父女，借助新闻、影视媒体宣传手艺故事，建立自媒体发布工作室动态，与动漫、网游等当代文娱形式以及知名品牌进行跨界合作，将华县皮影展现于当代大众面前，将其融入年轻人热衷的潮流文化之中。②

与此同时，传承人之间的媒体曝光度、社会影响力存在着显著差异。因而，现阶段的非遗传播实践需要继续拓展广度，借助网络传播门槛低、成本低等优势，通过行业性、区域性自媒体为更多传承人提供推介平台，继而为更大范围的二次传播创造机会，将更多展示推广的机会引向尚未被关注的非遗项目及其代表性传承人。

其二，传播推广促进社会公众的兴趣传承行为，与专业传承形成有机互补。过去，大多数非遗门类和项目的传承基础是基于生计所需技能的传授，传承行为多发生在从业者代际之间，通过"口碑""招牌""字号"等确立地方公信力，这实际上也带有明显的传播意义，其意图之一是吸引潜在的从业者入门学艺，维持代际传承。而当这类传统职业及所在社区形成的"行业—居住"传统格局逐渐消失时，虽然该工艺技艺的价值仍被当地社区所认可，但其经济价值所支配的从业吸引力已然无法挽回。此时，应鼓励以副业传承、兴趣传承维系这类非遗项目的存续。

---

① 杨红. 让非遗流行起来——浙江温州非遗体验基地调查（下）[N]. 中国文化报，2018-10-22（8）.
② "汪氏皮影简介"，微信公众号"汪氏皮影"，https://mp.weixin.qq.com/s/n_TmiD3exqXOhVd8oJLhHg，访问日期：2019年6月18日。

笔者在多地调查时看到，许多城镇社区内留存的非遗项目已然进入副业传承和兴趣传承状态。如何吸引、汇聚和巩固这些非遗项目的兴趣人群，从中得到充足的传承人才资源就成为核心命题。

入门式的非遗体验课程、活动等传播实践可为副业传承和兴趣传承提供人才储备，传播与传习也得以相互连接。近年来，在广东省广州市、浙江省温州市、江苏省苏州市等地，非遗课、非遗体验班、非遗体验基地、非遗体验活动等越来越聚集人气，①在实现普及传播的同时也有效促进了兴趣传承，丰富了非遗在当代的传承途径和传承方式。可以说，许多非遗项目因为兴趣传承而呈现出前所未有的活力，成为专业传承的重要补充。

其三，部分地区已然通过非遗展示性机构、媒体和活动汇集一批持续关注和参与实践的社会公众，凝聚起社会保护力量。比如，有些地方建立起了体系完善、队伍稳定、工作持续的非遗志愿服务体系，成为参与保护、辅助传承的重要力量。例如，浙江省温州市鹿城区于2017年启动"非遗创艺坊"项目，采取社区定向委培、社会招募两种方式，截至2018年已培育非遗专项志愿者500余名。②根据实地调查，这一非遗志愿服务体系的形成过程如下：首先，通过"非遗创艺坊"体验基地活动，提高地区非遗项目的可见度和参与度，以促进当地社区居民的广泛认可，一大批爱好者从"台下"走到"台上"，加入志愿者队伍；其次，充分发挥第三方组织的运营力量，由第三方日常管理这一非遗志愿者运行网络，遵循就近、兴趣、受益等原则开展非遗体验课程讲授等各类志愿服务；最后，政府发挥支持和引导作用，通过考核颁发初级、中级志愿者证书，健全志愿者分级管理模式，促进志愿服务体系进入良性发展状态，志愿者队伍持续涵养非遗保护人力供给的局面逐步形成。

二、文化消费为非遗提供宽泛多元的传播载体

蓬勃发展的文化消费市场及制造业、服务业等各行业"产业文化

---

① 杨红.因为体验过，所以离不开——浙江温州非遗体验基地调查（上）[N].中国文化报，2018-10-1（8）.

② 杨红.让非遗流行起来——浙江温州非遗体验基地调查（下）[N].中国文化报，2018-10-22（8）.

化"①趋势,为非遗资源提供了宽泛而多元的传播载体与场景,在生活日用与艺术欣赏之间开辟了文化传播的新路径。在当代社会,文化消费以及商品、服务消费的文化传播功能已然显现。大卫·赫斯蒙德夫在《文化产业》(第三版)中提出:"现代社会中文化产业的重要性有赖于三个相关因素:文化产业创造和流通那些影响我们的知识、理解和经验的产品(文本)的能力,文化产业作为创意和知识系统管理者的角色,文化产业作为促进经济、社会及文化变迁的机制。"可见,大量知识和观念在当代是依靠文化产品来传递的,有些甚至已经上升为相关知识和创意的中枢,可以影响经济社会及文化本身的走向。因而,无论是实体文化消费,还是网络文化消费,或是商品、服务消费中附带的文化要素,都或多或少承载着文化传播与交流功能。例如,近几年社会反响强烈的一类文化消费——故宫文创,作为核心因素直接助推故宫成为"网红大 IP",相关文化符号大量出现在生活与网络场景之中。可以说,从少量供需的"旅游纪念品""文化衍生品"到销售量、覆盖面不断扩大,文化附加值在其中处于不可或缺位置的"日常消费品",文化有了更大的应用场景,消费者也热衷于为"文化附加值"买单。

虽然这种附着在消费中的文化传播具有符号化、浅表化、碎片化等特征,但同时也具有可见度高、覆盖面广、传播性强等优点,是不可或缺的文化载体。例如,"中国风""汉服热""国潮热"等都体现了当代人认知认同、主动亲近中华传统文化的趋势,背后是人们在古人智慧、传统工艺、民族审美中找到了自我所追求的文化内涵、美感、个性。消费者通过文化消费表达生活态度和文化认同,因而要做的就是在产品、服务以及各类消费场景中寻找更多文化表达的新方式,为更多富含营养的文化资源创造与大众亲密接触的机会,让文化的价值不断被发现和应用。

以人的传承与创造为核心、附着深厚文化内涵与情感记忆的非物质文化遗产是文化产品和服务的资源宝库。文化消费可促进非物质文化遗产的文化价值和经济价值的同时显现,而如果能够让非遗等中华优秀传

---

① 注:多位学者使用"产业文化化"这一说法,例如:北京大学教授陈少峰在《产业文化化理念与方法》(《企业文明》,2012 年第 3 期)中认为:"产业的文化化运作是经济和产业发展的新理念与新方法。它包括两个部分:一方面,它是以文化产业的方法来促进文化元素和文化艺术创意的跨界应用,其中的一个具体领域也可以称为文化产业的跨界化转型。……另一方面,则是以文化和创意的要素来改造和提升某个行业,促进产业升级并走向高端产业。"

统文化成为当代人经常性的文化消费内容，那么既达到了文化消费的更高层次，也达到了非遗保护、传承与发展的更高层次。

三、社交媒体提升非遗传播的覆盖面和参与度

当今社会，社交媒体[①]已由人际沟通工具升级为文化传播的主流渠道，基于网络社交的"圈层文化"在年轻人中逐渐成为传统熟人社会的替代形态，因而基于网络媒介环境开展的非遗普及传播往往覆盖面更广。传播学者安德烈·开普勒（Andreas Kaplan）和迈克尔·亨莱因（Michael Haenlein）给出"社交媒体（Social Media）"的定义是：一系列建立在Web2.0的技术和意识形态基础上的网络应用，它允许用户自己生产内容（UGC）的创造和交流。[②]社交媒体不仅仅是基于互联网的人际沟通工具，早已扩展为海量内容的传播源头和扩散平台，从用户个体的态度表达到用户间的互动交流，再到公众舆论、社会事件的策源，兼具信息与知识传播媒介、经济社会文化表征载体的属性。因而，非遗保护应充分利用社交媒体的文化传播功能，形成线上线下联动的"互联网＋非遗保护"模式。

社交媒体巨大的覆盖面和参与度，可以实现信息源与用户间、用户与用户间快速、便捷和高频率的交互，以及因这种有效交互带来的不同类型的、"线上"作用于"线下"的虚拟社群，这些社交媒体的特征与功能与非遗在当代的普及需求十分契合。其一，非遗保护机构可通过社交媒体平台低成本发布各类信息，在发布的同时收集措施建议类、工作线索类、用户反馈类有效信息，吸引各类社会力量和专业人才参与保护实践；其二，可实现线下保护实践的升级，使得保护措施的实施分工精细化，保护实践的要素资源变得可流动；其三，非遗保护与利用的全链条得以建立，并向着各类社会主体在多环节参与并协作的科学、高效、普惠模式发展，"互联网＋非遗保护"的优势不断显现。

现阶段，诸如"保护机构自媒体＋线下实践活动""活动电子海报＋机构自媒体二维码＋线下实践活动"等方式已然普遍得到运用，非遗展

[①] 注：社交媒体是Social Media的一种中文翻译，也有学者译作"社会化媒体"。
[②] 曹博林.社交媒体：概念、发展历程、特征与未来——兼谈当下对社交媒体认识的模糊之处[J].湖南广播电视大学学报，2011：（3）.

示、展演、体验、传习等各类线下实践活动的参与面不断扩大，从行业内、爱好者人群走向更广域的社会公众，从偶然性、随机性参与发展为普惠性、持续性参与，为各类非遗项目培育着广泛而稳定的兴趣社群。

社交媒体专家阿耶莱特·诺夫认为，社交媒体将来最显著的特征是信息不请自来。将来，适当的信息会在适当的时候被传递给适当的人，为我们节省了大量的时间和精力。① 这种精准传播的依据包括基于大数据的算法应用，也包括网络时代业已产生的"圈层文化"。如果说传统的"熟人社会"是指人与人通过私人关系联系起来，构成一张关系网，② 那么基于互联网的"圈层"就打破了地理位置、社会关系等的限制，而主要着眼于当代人因兴趣、爱好等聚合而成的群体，其通常以社交媒体为连接中枢，而在其内部形成的人际规则、行为习惯等构成了独特的"圈层文化"。传统形态的人际关系与交流方式受到移动互联、网络社交的巨大影响，尤其在年轻人中，人际社交中的一定份额已经被"圈层文化"所取代。特别是与文化观念、艺术审美关系密切的"圈层"，已然成为文化传播与交流的实质载体。

第三节 从传播实践中获取非遗保护方向的重要参考

文化是具有公共性的，我们保护和振兴某种文化，实际上就是要增强它在当代的公共性。研究非遗在当代中国的各类传播实践及其效果，有助于了解当代人对非遗的真实认知与切实需求，应作为确立非遗保护方向的重要参考。

一、在传播实践中可获知全社会对非遗的认知与需求

陈通在《坚守人民立场保护非物质文化遗产》一文中谈道："非物质文化遗产是人民的遗产，人民是遗产的最大利益攸关方。"③ 非遗不同于

---

① 曹博林. 社交媒体：概念、发展历程、特征与未来——兼谈当下对社交媒体认识的模糊之处[J]. 湖南广播电视大学学报，2011：(3).
② "社交媒体"，百度百科，https://baike.baidu.com/item/熟人社会/5810963，访问日期：2019年6月21日.
③ 陈通. 坚守人民立场保护非物质文化遗产[N]. 光明日报，2017-12-14(6).

文物，保护的核心是要让其继续发挥社会功能，作为人类的交往工具、调和矛盾冲突的方法、潜移默化的行为规则、社会积累和发展的活态标记继续得以存续。因而，要关注和研究当代社会公众对非遗尤其是其所在社区的、与其生活密切相关的非遗项目的认知情况与实际需求，并以此作为制定和施行非遗保护措施的重要参考。

从各类非遗传播实践案例中发现，从传播对象的参与动机出发，立足于普通个体的认知与反馈，往往能获得超出预期的传播效果，例如非遗普及传播与游戏化设计结合应用的案例。在 2019 年春节的年画系列活动中，微信小游戏推出了《年画重回春节》这款在线拼图游戏，大年初一当天搜索该游戏的人数达到了 15 万。① 游戏玩法、剧情等形成的参与机制，美术、音乐等构成的氛围要素为用户构建了一个沉浸体验的虚拟空间，充沛的乐趣可直接提升公众参与度，帮助传播内容获得更佳的传播效果。

身处快速发展的信息化数字化时代，非遗保护工作应持怎样的态度才能与时代发展同步？截至 2023 年 6 月，我国网民规模达到 10.79 亿人，年龄结构由中青年群体持续向中高龄人群渗透，网络热点、网络话题等越来越具有强劲的社会代表性。可以说，互联网已成为信息与知识获取的核心渠道，而正规教育与社会教育也在不断加强与互联网的融合发展。因而，互联网也将进一步确立非遗传播的中枢地位，各类实体空间的非遗展示展演需同步实施在线直播、虚拟体验，非遗类社会教育、文化消费将与网络服务、网络营销更为密切地联结；非遗保护、利用的社会化参与也将以互联网作为资源要素匹配、协作的主要平台，线上环节将在保护措施管理、非遗资源利用中占据越来越高的比例。

非遗相关传播实践不仅能增加非遗在当代的可见度和影响力，还能通过高互动性和能动性的传播媒介，实时获取公众的直接反馈，从点击、点赞、评论、在线交流中获取有效信息，从中分析确认公众对非遗保护整体及各门类、各单项的认知程度、个体期待、切实需求等。

二、传播视角下扩展公众参与非遗保护的途径

其一，要通过非遗保护整体形象的塑造与传播，鼓励社会公众的普

---

① 注：根据腾讯微信市场部提供的数据。

遍关注与广泛参与。2006年起，每年6月的第二个星期六为"文化和自然遗产日"（原为"文化遗产日"），连同春节、元宵节、清明节、端午节、中秋节等传统节日在内，各地同时举行丰富多样的非遗实践以及展示展演等普及传播活动，中国非物质文化遗产标识在线上、线下的可见度不断提高；新闻、影视、网络等各类传播媒体以非遗项目、传承人及保护者为题材刊登、播放、推送各类非遗相关内容；非遗馆、非遗体验中心等展示场所，非遗传习所、传承基地、生产性保护基地等传承场所，以常设性机构的形态持续发挥着非遗传播功能；各级非遗保护机构、各类非遗传承主体通过自媒体形式传播区域性、专项性非遗知识与信息。在此基础上，非遗及非遗保护在当代中国的传播形象逐渐形成。

什么样的非遗保护整体形象更有利于公众参与呢？笔者认为，应进一步将非遗保护塑造为开放协作、充满活力的社会文化事业，传达人人可参与，并且参与其中可实现个人价值、普遍受益的信息。基于此，应降低非遗保护行为的判定门槛，基于"人人都是文化传承人"[①]的理念，认定持续关注、参与实践、分享推广都是参与非遗保护的行为，给予社会公众更多的认可。同时，发挥民间主观能动性，鼓励社会资助、对口扶助、志愿服务等各类参与方式，建立更具灵活度的社会参与机制。

其二，发挥非遗的当代价值，促进文化普及与协同创新。非遗要成为国家人才培养的战略资源，就要使其更大范围、更深层次地被普及，结合社会大众的切实需求制定、完善和实施各项非遗保护措施。比如，为青少年和年轻人举办和开设更多有吸引力、可持续的非遗专题社会教育活动、项目和场所。例如，可联合教育主管部门实施"点亮非遗"青年培养计划，让非遗资源成为当代大学生创新创业的"百宝箱""工具包"，响应文化、科技、社会的创新进程，让非遗传承人、民间艺人、地方文化专家等成为年轻人的"创意伙伴"。

要促进文化产业、旅游产业、教育产业等与非遗传承、保护、研究机构的广泛合作，以文化、旅游、教育消费品形态设计、包装、运营非遗体验类项目，促进非遗资源的文化传播和协同创新。结合不同种类非遗项目地域分布的特点，开启各门类各专项的非遗体验场所建设、非遗

---

① 注：2013年6月15—23日，第四届中国成都国际非物质文化遗产节以"人人都是文化传承人"为主题。

体验活动推广，例如在地方戏曲传承状况良好的地区开设戏曲体验中心，在商业综合体、历史街区、旅游景区开设手工艺体验中心，以城镇街道、农村乡镇为范围开展传统节日地方习俗的传习体验活动。需要强调的是，非遗体验类活动的常态化不应完全依赖于政府或公益支持，而应向体验产品的设计开发和社会化运营方向发展，让其成为文旅市场的一类热门产品。

第一章　非物质文化遗产保护的传播视角

第一节　传统文化全民传播时代已经到来

2017年正月十二，河北省廊坊市霸州市胜芳镇的元宵花会如期开幕，来自远近各村的高跷、舞狮、武术、鼓乐等三十多个花会聚集到镇中心的前进大街，按照特定线路行进表演。置身人头攒动的古镇街道，人们沉浸在传统元宵佳节应有的欢腾氛围之中，既有镇上和附近村赶来的本地人、在当地务工的外来人员，也有不少是慕名而来的民俗爱好者、摄影爱好者和游客，满眼都是处于摄录状态的"长枪短炮"和高像素智能手机。据说，一大早就有好几辆旅游大巴载着天津的摄影发烧友到来；一位在胜芳打工的小伙子不停地拍摄和分享着小视频，他说要让南方的家人朋友看看北方人的元宵节。

像胜芳元宵花会这样的传统节日活动，以及其他一些非物质文化遗产，今天之所以能够不断进入人们的视野，不仅仅是由于传承人、从业者、参与者的代际传承，也与当今日益发达的人际传播息息相关。可以说，传播与传承缺一不可，共同维系着传统文化事项活态存在的生命力，传统文化的全民传播时代已经到来。

一、全民传播传统文化的意义

全民传播传统文化，使普罗大众直接关注、参与到对优秀传统文化的传承和发展中来。正如中央2017年发布并开始实施的"中华优秀传统文化传承发展工程"所要求的，要形成人人传承发展中华优秀传统文化的生动局面。只有当传统文化全面回归民众，进入寻常生活，中华民族优秀传统文化才能真正生生不息，才能真正实现提升国民精神文化素养、推动中华文化创新发展的目标。

全民参与记录和传播传统文化，对传统文化的保护和利用具有划时代的意义。记录浩瀚宏大的中华民族传统文化，单单依靠人数有限的专业队伍是远远不够的。同时，已经建立的传统文化相关资源数据库，许多仅限于工作查考、专业研究等定位功能，并未实现对外开放和资源共享，也就难以被社会广泛利用。当广大民众参与进来之后，情况将发生根本性的变化。全民对非物质文化遗产等传统文化事项和艺术表现形式的摄影、摄像、录音等记录所得，如果通过科学、便利的渠道加以整合，可以成为创造性转化、创新性发展中华传统文化的海量、多元素材库，为中华文化传承与远播提供与互联网渠道相匹配的资源库，成为构建开放共享的中华文化资源公共数据平台的重要组成部分。

二、全民记录与传播的时机已然成熟

全民传播传统文化时代的到来，得益于国民生活水平的持续提高、文化生活的不断丰富和传统文化热潮的出现。

随着我国人民生活水平改善，具备高质量拍摄功能的智能手机普及率持续攀升，加上单反相机等专业摄像设备的增多，记录所需设备不断日常化、家用化。设备的普及以及设备功能质量的提升，加上人们拍照、摄像等记录行为习惯的养成，以及摄录基本技能的普及，决定了全民记录传统文化的基本条件已经成熟。

进入 21 世纪，我国民众文化娱乐的内容不断丰富，与现代科技的结合度也越来越高，其中，发现美、记录美、创造美、分享美的摄影摄像爱好者不断增加。当单反发烧友、短视频创作团队将镜头对准散布在各地的非物质文化遗产等传统文化事项时，他们基于强烈爱好驱动的记录与创作行为，带来越来越多贴近生活、打动人心的画面、影像和故事，已然成为最具影响力的优秀传统文化网络传播资源。

民众的关注与参与是传统文化事项得以实现人群传承的必要条件，而围绕该事项的活跃的兴趣社群是传承人、从业者最需要的"知心人"。借助故乡情结、兴趣爱好、审美情趣等形成的特定地域或项目的小众化社群，比如戏迷、乐迷社群不仅是当代传统文化记录整理与传播推广的主力军，也将是全民传承的核心力量。

三、培育记录与传播的良性外环境

迎接这样一个全民参与传统文化的记录、传播的时代，还需要很多工作要做。

（一）提供入门指南

民众具备记录传统文化的意识、技能和设备之后，一个以保存记忆、传播文化为目的、告诉人们如何记录与分享的入门级指南是必不可少的。在这方面，国家文化艺术资源相关行业标准已然发布，但这些标准普遍专业性较强，并不适合直接用于大众普及。因此，通俗易懂、简单易用并且兼顾内容与技术的入门级指南文本亟待编写并广泛传播。在美国、加拿大等政府文化部门的网站都可以看到类似的指南网页，比如，由加拿大纽芬兰省博物馆协会为加拿大遗产信息网编写的《非物质文化遗产数字化指南》，在强调记录和共享传统实践的重要性之后，从数字化记录非物质文化遗产的不同方式、音频、视频、图片的数字化记录与编辑教程、数据的存储与管理方法、遗产及技术相关的术语名词解释，以及可用的在线资源等方面，为有意从事活态遗产记录的广大志愿者们提供了入门指南。

（二）整合共享平台

志愿者群体的自发形成，壮大了传统文化记录者队伍，使得保存活态传统的任务不再主要依靠政府遗产保护机构跑遍城乡来完成。但是，政府机构需要收集散存于民间的优质记录资源并予以长期保存，将民众基于自身网络社交圈的小范围分享行为提升为更大范围的资源共享，这就需要有意识地开辟和整合资源共享平台。例如，在现有主流社交网站开辟专门通道，或者自建平台并与主流社交网站实现无缝对接，形成一个资源便捷上传、标签化管理、多渠道分享和择优永久保存的整合共享平台。不同地域、不同民族、不同门类的活态文化基于互联网实现了共时性的交流与分享，营造了全民记录、全民创造与全民共享优秀传统文化的美好氛围。

(三)引进专业管理

民众上传的照片、视频等资源涵盖了海量主题，分布在不同时间和地域，包含各个门类的传统文化事项和传统艺术表现形式。要实现资源的便捷上传和便利检索，一套易用、科学的标签索引体系必不可少；后台处理程序的智能化程度决定了数据的潜在效能，需要多学科合作设计完成；而符合当代传播规律，特别是迎合年轻人文化消费观念的内容精选加工，讲好中国故事，是提升资源影响力、实现价值传播的重要环节。

今天，人们越来越意识到抢救性记录身边濒危的非物质文化遗产等传统文化事项的重要性，人们也越来越乐于关注、参与和分享自己所喜爱的民族民间生活文化。拿起手机记录、通过移动互联网分享，鼓励与引导人们以力所能及、饶有兴趣的方式参与传统文化的传播与传承，既是全民文化创造力的展现，也是传统文化资源谋求与当代文化需求相结合的一种可行路径。

第二节 传播为非遗传承发展提供"链接键"与"外环境"

在促进基本文化基因与当代文化相适应、与现代社会相协调的过程中，普及性传播、价值传播、跨文化传播、创新传播都是非物质文化遗产等传统文化传承发展的重要手段。当代可见的非物质文化遗产，得益于代际传承，也与其跨越时空的人际传播息息相关，是其得以在时间中得到保存和穿越空间传递的手段；传承与传播缺一不可，共同维系非物质文化遗产活态存在的生命力。传播视角的非物质文化遗产保护研究，有助于我们理解当代非物质文化遗产传承与发展中出现的各种现象，对于判断一些目前仍有争议的保护立场和措施也有一定的启发作用。

一、传播视角的定位

基于"传播视角"的研究在许多学科领域早已"生根发芽"，开辟出许多成熟的理论路向和研究范式，并就不同的研究对象开展着多层次多角度的探究。因而，首先要给本书的"传播"从数以百计的已有定义中选取一个，以便恰当地框定本书所指的"传播"范畴。

传播学最重要的两大分支——人际传播（Inter-personal communication）和大众传播（Mass communication），在过去是界限分明的。人际传播是指两个人或几个人之间的传播，通常是面对面的。①而当消息来源因为需要与大规模的受众进行沟通而使用某项技术作为媒介时，就变成了大众传播。②因而，比如人类学所定义的"传播"（Diffusion）为：一个社会的成员向另一个社会借用文化元素的过程。这里的"传播"指一个社会的习俗或惯常做法流传到另一个社会。③显然，这种文化的传流是较为纯粹的人际传播行为。在这一定义之下，如果将传播的对象确立为"非物质文化遗产"，那么研究"非物质文化遗产的传播"更多的是在研究非物质文化遗产基于人际的代际传承、横向扩布行为，研究跨地域、跨民族的传播轨迹、规律和其流变性特征等。

本书所关注的"传播"，更偏向于需要借助传播渠道和传播技术实现的媒介传播，尤其是借助近现代产生的大众媒体、新媒体实现的非物质文化遗产的信息与知识传播，而这隶属于"大众传播"这一分支；但在非物质文化遗产传承发展规律探究部分，也必须兼顾漫长历史演进过程中所主要依赖的人际传播方式。

实际上，在媒介传播进入所谓"新媒体时代"的时候，大众传播与人际传播的界限又不再那么清晰。社交媒体的崛起和其显著的人际传播特质，使得大众传播又在一定程度上回归到人际传播网络之上。这时，人际传播的特点又成为大众传播内容提供方需要考量的重要因素，比如，受众的信息反馈已不再居于信息传播的辅助位置，实时表达与即时互动成为大势所趋；受众不再满足于语言文字、静止图像甚至是预设的视听内容，提供受众主导、实时视听、全感官参与的传播体验势在必行。

二、传播在非遗传承发展中的作用

2014年，全国政协委员田青做客"人民网"时说道：非物质文化遗产是我们民族的根与魂，是我们民族的DNA，对此应有敬畏之心。实际

---

① [美]斯坦利·巴兰，丹尼斯·戴维斯.大众传播理论：基础、争鸣与未来[M].曹书乐，译.北京：清华大学出版社，2004：10.
② 同上.
③ [美]威廉·A.哈维兰.文化人类学[M].瞿铁鹏，译.上海：上海社会科学院出版社，2006：461.

上,当我们需要创设一个模型来直观说明非物质文化遗产的发展规律以及传播所起到的作用时,DNA 的双螺旋结构恰恰较为吻合。借助这一模型来模拟非物质文化遗产的传承发展过程,就能更加具象化地探究传播在其中所发挥的作用。

非物质文化遗产所涵盖的人类无形文化创造随着时间推移,其发展过程呈现类似于 DNA 的双螺旋结构,DNA 的两条主链分别是非遗本体相对稳定的传承形态(简称"传承主链")和非遗在跨时空传播中提取、融合、变异的衍生形态(简称"衍生主链")。两者在历史演进中不断通过主链之间的"链接键"交替连接,以"麻花状"形式绕着共同的轴心盘旋延伸,形成了双螺旋构型(见图 1.2.1)。

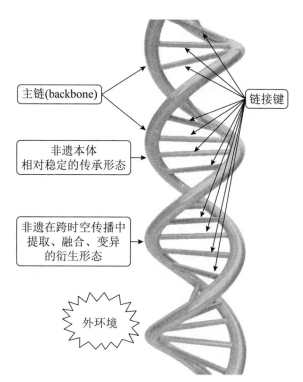

图 1.2.1　DNA 双螺旋结构模拟非物质文化遗产传承发展过程

在这一结构中,两条主链是缺一不可的,它们之间不断通过"链接键"进行交换、输送,这又是螺旋结构得以稳定且保持动势的基本条件;"链接键"即传播渠道,其中包括了自发性的人际文化传播,也包括有意图的、组织性的以及借助媒介实现的群体传播、大众传播行为;这一结构所赖以存在的"外环境",则与非物质文化遗产传承状况与传播效果密不可分，外环境在不同历史阶段会呈现稳定型、促进型和阻碍型等不同影响效应。

正确理解这一双螺旋构型，研究如何发挥"链接键""外环境"的正效应，对非物质文化遗产在当代社会的传承发展具有现实意义，既有助于把握非遗作为一类信息与知识的基本传播规律，也有助于确立非遗保护应持有的基本立场。

三、发挥"链接键"和"外环境"的正效应

非物质文化遗产要实现有效传播，首先需要明确传播的对象和目的。故宫博物院原院长单霁翔在接受媒体采访时谈道：故宫的生命力很大程度上取决于懂得它的价值的观众之多寡。最不能忽视的是年轻人对故宫的兴趣。[①] 故宫的价值举世公认，但维系其生命力的重要因素仍旧是其价值的传播，是传播对象——年轻人对其价值的认同。

与故宫等物质文化遗产相比，非物质文化遗产更需要依靠传播生存。台北艺术大学江韶莹的观点与之不谋而合，台湾地区在全方位保存非物质文化遗产之外，通过开拓观众群、吸引年轻一代的传承者来守护非物质文化遗产以及台湾的文化路径。[②]

传承人作为非物质文化遗产的传承主体，是传承主链的内核；而传播对象中的兴趣人群，特别是近年来提出的群体传承概念，是传承主链和衍生主链赖以活跃"生长"的原动力。一位记者在报道阿里年货节中的非遗众筹活动时就谈道：对于高密县井沟镇河南村这门濒临灭绝的传统剪纸手艺，有多少人还关注和喜爱比有徒弟愿意学更重要。[③]

从以上这组观点中，可以提炼出"懂得它的价值""年轻人的兴趣""年轻一代的传承者""外面世界的关注"等核心短语，而这些短语正好分别指向传播的目的和对象。以非遗价值的传播为目的，以全社会特别是青年一代为传播对象，如何通过传播促进更大范围人们价值认同的形成，帮助更多非遗项目"回归"日常、焕发生机？本书认为，可以

---

① 李少威，单霁翔.让故宫"活"起来[J].南风窗，2016（2）.
② 石昊鑫.全球专家汇聚非遗国际论坛 共促文化传承与时俱进（第五届中国成都国际非物质文化遗产节非遗国际论坛.中国经济网.
③ 李致.阿里年货节：众筹一张记忆里的红窗花[N].新京报，http://www.bjnews.com.cn/news/2016/01/16/391693.html，2016-1-16.

从发挥"链接键"和"外环境"的正效应入手。

（一）由名词普及向深度传播过渡

传播学者认为，"文化是当今具体的人为自己创造秩序和意义的时候产生的东西，不仅仅是通过主观心理分析去认识的个人倾向、态度或理念，也包括必须通过客观社会去认识的社会结构、政治体制、公众行为和行为空间、人际互动机制等。"[①] 由此可见，社会、政治及其他外部空间对于文化传播的影响力。

在非物质文化遗产普及性传播的初期，"非遗"不可避免地沦为了产品市场营销的标识性"噱头"，非遗项目传承人和保护单位意识到内涵传播、价值传递的裨益和可持续性是一个过程。与此同时，在研究领域，越来越多的学者意识到现代传播对于非遗传承走向的影响力，以及对于传承人和从业者生计的作用力，开始关注非遗在当代传播环境中的状态变化。

近年来，非物质文化遗产保护的"外环境"在传播助力下持续升温，从媒介传播的高出镜率，再到高频出现在经济社会各个领域，逐渐升格为社会关注的热点。纪录片传递内涵、美感与精神，文化传承类综艺节目传递乐趣、兴趣与知识，大型晚会等特殊收视高潮则在继续扩大非遗的关注度与影响力，非物质文化遗产的媒介传播已由名词普及阶段转入深度传播阶段。比如，2016年播出的《传承》、2015年播出的《指尖上的传承》以及2012年播出的《留住手艺》等是早期专门讲述非物质文化遗产保护价值与传承故事的纪录片，而家喻户晓的《舌尖上的中国》《我在故宫修文物》《大国工匠》《记住乡愁》等都从不同视角展现了一些非遗门类和项目的独特魅力与传承精神；北京卫视的传统文化展示真人秀《传承者》、中央广播电视总台文化传承类综艺节目《叮咯咙咚呛》等以创新的表达方式弘扬传统文化，探索了非物质文化遗产与大众娱乐的结合方式；此外，包含非遗内容的电视剧《去有风的地方》等带动了地区非遗项目的出圈走红。

但现阶段，舆论传播的一些固有弊端仍旧深度影响着非遗传承发展的外环境，仍旧需要时刻保持警觉。比如，"工匠精神""手艺"这些名

---

① 陈卫星.传播的观念[M].北京：人民出版社，2004：4.

词在这些年的传播环境催生中兴起，但仍旧主要停留于"热词"层面，这些名词的盛行并不意味着传统技艺已然实现全面复兴。

（二）对遗产的良好阐释是前提

非遗的通识性传播及其作为文化艺术资源的转化应用，并不是非遗传承人或非遗保护工作者可以独立完成的，而是需要多元行动方、优质社会资源的协作，特别是各门类非遗元素的提取、再设计及融入日常日用，现阶段正在文化创意产业及相关领域遍地开花，在相隔较远的产品制造领域也开始崭露头角。这种情况下，无论是基于单个非遗项目还是基于非遗保护这一整体，对遗产的深入阐发和解读变得尤为重要。例如，在非遗衍生品设计中，现阶段的主要方式还停留在传统工艺美术类、民俗类非遗项目的代表性图案、造型、原料、样式等的直接提取使用，有时难免为缩短研发周期、节约产品成本等"舍本逐末"，造成遗产价值的弱化和碎片化。对遗产的良好阐释实际是一个疏通、扩充和优化"链接键"的过程，有助于辅助传承主链实现遗产内涵、价值等精髓部分的广泛有效传播。

（三）与非遗传承发展规律相吻合的传播导向

非遗"火"，并不等同于绝大多数非遗项目及其从业者都得到普遍的社会关注。我们需要提高的是全社会的文化自觉意识，提高公众对非遗及其实践者的整体认知。例如，一些与现代社会相距较远的传统手艺仍旧处于极少数传承人苦苦支撑的局面，得不到足够的物质与精神支撑，濒临失传。因而，亟须在社会舆论语境中有意识地营造"立传统为标杆"的导向，将非物质文化遗产等传统文化的抢救保护和主动传承升格为一种全民意识与自觉行为。

借助网络平台、依靠民众参与的"众筹"融资模式在国内非遗相关行业风生水起。比如，2015年8月，上海评弹团公布原创中篇评弹《林徽因》的"众筹"计划，2016年3月与金融机构实现合作，初现"众筹"雏形；2016年春节，"故宫淘宝"与"淘宝众筹"合作发起了非遗众筹项目，加入"故宫淘宝"年轻设计师的创意之后，朱仙镇木版年画、高密剪纸等非遗传承人手工制作的年货作品吸引了过万网友的参与和点赞，包括"龙凤呈祥"年画、"帝后赐福"剪纸、"探花"主题布鞋等5个项目在4天内筹资金额即达35万元，被媒介称为是"年轻与传统的一次对望"。

在营造正向影响的同时，优化外环境还需及时纠正错误的舆论导向。例如，从"端午节"到"拔河"，国内媒体与大众自媒体连续数年的"韩国抢申非遗"误导性传播。实际上，韩国的"江陵端午祭"与中国端午节既有关联又有差别，自成一套完整的民俗活动。联合国教科文组织官员蒂莫西·柯蒂斯就曾说过："非物质文化遗产的保护和传承，重要的是这种文化的生命力，而不是它的原产国或原产地。"

（四）小众化社群促生传承人群

告别三大传统媒体垄断的大众传播时代，一个重要的转变就是基于移动互联和社交媒体的小众化社群成为黏合度极高的传播渠道。在当代非遗相关传播推广行为中，借助故乡情结、猎奇心理、特定审美情趣和兴趣爱好等形成并持续运维的小众化社群，有效促发着非物质文化遗产传承发展的"链接键"，依赖着人群特定的传播需求而保持着很高的信息到达率和对象参与度。例如，绒线编结是上海一项重要的传统工艺美术项目，绒线编结工艺美术大师黄培英、冯秋萍等在20世纪曾引领数十年的"生活风潮"。到了21世纪初，伴随着生活节奏加快等原因，毛线编结渐渐从人们生活中消失，只有极少数人还在以"织毛线"的方式打发消遣时光、传递手工编织的温暖。不过，基于国内某知名电子商务平台，一个规模不小的都市"织娘"社群稳定运营着，买家将自己编织的毛线制品争相"秀"图，毛线编织的乐趣超越了网购本身；此外，还依托社交媒体公众号聚集"兴趣部落"，发布粉丝作品集、开展线下沙龙活动，某种程度上形成了一个共同寻找毛线编织当代"回归线"的兴趣社群。

（五）非遗数字资源的价值越加凸显

媒介传播已由"传播渠道为王"回归为"传播内容为王"，媒介之间的传播能力差距已被淡化。如今，越来越多的内容提供方选择社交媒体传播原创自媒体信息，后台内容资源的首创性、吸引力和丰富性，直接决定了受众关注热度和粉丝集聚能力。

作者在《非物质文化遗产数字化研究》一书的结尾写道："基于网络的非遗数字资源，将越来越成为让非遗进入普通人关注视野的最佳途径，也将越来越成为非遗保存、保护与传承的主要信息源泉与实现途径。"也正是这短短的三年间，基于移动互联、社交媒体与网络应用，非遗数字化传播的范围、速度与影响力甚至超出预期。比如，基于主流社交媒体的公众账号，承担着信息传播的门户作用。这些与非遗相关的微信、公众号数量巨大，其中经过认证的公众账号多年前就有成百上千，不少公众号的发布频率、阅读量与粉丝量也很高。这些公众号的功能定位包括部门工作讯息发布与活动组织、研究机构信息与学术发布、公司法人资讯转载与业务介绍、个人研究成果自发布平台等。

正基于此，对非物质文化遗产所蕴含的传统文化事象和艺术表现形态进行数字化记录和保存，所生成的非遗数字资源的价值已不再停留于保存记忆的层面，只有实现数字化才能使遗产实现虚拟环境的广泛传播。非遗数字资源在当代非遗传承发展中的价值已上升到了不可取代的地位。

在非物质文化遗产传承发展的双螺旋结构中有两条主链：一条是非遗本体生命力的延续，另一条就是非遗在横向和纵向传播中发生的变异、重组和融合，其中就包括提取部分非遗要素之后生成的所谓"衍生品"。这一过程在古代也同样发生着，只是这一价值发掘、重组和应用的产物已然经历了社会认同的检验。其中留下来的"精华"部分成为我们当代人传承的非物质文化遗产；抑或在其演进历史中又经历了新一轮的传播与再造，最终已被淘汰。因而，这两条主链在保持着相互独立、平行发展的态势时，也始终存在着相辅相成的关系。再举一例，苏州评弹有许多流派，鼎盛时期更是唱腔流派不断推陈出新。"师傅领进门，修行在个人。"家喻户晓的"蒋调"形成于20世纪30年代后期，就是蒋月泉在其师傅周玉泉"俞调"的基础上吸收北方曲艺的唱法之后发展而来，以本嗓演唱、韵味醇厚、旋律端庄著称，其代表性曲目如开篇《杜十娘》堪称经典。

可以说，这一双螺旋结构也恰好印证了文化的继承性与文化发展的客观规律，证明了传统元素在当代受到青睐的必然性。在当代，创意产业不仅能够通过促进文化消费带来经济收益，而且会带来促进地区文化意象的传播、地区居民文化认同与保护意识的激发等正面效应。但需要警惕的是，创新收益又会直接刺激地区内的原有传承形态，导致审美与技艺的趋同性，在非自然状态下短时间破坏遗产本体的正常传承，需要采取引导性干预性保护措施。

第二章 非物质文化遗产数字化保存与传播

第一节 非遗数字化的冷思考

非物质文化遗产数字化是随着技术进步产生和发展的，通过数字化方式，实现对非遗的记录、保存和传播，其重要意义不言而喻。但同时，基于非遗生命力维系的保护核心，如何正确看待数字化对非遗传承与传播的意义，还需要进行理论梳理。因此，在数字化热潮中，我们更需要作一些理性的思考，才能把握非遗数字化发展的方向。

一、数字化保存对于非遗保护的价值

无论是国内还是国外，文博领域的数字化保存实践与相关研究都晚于图书文献档案领域，因而，在国内外非遗数字化相关从业者和研究者中，许多人都来自图书馆、档案馆以及相关学科的高校、研究机构。纸质文献、静止图像、音视频等已有数字化指南与标准，为文化遗产数字资源的长期保存提供了实质性、前驱性的参考。但当我们思考数字化的目的，需要明确数字化保存对于非遗保护的价值时，显然不能直接照搬文献档案这类信息资源的数字化价值，而是要回归文化遗产保护的初衷来考量。非遗作为文化遗产的一大分支，我们首先需要从文化遗产保护理论出发，尝试确立非遗数字化保存的价值。

在文化遗产保护领域，数字化保存隶属于"信息性保存"，被认为是冉冉升起的新门类，这类保护是基于"记录"的生产，这些记录可让观者进行虚拟体验。对于图书文献档案而言，某种程度上，实现信息保存即是保护的核心，但对于文化遗产而言，保护的核心是对遗产本体的保护，信息性保存主要是能够在避免任何破坏风险的同时，让观者体验遗产中最重要的方面。

但是，信息性保存对于遗产保护而言有其局限性。事实上，信息性

保存并不会对对象的保护产生直接的作用,同样,数字化保存也无法直接维系非遗的生命力,尽管生成的数字资源可能发挥的价值巨大。

从非遗数字资源与实体资源的关系中,可以进一步明确数字化保存对于非遗保护的价值:非遗数字资源来源于非遗资源,但无法替代非遗资源。没有实体资源作为基础,数字资源将沦为空中楼阁;数字资源包含的信息不等同于实体资源所包含的信息,特别是无法把非遗资源的许多无形特征完全保存下来。但是,我们要做的是实体资源的最优化保存与呈现,同时,通过数字资源的有效传播,可以"放大"和"延伸"非遗数字化的价值。

二、传播是非遗数字资源实现保护价值的核心

早在2015年12月中山大学举办的"文化遗产传承与数字化保护国际论坛"上,来自美国、澳大利亚等国的学者在交流中都不同程度地表达了对中国非遗相关数字资源的利用诉求。并且,这种需求不满足于目前可获取的基本信息的普及式传播,而是希望在知识传播、学术研究层面实现更多的数据共享。在会上,多位国内学者则谈及了国内文化遗产数字化相关成果缺乏信息沟通与资源共享机制,造成相同内容的重复数字化和重复数据分析问题。

实际上,近些年来,国内不同的机构组织都在不间断地做着基础性的数据调查与数字化工作,包括大量信息的采集、文档的扫描、老照片的翻拍、音视频的记录和转录等,但目前这些数据资源大多处于内部保管状态,由于知识产权等诸多顾虑而没能在互联网上进行传播。可以说,在非遗数字资源的传播环节,呼唤的是更为开放、主动的现代传播姿态。就确保非遗生命力和自然传承的"终极目标"而言,在强调非遗数字资源保存价值的同时,更要挖掘其传播价值。

在开放的传播姿态之外,我们还需要一些大众传播中的娱乐精神。例如,在非遗数字化传播中,可用视听语言、多感官语言、可交互语言等为年轻人更轻松地描述与阐释非遗。举例来说,传统节庆仪式类的非遗项目,由于数字化对象是一个贯穿时空、多维立体的"文化空间",所以,在音视频记录之外,在资金与技术有保障的情况下,可尝试采取数字化多媒体领域的新技术手段,如三维动画、虚拟现实等。有时,我

们要勇敢地用手中的媒介创造一些有关非遗的虚拟数字内容，当然，它们的内核是用来加深大众对非遗的理解。要知道，创造一些不借助技术就不能存在的内容，这一点在最初的非遗数字化保护中是并不被看好的，然而如今看来，就非遗的共享与传播而言，引进新技术实现超现实的、全息化的非遗数字资源访问体验，代表着未来发展的方向，将逐步发展成为辅助保护与传承行为的重要手段。

近些年来，基于移动互联、社交媒体与网络应用，非遗数字化传播的速度超出预期，其中，较为突出的传播形态包括社交媒体公众账号、移动终端应用程序等。基于主流社交媒体的公众账号，承担着信息传播的门户作用。而基于智能移动终端的服务应用也承担着资源推广与服务延伸的功能。此外，Web网站、移动应用、公众账号等数字化平台，从普通爱好者的角度出发，当然希望可选择面越大越好，但当作为研究对象，就需要理性看待它的传播效果与存在的必要性。比如，非遗电子地图，其设计动机是什么，面向的是怎样的使用需求？事实上，单一的非遗基本信息导览地图，多数情况下是缺乏吸引力的。对于外来游客而言，通过电子地图可以找到老字号店铺，这就形成了检索"地点"的实际需求。但是，许多非遗项目没有所谓"门市"，可能只在某些特定时间或者周期性时间进行，在电子地图中显示保护单位地点信息并没有实际意义。

三、非遗数字化需避免流于形式

非遗的数字化由于起步较晚，行业标准、各地实践与应用研究都处于起步与探索阶段。但与此同时，在当前互联网技术革新的大背景下，数字资源的存储、检索与传播方式都经历着令人咋舌的迭代，非遗数字化保存与传播身处其中，也不可避免地受到影响。一方面，技术手段与传播渠道的高速更替使得非遗数字化项目存储、共享平台的投入风险不断增大，很有可能是还未做完数据验证和系统完善，这一技术形态已然过时；另一方面，互联网"热词"不断冲击着刚刚起步的非遗数字化研究与实践领域，一味追求与新技术的结合应用，会导致一些非遗数字化应用项目流于形式，并不能达到预期的功能设计和传播效果。以辅助传承、促进传播为目的的非遗数字化，其实质是一项基础性工作，无论是口述史录音、抢救性摄录，还是日常性的资讯与资源网际分享，与技术、媒介的结合只是其实现手段，过于强调这层光鲜的"外衣"，非遗数字化实践就会止步于表面，对保护并无太大助益。

比如现在很多人都在强调"大数据"的作用，而由［美］埃雷兹·艾登和［法］让·巴蒂斯特·米歇尔所著的《可视化未来》一书则点明了"大数据"的短板，即海量数据是由互联网催生的，因而都是新近记录，时间跨度很短。对于文化变迁研究而言，短期数据没有多大用处。也就是说当代现象研究可以诉诸"大数据"，但人文历史研究却和一般性的"大数据"无缘。在历史和文学领域，关于特定时间和地区的图书文献才是最重要的信息来源。

在非遗的研究与传播中，我们从"大数据"中只能获得当代的现状信息和当代人对此的认知信息。因而，我们更多的是要关注以及身体力行地去从事文献资料等基础性数字化工作。这些资源经过数字化整理后形成的大数据，才能真正发挥革新人文历史研究方式的功能。

第二节　非遗记录工程及国外经验借鉴

现阶段，非物质文化遗产资源的共享和利用成为非遗传承发展工程的重要任务，以非遗为对象的记录、保存和传播已成为非遗保护的一个重点。2017年，非物质文化遗产记录工程（简称"非遗记录工程"）全面启动。与此同时，号召社会广泛参与这项基础性保护举措，有利于及时、完整地保存当代仍旧活态存在的非遗项目及其环境，也有利于营造全民参与保护传承的良好氛围。本节将通过对加拿大非遗数字化相关指南的译介和分析，探讨全民参与非遗记录工程的可能性及可供参考的措施。

随着我国非遗保护进入到一个新的阶段，提高非物质文化遗产在全社会的可见度和认知度成为"非遗传承发展工程"的实施目标之一。因而，非遗资源的共享和利用被提升到更重要的位置，以非遗为对象的记录和传播工作成为重点。现阶段，非遗记录工程隶属于信息性保护范畴，生成的资源主要为数字资源，而数字化手段在非遗保护中的主要应用领域就是对非遗资源的记录和保存。[①] 从非遗数字化的视角，记录和保存位

---

① 杨红. 做好准备，迎接传统文化全民传播时代 [N]. 光明日报，2017-5-23（12）.

于前端，目的是生成数字资源，实现资源的存续价值；同时需兼顾数字化后端，即数字资源的共享利用，以促进非遗资源的网络传播，非遗数字化的价值也将更为丰富和深远。

一、非遗记录工程的相关背景

2015年，以濒危国家级非遗传承人为对象的记录工作已经开始，对首批300名年满70周岁及不满70周岁但体弱多病的国家级非遗传承人进行了抢救性记录。2017年，非遗记录工程在我国全面启动，这一被列入原文化部"十三五"时期文化发展改革规划的工程，按照统一的标准规范对国家级非遗代表性项目进行全面、真实、系统的记录，并加强对记录成果的传播和利用。①

（一）总量大、时间紧，应鼓励社会参与

这一工程启动时面向的是已公布的1372项国家级非遗代表性项目，粗略算来，如果一个项目的记录需要5人次的团队协作50小时完成，那么就需要投入34.3万小时的工作量。实际上，很多项目包含了不同的扩展项目和保护单位，需要逐一采集；拍摄记录之后还需要耗费大量时间整理、归档，加上人员培训、资源验收、数据维护等，这些必不可少的环节还需要投入更多人力和时间。与此同时，许多非遗项目传承人年龄偏大，核心技艺时刻面临失传危机，迫切需要抓紧记录。还有数量更大的省级、地市级非遗项目，同样需要尽早予以记录和保存。通过对记录总量这一横向维度与记录进程这一纵向维度的综合考量，非遗记录工程的实施需要合理配置资源，在推动记录主体多元化这一层面发力，发动社会力量，并对参与非遗记录工程的社会主体给予支持和鼓励。

（二）有标准、易操作，可实现全民记录

非遗资源的记录和保存需要有章可循。目前，我国首个非物质文化遗产领域的文化行业系列标准《非物质文化遗产数字化保护 数字资源采集和著录》已经出台。这些专业性的规范标准可以指导专业团队开展非

---

① 文化部政策法规司．文化部"十三五"时期文化发展改革规划 [EB/OL]. http://zwgk.mct.gov.cn/auto255/201702/t20170223_491392.html，2018-8-10 访．

遗记录工作，但还需要为公众提供一份通俗易懂、简单易用并且兼顾内容与技术的入门级操作指南，告诉人们记录什么、如何记录以及如何分享，并将普及性的知识、技术等进行广泛传播，鼓励全民参与非遗记录工程。

（三）热度高、成果杂，需引导社会力量

近年来，在政府主导的抢救性记录之外，记录和传播非遗的企事业单位、社会组织、志愿者团队等社会力量层出不穷，他们自筹资金、自建团队、制订计划，对一些门类、地域的非遗项目进行摄影摄像和口述史记录，积累了大量具有存档价值和传播价值的图文音视资料。此外，非遗传承人群、兴趣人群等个人力量自制并通过新媒体渠道传播非遗相关资源的也已形成一定规模。引导这些社会力量汇入非遗记录工程，依照科学合理的保护理念和保存目的，即可生成和整合大量具有历史保存价值和社会教育价值的非遗数字资源，将迅速扩充我国非遗资源图景，为当代和后世留存更为完整的非遗记忆宝库。

那么，可通过何种方式引导社会力量和普通公众参与非遗记录相关工作，需要提供怎样的专业指导和知识普及？下面将对加拿大相关做法进行分析。

二、加拿大有关部门对非遗记录工作的价值认识

2004年，加拿大国家档案馆与国家图书馆合并成为加拿大国家图书档案馆（LAC），LAC建立的目的在于推动和实现加拿大国内具有历史价值、文化价值和应用价值的各类知识得到长期保存和有效保护，使之成为加拿大社会发展和历史延续的基础，并为实现上述目标提供支持，成为加拿大政府及其机构的可持续记忆存储器。[1]保存与共享是加拿大国家遗产数字化战略的核心词汇，而针对非物质文化遗产这一与社区群体存在紧密关系的活态遗产，加拿大则更加重视，通过普及、接触和参与来增强公众对非遗的认知，通过有效的共享机制来实现非遗的保护与传承，也在无形之中增强了人们对于历史和文化的认同感。

其中加拿大政府网站专门开设了"历史和遗产"栏目，定位于帮助

---

[1] 叶鹏．基于文化与科技融合的我国非物质文化遗产保护机制及实现研究[D]．武汉大学，2014．

公众更好地理解和认识那些能够反映加拿大历史、塑造加拿大人身份认同的实践和经验，提供各种有关加拿大历史和遗产的资源和机构链接，帮助公众快速访问到它们。这一栏目下设"博物馆学和保护技术"二级栏目，提供文物、艺术品的保存与保护、藏品管理、数字资源管理等方面专业知识、技术服务，具体包括遗产检索工具、保存与保护技术、藏品管理、专业发展、推广和交互媒体等板块。其中，"推广和交互媒体"板块旨在介绍运用网络、移动、交互技术吸引公众关注遗产等方面的推广途径，包括有加拿大遗产信息网和其他机构提供的知识性、指南性资源。由加拿大纽芬兰与拉布拉多省博物馆协会为加拿大遗产信息网编写的《非物质文化遗产数字化指南》①（简称《指南》）就在其中。《指南》在强调记录和共享传统实践的重要性之余，还从非遗数字化的不同方式——音频、视频、图片的保存与编辑教程，数据的存储与管理方法，遗产及技术相关的术语名词解释，可用的在线资源等方面，为有意从事活态遗产记录与整理的广大公众提供了入门指南。②那么，《指南》是如何表述非遗记录工作价值的呢？

（一）记录有利于其他保护方式的达成

《指南》在联合国教科文组织《公约》提出的保护方式框架下，强调保护非物质文化遗产就要发布能够保障非遗存在性的具体措施。《指南》认为，保护方式是多样的，但是非遗数字化记录与保存可促进实现非物质文化遗产的可得性，也就有利于其他保护方式及保护目标的达成。

《指南》认为，记录是保护非物质文化遗产的钥匙，建立非遗数据库是在保护我们的活态遗产。如果我们没有花时间学习传统知识与技能，某些形式的传统实践就会在当代或未来消亡，因而记录就变得非常重要。记录有助于确保无价的传统实践的寿命，而这些实践又可佐证该社区人们历史上的生活体验，因而也是当代社区建设的重要实践。

（二）数字化的目的是让非遗相关记录获得长期保存

数字化的目的是要让处于濒危状态的非遗相关资源获得长期保存，

---

① The Museum Association of Newfoundland and Labrador, Digitizing Intangible Cultural Heritage: A How-To Guide [EB/OL]. http://canada.pch.gc.ca/eng/1445531744547，2017-5-19 访问．

② 杨红．做好准备，迎接传统文化全民传播时代 [N]．光明日报，2017-5-23（12）．

照片、图纸、盒式磁带、CD 等不同历史时期留下的记录介质都面临着丢失与损坏的风险。当代对这些不同介质的资料进行数字化格式转换和备份，就是为了降低这种风险，保障资源的长期保存。此外，数字化的广泛运用对于实体档案管理等也有诸多好处。

（三）非遗记录的核心价值在于促进公众共享

《指南》认为，保存与整合这些非遗记录，最重要的价值是让更多公众得以接触与共享，而以数字化方式进行资源整合是提升资源可得性的最佳途径。

资源数字化后的下一个步骤就是资源的展示与共享。《指南》强调非遗资源库应以促进共享这一目的来定位，在对非遗进行数字化记录和保存时也要谨记生成资源要用于展示。《指南》还介绍了当以展示为目的时，如何科学、准确地组织非遗资源。

相关机构一般会选择线上发布予以展示，以期通过互联网触及更多公众。非遗资源支持在线浏览还有其他一些有益之处，比如虚拟平台的功能可以不断更新等。无论本社区居民还是外来研究人员、普通公众，都能方便快捷地访问非遗数据库，提高资源的共享能力。身处文化圈层内的居民能够与当地的传统习俗保持密切联系，哪怕人们已经不再保持这一习俗，但仍然能够给人以延续性与认同感；即使暂居在外甚至脱离其所在文化圈的居民依然能够与非遗资源交流互动。此外，非遗数字资源能够运用于正式或非正式的学习过程之中，从而打破了教育机构的物理边界。

《指南》中提到，在一些情况下，远方的人还可以通过上传扫描的图像、文件以及个人记录等来丰富非遗资源平台的内容，为非遗资源库做出贡献。

（四）公众参与对于非遗保护具有特殊意义

《指南》认为，公众方便获取非遗相关资源，能够提升当地、国家乃至国际层面对非遗的认知。即使非遗相关实物、场所破损或失修，记录所得的图片、口述资料同样可以展示这些已被确认的传统，并且这些资源蕴含着极高的历史价值、社会价值与文化价值，未来是大有用处的。

大众与非遗资源的密切接触，能够保障某些传统的生命力，佐证某个群体的传统与习俗，甚至能够还原某些昔日的习俗。比如，接触与获知某些传统实践，可以促进年轻一代思考所在社区的变迁及成因。特别是非遗数字资源，由于能够实现线上开放、在线访问，公众可便捷浏览资源内容，将会鼓励更多人保持对其独特传统习俗的喜爱。同时，也能使公众了解其他地区的非遗种类，促进非物质文化遗产的传播与推广，并实现非遗保护这一目标。

《指南》也特别强调，公众参与群体传统的记录与保护，群体传统的意义就被强化了，对于这类非遗在社区中的传承具有重要的促进作用。

三、面向公众的加拿大非遗数字化指南

保护活态遗产不仅需要奉献精神，还需要实践性的存档、管理和研究等技能。《指南》在确认非遗数字化记录和保存的价值之后，明确了《指南》发布的目的，即为实践提供专业指导。非遗数字化在当代非遗资源管理中变得越来越重要，而其中最重要的是资源的储存与展示，数字化可以帮助相关机构应对不断发展的信息化趋势。

《指南》概述了非遗数字化的基本步骤，在技术方面，提供了录音及现有录音的数字化、视频拍摄及现有视频的数字化以及照片扫描处理等的详细步骤，还提供了一个加拿大纽芬兰纪念大学（MUN）数字档案倡议（DAI）实施情况的案例供公众参考，并明确提出：目前，仍有许多非遗相关资源并没有完成保存和展示所需的数字化工作，因而《指南》旨在指导机构和个人实现现有资源的数字化，从而促进非遗保护相关目标的实现。

（一）记录与保存方式的多样性

在保护群体或社区活态文化时，要注重记录与保存方式的多样性。例如，以照片的方式记录人物、地域、建筑、工具、习俗等文化客体；以采访音频的方式记录民间故事、歌曲、信俗以及对工艺流程、传统习俗表演的描述等；以视频的方式记录文化行为与活动、访谈或者用于全面展现某地区的风貌肌理。

（二）在记录与收集阶段考虑数字化需求

在记录和收集新资源的过程中，要着重考虑哪一种数字形式可减少

资源数字化所需耗费的时间。如果研究人员在记录和收集新资源的过程中能够注意文件的大小与格式，并尽可能应用高质量文件，那么非遗资源库的数字化、管理及展示将会变得更加简单。例如，将新采访的音频存储为 WAV 格式，那么后续就不需要再转化格式了。

（三）提供现有资源的数字化教程及具体示例

《指南》还提供了非遗资源数字化保存的详细教程，包括音频、视频文件的转换、编辑教程，照片、文件等扫描、处理教程等。

在对音频、视频等资源的数字化按步骤进行讲解后，《指南》还提供了纽芬兰纪念大学数字档案倡议的相关示例。这项研究不仅为非遗资源的管理、组织等一系列过程提供了一个模板，同时还提出了数字资源展示的方式等具体建议。例如，在数字化进程开始之前，对音频、视频设备的类型以及所使用的计算机软件的关注是非常重要的，因为记录行为的个人与机构所用设备可能存在差别，而《指南》的相关教程也正是根据数字档案倡议作为示例，将所需的相关设备、软件等明确列在了使用教程的下方，方便公众参考使用。

通过对加拿大政府网站提供的非遗数字化指南的分析，可以了解到加拿大有关部门对非遗资源的记录、保存以及数字化手段应用的价值与需求认识：记录有利于其他保护方式的达成，而数字化的目的是让非遗相关记录获得长期保存，记录的核心价值在于促进公众共享，而公众参与资源记录与收集则将对非遗保护具有特殊意义。《指南》也明确提及了公众参与非遗资源库建设的方式，比如上传扫描照片、文件，个人记录的音频、视频等。

在实操层面，有关部门需要发布面向公众的知识与技术指南性资源，明确记录与收集的内容，可采用的设备、软件，存储格式与大小等技术要素，素材资源的编辑、数字化、整理与管理教程，资源存储及上传阶段的教程等。比如，公众在上传自制文件时需要著录基本信息项以表明这一资源的基本情况，这一步骤对于资源的管理和利用至关重要，甚至直接关系到资源的质量，而这一步骤就需要得到专业而简明易懂的指导。

第三节　非遗数字化传播的意义更新与趋势分析

一、非遗数字化传播相关研究背景

保存、宣传与弘扬是联合国教科文组织《公约》中明确的非物质文化遗产保护措施①。在《中华人民共和国非物质文化遗产法》第三条中也有相关表述，保存是基础性保护措施，适用于所有非物质文化遗产；在基础措施之上，以各类价值标准为依据实施传承、传播等措施予以保护②。在国际公约与我国法律之下，近年来的多个政策文件也在不断丰富相关内容。如在《关于实施中华优秀传统文化传承发展工程的意见》中，明确提及要实施戏曲振兴工程，推进数字化保存和传播；要实施网络文艺创作传播计划，推动网络文学、网络音乐、网络剧、微电影等传承发展中华优秀传统文化；要实施中华文化新媒体传播工程等③。又如在《关于进一步加强非物质文化遗产保护工作的意见》中，也提到要加大非物质文化遗产传播普及力度，促进广泛传播，鼓励各类新媒体平台做好相关传播工作④。现阶段，国际国内政策层面已然明确：传播是达成非遗保护目的的重要环节，而数字化、网络、新媒体等越来越成为非遗传播的核心途径。

在现实层面，21世纪，当人类的部分社会生活向网络虚拟世界迁移时，非遗作为一种人类文明产物也随之在虚拟环境中自发出现。最初，人们将非遗视为一种源于过去、易于消失的文化资源，着眼于运用图像及音视频工具实现数字化记录与长期存储，然而保存措施对于非遗保护的作用与意义相对有限，与非遗的活态存续特征、参与性实践属性也并不相符。其后，遗产持有者及相关机构与个人开始将非遗视为可创造价值的文化资源，着眼于通过可视化、视频化、新媒体传播获取价值认同，通过网络营销获取收益、改善生计。尤其是在新冠疫情发生之后，我国

---

① 保护非物质文化遗产公约 [EB/OL]. https://www.un.org/zh/documents/treaty/ich.
② 中华人民共和国非物质文化遗产法 [EB/OL]. http://www.gov.cn/flfg/2011-02/25/content_1857449.htm.2011-2-25.
③ 中共中央办公厅国务院办公厅印发《关于实施中华优秀传统文化传承发展工程的意见》[EB/OL]. http://www.gov.cn/zhengce/2017-01/25/content_5163472.htm.2017-1-25.
④ 中共中央办公厅国务院办公厅印发《关于进一步加强非物质文化遗产保护工作的意见》[EB/OL]. http://www.gov.cn/zhengce/2021-08/12/content_5630974.htm.2021-8-12.

出现了一个"非遗触网"井喷期。部分新媒体平台公布的专项数据表明：新媒体传播与营销为部分非遗门类及项目生命力的维系提供了不同程度的外源动力，帮助其实现了传播与营销渠道的线上化与多样化。[①] 当前，非遗数字化传播主体和客体愈加多元化、内容愈加开源化，更多机构及个人将非遗视为可广泛共享的文化资源，可满足当代人求知、审美、身份认同及自我实现等多元需求，数字化利用开始为非遗在当代的振兴提供意想不到的内源动力（非遗数字化三阶段图示见图2.3.1）。

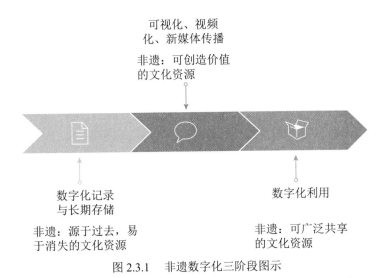

图 2.3.1　非遗数字化三阶段图示

二、非遗数字化传播的历史溯源与意义更新

（一）从数字保存到数字传播

非遗作为一类无形且活态的文化资源，天然依赖于有形化、视音频化实现保存记录。总体而言，文化遗产的数字化保存可改善人类记忆。以文献、文物、建筑、遗址、非遗等为对象的相关数字化保存实践已然在国内外广泛开展，较之物质文化遗产，非遗的数字化保存开启相对较晚。非遗数字资源开放利用也是一个渐进的过程。初始阶段，主要呈现为相关机构搭建综合性或单一门类、单个非遗项目的数据库用于保存数

---

① 杨红. 目的·方式·方向——中国非遗保护的当代传播实践 [J]. 文化遗产，2019（6）：21-26.

字资源,并就服务对象、资源内容等有选择地提供检索、浏览,开展专题式的内容传播,数字资源处于有限开放利用阶段。今天也许无法想象,以非遗为对象的数字化记录在十多年前只是一个资源保存行为,仅向极少数人开放且利用目的仅限于管理与研究。

随着信息传播技术的迭代更新,兼具网络公共空间属性和商业空间属性的新媒体平台为非遗提供了变革性的传播场景,非遗数字化的重心从以保存为目的的数字化记录转变为以传播为目的的数字化创作,非遗数字化的载体从资源数据库、数字博物馆等机构平台转向社交、短视频等新媒体平台。在温雯等撰写的《中国非物质文化遗产的数字化场景与构建路径》一文中做了详细的文献综述,并将这一过程概括为从"入库"到"上线"再到"在场"三个阶段[1]。因而当前,这种基于新媒体平台实现非遗相关表现形式及知识的传播行为已成为非遗数字化传播的主要形式,这种传播方式区别于以往的组织传播、大众传播,具有网络社交传播"互动实时化""分发民主化""传受一体化"等特征[2]。

从数字保存到数字传播,这种重心的转变也源于业界内外对非遗传播认识的提升。从我国非遗保护事业开端之时起,尤其是近5年来,借助大众传播与国民教育,实现了非遗价值的认知及保护意识的广泛普及;利用展览、展馆、节会等实体展示场所及网上虚拟展览展播空间,实现了非遗的感官体验与文化展示的便捷触达;传播还给予了非遗持有者及所在社区更为充分的表达权;非遗资源的可见、可及与共享,逐渐开始促成更多非遗项目在社会创新创造中的要素输出,以及非遗当代价值与社会功能的拓展与转化。传播在非遗保护中的重要性不断提升,非遗保护事业也愈加得到社会的广泛关注与支持。

(二)从专业领域到大众视域

数字技术首先在专业领域发挥作用,其对资源保存、文献研究、保护管理等方面的显著作用,从不同角度对非物质文化遗产保护给予了数字增强的支持。随后,数字技术的应用从非遗的被动保护转向非遗的主动发展,局面发生了改变。非遗作为传统文化事象及艺术表现形式,具

---

[1] 温雯,赵梦笛.中国非物质文化遗产的数字化场景与构建路径[J].理论月刊,2022(10):89-99.

[2] 杨红.非物质文化遗产展示与传播前沿[M].北京:清华大学出版社,2017:Ⅱ.

有在地性、在场性、丰富性、动态性、多感官性等特征，有些门类非遗还具有生活化、艺术化、奇观化等特征，因而在以图文、视频、在线社交为核心的新媒体平台快速发展的风口期，非遗就自发地从专业领域走向了大众视域，成为各平台文化艺术细分领域的重要内容资源，尤其是传统手工艺，以及传统戏剧、曲艺等表演艺术类非遗，以短视频、直播等方式"出圈"；同时，传播主体也由遗产持有者、遗产保护者迅速扩展到了遗产所在社区居民、自媒体创作者等更大范围的社会公众群体。

非遗在自发融入新媒体过程中，新媒体平台也逐渐开始发掘这一优质内容板块的价值；国内各主要新媒体平台又将鼓励非遗短视频创作与传播作为体现弘扬中华优秀传统文化这一社会责任的重要表现，均推出了非遗新媒体传播相关扶持措施。比如，快手、抖音于2019年陆续推出"非遗带头人计划"[1]"非遗合伙人计划"[2]；微信视频号在2020年初"内测期"即开辟专门通道邀请非遗传承人入驻，并于2020年末正式启动"非遗薪火计划"[3]。与此同时，新冠疫情也加速了非遗"触网"。疫情初期，大批非遗传承人及相关企业开始依靠互联网寻求生计，通过短视频、直播等实现非遗技艺展示和手工产品销售，在融入经济社会复苏洪流的同时，也展现出非遗数字化传播的必要性和重要性。比如2020年4月，针对非遗从业者普遍存在新媒体素养缺乏、平台利用能力低等实际困难，在文化和旅游部非物质文化遗产司业务指导下，中国传媒大学非遗传播研究中心组织开展了为期3天的"非遗新媒体传播在线培训班"，18904名非遗传承人和非遗保护工作者观看培训直播和录播[4]。这一数据背后是非遗传承人当时对新媒体传播的迫切现实需求。

（三）从"传播促传承"到"数字化生存"

近年来，非遗大规模数字化、网络化传播的背后有其经济社会效益驱动，从互联网营销到短视频电商，其主体是非遗相关商品贸易的大规

---

[1] 快手发布"非遗带头人计划"让传统文化活起来 [EB/OL].https://tech.qq.com/a/20190328/010280.htm.2019-3-28.

[2] 抖音推出"非遗合伙人计划"助力传承人实现百万收入 [EB/OL].https://www.chinanews.com.cn/business/2019/04-17/8811453.shtml.2019-4-17.

[3] 中国传媒大学与腾讯微信联合主办非遗数字化传播论坛 [EB/OL].https://www.cuc.edu.cn/2020/1111/c1382a175538/page.htm.2020-11-12.

[4] 非物质文化遗产司指导举办非遗新媒体传播在线培训班 [EB/OL].https://www.mct.gov.cn/whzx/bnsj/fwzwhycs/202007/t20200715_873527.htm.2020-5-7.

模线上化。同时也伴随着非遗相关消费模式的转型，从售卖非遗实体产品到推广非遗体验产品（如半成品、材料包、体验教程、研学课程等），部分传统手工艺等门类非遗项目开始从物质消费形态中萌生新的产品与服务模式，提供了传递更多精神价值与文化意义的纯精神消费体验，而"数字化"在其中扮演了至关重要的角色。数字化直接或辅助实现了将非遗的无形性、活态性、实践性特征输出转化为文化消费类、艺术教育类体验产品，既实现了经济收益反哺保护，又拓展了社会公众的参与度与参与面，同时也开辟了一条同样可维系非遗生命力的数字化生存路径。

  探究其内在逻辑，非遗作为一类文化资源，虽然必须与某些特定的物质载体相结合，但因其具有精神性、可衍生性等基本特征，天然具有通过创新、转化、衍生谋求赓续传承、持续发展的潜力。在当代，人们将文化资源的精神内容与物质载体、文化内核与表现技艺适度分离，继而创造出兼具文化继承性与创新性的艺术作品、文化产品。具体包括：从非遗项目中提取精神内容，作为再创作的要素予以合法授权使用；或从非遗项目的有形化、代表性作品中提取素材，结合当代艺术创作手法进行素材再造；或输出与非遗项目相关的工艺技艺，用于创作当代艺术作品或制造现代产品，以上都隶属于广义的非遗传播范畴。例如，藏族编织、挑花刺绣工艺国家级代表性传承人杨华珍在传统的基础上再度创作，并通过艺术授权获得了远高于手艺代工的收益。而数字化手段在其中扮演起了越来越重要的角色，非遗资源数字化后实现了不受时空限制的触达，资源要素以更为多感官、多层次的形态，更为便捷化、多元化的方式被利用及转化，继而通过产品设计、动漫创作、网游开发等现代创意产业实现了价值链的衍生，为非遗在当代的存续与发展提供了更多可能性。例如，近年来，大量网络游戏将非遗元素融入美学、故事、机制等游戏维度中，这在一定程度上改善了网游架空的虚幻感，非遗也借助网游在数字世界遨游、融合、生变，探索着看似不可能的可能。

三、非遗数字化传播的趋势分析

（一）视频化与体验感

  在非遗的数字化保存、数字化传播及营销阶段，可视化、视频化是核心步骤。尤其进入移动互联网时代之后，通过手机端浏览短视频与图文成为最普遍的非遗传播方式。根据中国互联网络信息中心（CNNIC）发布的第 50 次《中国互联网络发展状况统计报告》显示，截至 2022 年 6 月，我国短视频用户规模达 9.62 亿，占网民整体的 91.5%，并呈持续增长趋势[①]。面对如此巨大的用户规模，各短视频平台均在深耕内容资源、拓展用户圈层，非遗作为中华优秀传统文化的重要组成部分，成为各平台青睐的优质垂类资源。此外，在微纪录片、视频博客等内容驱动型中短视频加入网络视频行业赛道后，非遗内容因贴合艺术普及、文化传承等优质内容方向受到广泛关注，传统手作、国风华服等越来越多非遗相关细分领域的内容生态也逐渐形成。

与此同时，各类非遗传播形态中的体验感逐渐成为业内外的关注热点，并逐渐由附属、特色板块发展为独立成型的活动、场所和产品。非遗体验以文化消费场所、文化娱乐产品、艺术教育产品、研学旅游产品等形式呈现时，非遗原有社会功能得到了拓展，甚至同步产生了文化娱乐、休闲旅游、艺术教育等新生消费业态[②]。值得一提的是，由非遗体验产品及场所培植产生了新的非遗趣缘圈层，促进了以非遗体验者为主体的兴趣传承，这是对非遗传承认知的更新与有益的泛化。其中，非遗体验产品与服务又可分为线下体验与线上数字虚拟体验两大类，其中数字体验产品及其产业完全依赖于数字非遗资源，而线下体验也出现了越来越多的数字辅助手段，如多媒体体验教程等。

在非遗传播的视频化、体验化趋势下，随之而来的是全民参与实践，一方面，遗产持有者及其社区获得了便捷表达的渠道，这使持有者和社区的外在知名度、内在认可度得到显著提升；另一方面，非遗相关传播内容的制作与分发更加民主，通过参与体验、参与传播实现参与非遗传承实践的人群迅速拓展，继而使得非遗传承主体与保护主体增加，来源也更加趋于多样化。

当然，仍旧需要警惕与非遗保护初衷相违背的不当传播行为，尤其是非遗短视频创作者对非遗本体的责任与义务需要被强调；需关注短视

---

① 中国互联网络信息中心（CNNIC）.第 50 次中国互联网络发展状况统计报告 [R/OL]. https://www.cnnic.net.cn/NMediaFile/2022/1020/MAIN16662586615125EJOL1VKDF.pdf.2022-8-31.

② 杨红，张天慧，付茜.文化体验设计与营销 [M]. 北京：清华大学出版社，2022：3.

频传播非遗的舆论走向,警惕传播行为对遗产持有者及所在社区可能造成的各类负面影响。

(二)要素开源化与数字化潜能

随着非遗数字化实践走向广泛与深入,数字资源共享利用已成为核心趋势。首先,数字化带来了科学高效的索引和搜索工具,"中国非物质文化遗产数字博物馆"等平台为用户提供免费在线服务,可便捷访问国家级非遗代表性项目、传承人等基础信息,对遗产持有者、非遗从业者及普通公众的信息辅助是普遍和稳定的,凸显了数字信息管理的重要性。其次,软硬件的更新使得数字化保存不断简化,数字资源的挖掘、分享、交互也更为便捷,使得非遗的可及性大大提高,越来越多的当代人接触、认知非遗,继而将其融入自身的艺术创作、内容生产、产品开发中;且随着非遗越来越多地参与当代社会创新创造,更多非遗项目以精神内容或物质载体的要素形态被提取,适应当代需求继而融入当代实践。例如,网络游戏中引入非遗要素,使得游戏 IP 得到了深度开发;非遗依托数字游戏特有的艺术语言也实现了创造性诠释。这种网游与非遗的结合既符合当下数字互动娱乐产业文化赋能的发展趋势,又延伸了非遗数字化传播的触角。但是,现阶段,这种结合形式往往以美学呈现为主,网游应更深入非遗项目的文化内核,寻找适合游戏表达的着力点,同时注重非遗的真实性和完整性,追求高质量的数字化呈现,营造沉浸式的文化场景,从而实现中华传统文化的体验式感知、价值观传递。

需要注意的是,非遗数字资源并非都是公共数字资源,还存在着权益保障问题[①]。实际上,许多非遗项目面临着遗产持有者间以及所在社区内的认知差异、利益分配、同业竞争等问题,当其以要素形态投入再创作再生产时,权益保障、真实性等问题变得更加难以把控。然而,在数字技术支持下,基于互联网建构非遗动态知识体系变得易于实现。比如,通过文化资源公共交易平台、公共服务平台等可有效辅助传统美术图样、传统工艺技法等非遗要素的版权保护、授权使用,促进非遗资源的有序开放、可控开源,也使得遗产持有者及相关社区更有效、更具包容性地参与遗产再生。

---

① Severo Cachat S., Centre français du patrimoine culturel immatériel.Patrimoine culturel immatériel et numérique: transmission, participation, enjeux[M].Paris: L'Harmattan, 2016: 7.

当前，社会各行业都在数字化转型之中，进入了持续数字化进程，除了上文提及的资源可及与开放之外，人工智能等先进信息传播技术对于非遗在当代与未来的存续与发展的影响与潜能都是巨大的。社会学家提出的"科林格里奇困境"[①]在非遗这一细分领域同样适用，并已然在现阶段显现：由于遗产持有者数字化传播能力的差异，导致所传承非遗项目存续能力的差距开始扩大；传统手工艺、传统表演艺术等非遗门类与商品性贸易、服务性消费息息相关，而数字技术的发展正在对产品与服务的价值链引发颠覆性影响。因而，认识数字化传播潜能，在非遗传承人群中快速普及数字化应用技能变得刻不容缓。

（三）数字化生存与虚拟社区传承

通过数字化记录、保存，越来越多的非遗项目在数字虚拟世界实现了同步备份，这使得在线形式的文化展示不断普及；而技术更新又使得线上展示对遗产的还原度、沉浸感、交互性不断提升。而以上步骤隶属于数字化保存与传播范畴，还未触及非遗本体在当代及未来的存续与发展。有学者提出，文化资源数字化，能够将有形或无形的文化遗产、文化遗迹、工艺品、博物馆藏品等资源无缝迁移到虚拟世界[②]。本书认为，资源迁移对于非遗并不完全适用，应是一种数字孪生的行为，即对现实中的人类实践行为进行同步备份。

基于此，本书试对非遗的数字化生存予以展望：非遗的数字化生存旨在充分利用新兴信息传播技术，通过融入基于互联网的新型经济业态及社会文化形态谋求新的生存动力，并在数字虚拟世界中探索更为前沿的存续路径。首先，数字化生存区别于非遗商品贸易、表演服务等传统生计渠道，旨在扩大非遗传承与发展的外源动力，具体包括借助数字形态与虚拟空间拓展遗产持有者个人价值实现途径、遗产所在社区社会经济效益获取渠道等；同时也在扩大非遗传承与发展的内源动力，具体包括：利用网络社区扩大非遗趣缘人群，增加保护与传承的潜在力量等。其次，数字化生存不应对非遗的人际传承、活态实践等属性造成损失，反而可促进与反哺线下社区传承实践。最后，非遗的数字化生存将为数

---

① Collingridge.The social control of technology[M].New York: St.Martin's Press，1980：1.
② 刘少杰.从集体表象到数字表象——论元宇宙热潮的演化逻辑与扩展根据[J].河北学刊，2022（4）：162-168.

字原生文化提供素材资源与创作动力,为网络虚拟社会文化的建构提供精神架构、知识体系、审美风范等多方面参考,在标榜打破传统的当代艺术、潮流文化中隐匿地发挥人类记忆、文化习惯等传统事象的独特价值。

毋庸置疑,数字虚拟世界与现实世界在政治、经济、文化、教育等各个方面都存在着直接或间接的关联性。因而,要尝试思考非遗在虚拟世界实现社区传承的可能性与可行性。在现实世界中,人们通过建构特定的文化空间(通常是某个地理空间、场所,也可能是周期性的节事时空)来维系、共享遗产实践的社会维度,遗产持有者、参与者在该空间中实现其意义与功能,并开展传习、协商等相关实践。那么,在虚拟世界中是否也可建构类似功能的虚拟文化空间,借助数字工具、社交媒体等实现部分实践内容,而又不受时空限制,为所在社区提供更多普及认知、交流协商等机会。

四、数字形态维系遗产生命力

本章简要回顾了 21 世纪以来非遗通过数字化手段实现保存、传播及利用的演进过程,信息传播技术迭代更新的加速是非遗数字化传播意义快速更新的核心诱因。对这一过程的客观反思,可以得出以下结论:其一,非遗项目的活态存续仍旧是非遗保护的首要目的,通过数字化手段进行抢救性保存有利于传承实践的恢复、文化资源的留存、人类记忆的延续;其二,经济效益驱动为主的数字化营销对商品属性的非遗项目具有直接的支持作用,遗产持有者及所在社区的新媒体素养差异快速拉大了非遗项目传承发展面貌的差距;其三,不应低估数字手段在非遗保护中的应用价值,其绝不仅仅停留于资源保存、网络营销等辅助性功能,非遗的数字化生存与虚拟社区传承将成为未来非遗保护的方向性趋势。

在信息传播技术飞速发展的当下,持续数字化对教育、文化等行业的潜在影响将会越来越大,发挥其建设性潜能是当前遗产保护的核心议题。非物质文化遗产在当代与未来的可持续实践中应充分运用各类数字传播平台特性和潜在功能,借助数字形态将遗产生命力维系推进到一个新的阶段。

第三章　非物质文化遗产新媒体传播

第一节　公众号：非遗机构的门户自媒体

刘魁立先生曾说过："文明的推广、文化的赓续，靠传承，但是也靠传播。一种文化事项的传承，更多是传承人群的事，而有了传播，才会使它变成整个社会的事情。"近年来，非物质文化遗产的传播渠道不断拓宽，队伍与机制不断健全，非遗传播的大格局已然形成。

其中，基于移动终端的新媒体传播成为主要渠道之一，以手机为中心的智能设备已成为"万物互联"的基础。各级非遗保护部门利用微信微博等新媒体开展工作，建立了非遗专题微信公众号[①]，在汇聚本地区非遗关注人群、扩大非遗保护工作影响力、普及非遗公众认知和组织地区性非遗实践活动等方面发挥了重要的传播平台作用。

一、省级非遗专题微信公众号发展调查

本书研究团队曾专门开展调查，聚焦省级非遗保护机构已经开设的非遗专题公众号的发展状况，旨在通过对国内省级非遗保护机构非遗专题公众号进行数据收集和定量统计，勾勒其整体概况，分析其传播亮点及可能存在的问题，并对非遗保护部门如何精准定位非遗专题公众号、如何提高公众号的传播效能提出对策与建议。

调研样本选择对象为账号主体是省级非遗保护机构，并且账号专门用于非遗传播工作的微信公众号。样本采集有效期为2018年9月1日至9月30日。根据调研统计，全国（除港澳台地区）共有19个省级非遗保护机构已经开设非遗专题微信公众号（见表3.1.1）。在样本采集有效期内，共有15个省级非遗保护机构的非遗专题公众号正常运营，约占公众号总数的79%。此外，辽宁省、江苏省、福建省、广东

[①]　"省级非遗专题微信公众号"是指账号主体为省级非遗保护机构，并且账号专门用于非遗传播工作的微信公众号。

省等非遗保护部门开设有本单位综合性公众号（比如：省级文化馆公众号等），并在公众号中开设有非遗相关栏目。本次调研对象为非遗专题公众号，因而未将这些综合性公众号数据统计在内。

表 3.1.1　省级非遗保护机构已经开设的非遗专题微信公众号

省 / 自治区 / 直辖市	公众号名称（排名不分先后）
北京	北京非遗中心
天津	天津市非物质文化遗产保护中心
河北	河北非物质文化遗产
内蒙古	内蒙古非遗
黑龙江	黑龙江省非物质文化遗产保护中心
上海	上海非遗
浙江	浙江非遗
江西	江西省非物质文化遗产保护中心
山东	山东省文化馆山东省非遗保护中心
河南	河南非遗
湖北	湖北省非物质文化遗产保护中心
湖南	湖南非遗
广西	广西非物质文化遗产
重庆	重庆市非物质文化遗产保护中心
四川	四川非遗
贵州	贵州非物质文化遗产
云南	云南省非物质文化遗产保护中心
宁夏	宁夏非物质文化遗产保护中心
西藏	西藏非物质文化遗产

　　本次调研主要基于观察法进行定性分析，以普通用户身份对这类公众号进行搜索、关注、浏览、阅读，对公众号发布的信息数量、期次频率、阅读量和点赞量进行定量计算，对统计有效期限内公众号发布的资讯内容逐一进行文本分析和整理归纳。（注：本次调研数据统计来源仅限公众号推送的信息资讯，不包括公众号开发的辅助功能中的数据，如在线投票、在线报名等。）

二、省级非遗专题微信公众号情况分析

（一）总体情况

1. 发布信息数量

在统计的有效期内，共有 15 个省级非遗专题公众号处于正常运营状态，共发布各类信息文章 258 篇，照片 1836 张，动态图 49 张；视频 10 段，总时长 56 分 15 秒；音频 2 段，总时长 12 分 28 秒。

其中，在推送文章的总文字量方面，北京位列第一，浙江位列第二，四川位列第三。发布消息总篇数最多的是北京，共计 82 篇，其次是浙江，共计 60 篇，上海和四川并列第三位，各自都是 24 篇（见图 3.1.1）。照片使用最多的是浙江，共 641 张，其次是北京，共 542 张，第三位是四川，共 189 张。

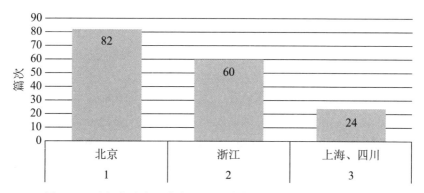

图 3.1.1 省级非遗专题公众号 30 天内发布信息篇次（排名前三）

使用视频最多的是北京，共使用 6 段视频，总时长达到了 31 分 8 秒，约占总量 55.3%；使用动态图最多的是浙江，共使用 45 张动态图，约占总量的 91%，其余公众号对动态图使用极少，多以图片的形式予以呈现。

各公众号对于音频使用不多，只有上海使用了两段音频，共计 12 分 28 秒，占总量的 100%，其余公众号均没有采用音频这一形式传播信息。

2. 发布期次频率

微信公众号每天可以更新一期内容，每期可以发布一定数量的信息，而各公众号在发布期次及频率方面差异很大。在统计有效期（30 天）内，省级非遗专题公众号共发布信息 118 期内容，平均每个公众号发布

7.8期。最多的是北京，共计29期，其次是浙江，共计23期，第三位是四川，共计21期。一部分公众号在一个月内发布5～7期，依次为云南7期，黑龙江6期，贵州6期，河北5期，河南5期，约占整体的24.5%。一个月内更新不到5期的有7个省份，约占整体的13.5%，有4个省份在一个月内只更新了一次（见图3.1.2）。

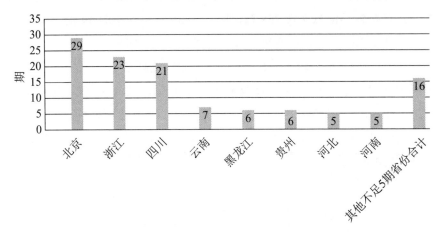

图3.1.2　省级非遗专题公众号30天内发布信息期次统计

从每期发布的信息数量来看，上海每期发布6篇，其余公众号均不固定。浙江、北京和河南每期发布4篇左右；大部分公号每期发布1～3篇信息；有6个公号每期只发布1篇信息，约占整体的14.4%。

北京是唯一定期发布信息的公众号，整个9月只有9月22日停更，其余时间每天都处于更新状态。其他比较好的公众号，如上海、浙江、四川等，虽然在一定时间段内可以达到每天更新，但从整体来看，尚未形成发布周期规律。

3. 阅读量和点赞量

在统计有效期内，这些公众号的总阅读量达到38411人次，总点赞量为664人。各公众号之间差异明显，总阅读量最多的是浙江，达到了17018人，总点赞量最多的也是浙江，为229人。

除浙江外，其余公众号的总阅读量均不足10000人次。总阅读量在5000人次以上还有北京（6546），总阅读量在2000人次以上的还有河北（2908），上海（2465），四川（2690），以上5个公众号总阅读量达31627人次，约占整体的82.3%（见图3.1.3）。

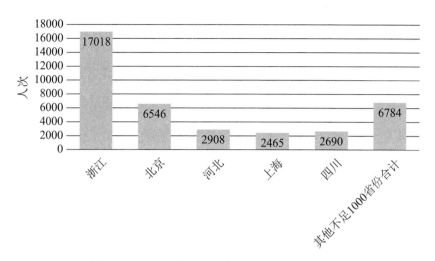

图 3.1.3 省级非遗专题公众号 30 天内阅读量统计

总点赞量在 100 以上的公众号共有 2 个，分别为浙江（229），北京（123），约占整体的 53%。而总点赞量不到 10 的有 4 个，约占整体的 1.3%。

（二）信息内容分析

各公众号发布的信息内容主要是与各非遗保护机构相关的新闻资讯，涉及演出、赛事、展览、培训、采风、交流、调研、会议、讲座等，也会发布非遗项目介绍、传统文化普及、艺术作品赏析、地方风俗展示等知识性内容。其中北京、上海等公众号对所发布的信息内容进行了分板块归纳，北京市非遗中心公众号将所发布信息内容分为非遗艺绽、非遗时光、视讯、动态、福利等板块，上海非遗中心将所发布的信息内容分为书鉴、专访、资讯、非遗特搜队等板块。

从单篇信息统计来看，这 258 篇信息平均每篇 854 字，配图片 5 张，动态图 0.2 张，平均每篇阅读量 148，点赞 2.5。

其中，浙江于 9 月 5 日发布的头条信息《第十届浙江·中国非物质文化遗产博览会（杭州工艺周）活动综述》，阅读量和点赞量均为第一。该信息主要对杭州工艺周活动进行了概述，介绍了活动具体板块的内容，内含 8 张图片，这条信息阅读量达 2785，点赞量 35，文后有 7 条互动留言，表明公众对这一活动备感兴趣。

阅读量超过 1000 的信息共有 3 篇，分别为公众号"浙江非遗"于 9 月 5 日推送的《第十届浙江·中国非物质文化遗产博览会（杭州工艺周）活动综述》，阅读量达 2785；公众号"河北非物质文化遗产"于 9月 25 日推送的《河北省省级非物质文化遗产项目代表性传承人进入动态管理新阶段》，阅读量达 1551；公众号"浙江非遗"于 9 月 6 日推送的《第二届中国—中东欧国家非物质文化遗产保护专家级论坛即将在杭州举办》，阅读量达 1231。

从信息内容上分析，阅读量较大的信息往往是当地展会、论坛等活动类内容报道，与从业者及公众关联密切的保护工作举措的阅读量也会比较高。内容的原创性和时效性与阅读量密切相关，转载类消息往往比较滞后，阅读量也会较低。比如，9 月在济南举办的第五届中国非物质文化遗产博览会，虽然多数公众号都对这一全国性展会进行了报道，但由于滞后于各大新闻媒体、官方公众号，省级非遗专题公众号相关文章的阅读量相对不高。

三、省级非遗公众号新媒体传播存在的问题

在起步阶段，省级非遗公众号新媒体传播的问题何在？通过对省级非遗保护机构专题公众号为期一个月的调查研究，我们认为，这些保护机构能够通过微信公众号这类新媒体渠道开展非遗传播工作，走在了前列。但大多数公众号的传播与运营状况尚处于起步阶段，在传播内容和形式方面尚有许多进步空间。

（一）非遗公众号传播形式层面

1. 发布频次应更加科学

发布频次的科学与否是衡量公众号运营能力的重要指标之一，一个较为成熟的公众号应能定期、定时发布内容，以增强用户黏性和用户活跃度。目前，多数省级非遗公众号发布频次尚不固定，每期发布文章数量也未形成规律，整体处于较为松散的运营状态。在微信公众号运营竞争日趋激烈的今天，松散的运营状态往往会导致用户黏性降低甚至用户大量流失，只有通过定期、定时发布优质内容，不断增强公众平台与用户之间的联系，才能让省级非遗公众号在业内占据一席之地。

2. 传播方式有待再创新

良好的传播形式能够为传播内容赋予新的内涵，尤其是在文化科技

融合发展的大趋势下，如何运用科技手段展示和解读非遗资源，实现非遗的创新性传播是值得关注和思考的问题。现有省级非遗公众号在传播方式上还较为单一，大多以文字、静态图片予以呈现，较少使用动态图、视频、音频等形式，也没有使用虚拟现实等新技术增加互动性和参与性。因此，省级非遗公众号在创新传播方式方面仍大有文章可做。

（二）非遗公众号传播内容层面

1. 减少转载，鼓励优质原创内容

目前，省级非遗保护机构公众号发布的文章中转载传统媒体、其他公众号内容的占比高。由于转载发布时间远远滞后于原创媒体且转载内容很难提升公众号特色与价值等原因，应适度减少转载内容数量、加强对转载的筛选和专题化管理，核心是要加大原创文章的发布量、鼓励优质内容的生产与传播。

微信公众号是账号主体阐发思想观点、发布实践举措、汇聚关注人群的平台，应更多策划和发布具有自己风格和特色的优质原创内容，以彰显非遗新媒体传播的意义。

2. 改换文风，密切与公众的联系

新媒体不是传统媒体的电子版。目前，多数省级非遗保护机构将公众号定位为新闻资讯发布平台之一，以消息类新闻报道为主，却并未考虑新媒体用户信息获取的习惯，缺少与公众号用户之间的潜在对话与现实关联。实际上，无论是传统媒体还是新媒体，都在经历着信息传播方式和语境的调整，公众看不看、是否喜欢看是媒体成功与否的核心评判标准。通过微信公众号传播有温度、有质感，与公众有交集、有共鸣的非遗资讯内容，也有利于让非遗"见人见物见生活"，是值得努力的方向。

四、省级非遗公众号新媒体传播未来发展

（一）根据非遗专题公众号服务对象进行精准定位

准确定位是设立微信公众号的首要前提，只有清晰自身定位才能明确未来发展方向。省级非遗保护机构专门设立的非遗专题公众号，除了

服务省域内、本行业内的相关从业人员，更要吸引社会公众关注该省非遗保护动态，进而了解、参与和持续关注非遗。目前，省级非遗公众号大多以广域公众来定位，除了发布业内交流信息外，基本都会兼顾社会公众的普及性、参与性需求，呈现"综合体"的公众号形态。

但是还需进一步明确公众号的核心定位，如果是期望做成面向社会、粉丝量大、社会影响力和关注度高的"微信大号"，就要根据新媒体用户人群画像、现有关注人群画像等进一步明确自身功能定位。据相关统计数据显示，10～39岁的年轻群体占到整体网民数量的73%，"80后"和"90后"的日均上网时长分别为6.2小时和6.5小时，超过1/4的生活时间都被网络所占据。①因此，要格外重视年轻群体对新媒体内容与形式的需求特点，而年轻人的关注也正是非遗保护可持续性的保障。比如，许多省份经常通过公众号发布非遗活动类信息，一方面，在活动内容设计上，要充分考虑年轻群体的关注点；另一方面，在活动宣传策划上，要适度进行"青春化宣传推广"。通过海报、短视频等形式增加视觉冲击力，尽可能营造相对轻松、诙谐幽默的对话氛围，适度加入情感因素，增加用户的心理依赖和使用黏性。

（二）利用新媒体平台优势做好功能开发

微信公众号平台除了信息推送外，还可以开发很多辅助功能。本次调研的省级非遗公众号中大多数都开发了辅助功能，内容涉及场馆预约、培训报名、演出票务、衍生品售卖等。通过开发辅助功能，使得许多公众号事半功倍地进行了服务拓展和延伸，集信息发布、活动参与、评价反馈于一体。例如，"湖南非遗"公众号的"薪火之传"板块中设立了"戏曲动漫""戏曲荟萃""非遗活态传承戏曲专场晚会""小小戏曲传承人"等内容；而"创意之秀"板块则重点介绍文创产品；此外，"欢乐之夜"板块聚焦"非遗欢乐之夜启动活动"等。此外，"上海非遗"公众号的"展馆行"，"山东非遗"公号的"线上活动""公共文化"等板块都吸引了大量公众参与其中，由信息传播延伸到公共服务、社会教育、互动反馈等功能。

---

① 北京青少年网络文化发展中心，搜狗输入法大数据团队，等.中国青年网民网络行为报告（2016-2017）.[EB/OL]. (2017-5-28).http://www.takefoto.cn/viewnews-1164373.html.

(三）助推线上线下在非遗保护中的联动与融合

线上线下融合已经成为时代发展的趋势，而运用线上线下联动的方式是微信公众号推广的最有效方式之一，也是扩大非遗保护工作涉及面和影响力的有效方式。通过本次调研发现，省级非遗公众号推广最见成效的方式就是与实体活动相结合，例如，"浙江非遗"公众号推送的《第十届浙江·中国非物质文化遗产博览会（杭州工艺周）活动综述》等系列文章，通过从不同角度对杭州工艺周的活动预告和深度报道，吸引用户持续关注，公众参与度和社会反响都很好。通过线上线下密切联动，一方面，可以提升公众号自身的权威性、知名度和影响力，扩大用户范围、巩固用户人群；另一方面，可以扩大实体活动的社会参与度和关注度，借力新媒体传播的力量汇聚了人气。

精准定位，提升效能，省级非遗公众号新媒体传播未来可期。在业内外越来越重视非遗传播工作的今天，省级非遗专题公众号作为地区权威性和专门性的新媒体传播渠道，应当成为地区非遗保护、传承与发展的资讯枢纽和交流平台，通过精准定位明确传播对象，通过形式与内容的创新，实现专业化、差异化发展；通过更多实用功能的开发，提高渠道传播的效能；通过新媒体传播助推线上线下在非遗保护中的联动与融合。

第二节　视频号：非遗的视频化传播渠道

朋友圈刷到视频号转发分享的频率在升高，更多重量级机构、媒体和个人集聚视频号平台，在视频号直播和在视频号看直播的习惯也在生成……视频号越来越成气候。视频号对非遗这类中华优秀传统文化的重点关注，也使得"非遗圈"的人更加关注视频号的成长，共同见证"视频号 × 非遗"的发展动态。

一、"视频号 × 非遗"的过程

2020年初，视频号刚进入内测期，笔者所在的非遗传播研究中心，筹划参与邀请非遗传承人进行内测体验，我和许多最早入驻视频号的传承人一样，当时就看好微信生态对短视频产品的投入。当年末，我们联合全国15个省级非遗保护部门共同启动了"非遗薪火计划"，旨在提升非遗在视频号中的可见度和传播力，并期望推动更多非遗传承人和从业者将视频号与公众号、小程序、直播、小商店等数字化工具相结合，让微信生态赋能非遗的社会价值弘扬与经济价值转化。

至此，国家级传承人姚惠芬、陈范兴、朱炳仁等入驻视频号的非遗传承人逐步增多，湖北非遗、四川非遗、浙江非遗、山西非遗、陇上（甘肃）非遗……更多省级非遗保护部门开设了视频号。截至2020年9月底，视频号里传统艺术类创作者达到了3000名，完成身份认证的非遗传承人就有539名。例如，河北廊坊是大量清代宫廷技艺在民间流布传承的聚集地，那里有60多名非遗传承人同期开通视频号并完成认证，他们还自主开展培训，学习短视频拍摄、视频号运营技巧，"视频号×非遗"的星火在廊坊得以燎原。

二、视频号需要怎样的非遗

微信推出视频号后，内容生态中真正补齐了短视频板块，不过和公众号、小程序一样，微信把视频号定位为数字化工具，期望各类社会主体利用好这一工具及其所背靠的近乎全量的用户基数。因而，"非遗薪火计划"即是邀请非遗传承人用好视频号，打造个人视频化社交名片，继而利用微信全系列产品弘扬中华优秀传统文化，让更多非遗项目借助微信生态打破时空限定、走进现代生活。

短视频平台的健康成长需要优质内容、价值引导和可持续的内容生产机制，在商业价值之外实现记录和体验生活、激发社会创新创造、传递思想和审美等多元价值标准，承担起公共传播平台的社会责任。正因如此，视频号也需要非遗，需要非遗所承载的中国人的生活方式、中国式的文化表达，以及非遗中所蕴涵的民族精神与情感力量。

（一）非遗承载中国人的生活方式

非遗作为中华优秀传统文化的重要组成部分，是中华文明绵延传承的生动见证。当代中国，除了故宫、敦煌等中华文化标志物外，国家和社会最为关注、离老百姓距离最近的就是非遗。非遗是活态传承至今的民族文化、民间艺术，是中国人特有的生活方式的集成，衣食住行、教化娱乐、人生仪礼、传统节日……涉及社会生活方方面面，是联结人民情感、维系国家统一的重要基础。

从视频号里看非遗，可以看到万家灯火、人间烟火，感受舌尖上的中国、指尖上的中国的魅力。传统饮食、手工技艺、营造工艺，非遗里最不缺的就是值得被记录、被创作、被传播的鲜活素材。

俗话说，砖连砖成墙，瓦连瓦成房。中国人建造房屋居所的工艺技艺与文化传统精妙而丰富。中国传统木结构建筑营造技艺入选了人类非遗代表作名录，以榫卯为木构件结合方法、以模数制为尺度设计和加工，传承了7000多年，是东方古代建筑技术的代表。放眼全国各地，北京四合院、关中传统民居、石库门里弄建筑、徽派传统民居、潮汕古建筑、庐陵传统民居、客家土楼、窑洞、土家族吊脚楼、蒙古包、撒拉族篱笆楼、哈萨克族毡房、黎族船型屋等营造技艺都入选了国家级非遗代表性项目，这些中华民族智慧结晶的重要体现，每一项营造工艺背后都是当地人们所特有的生产生活方式，凝结着多元的人文思想、审美观念、民风民俗及历史记忆。

（二）非遗体现中国式的文化表达

技术进步并不导向文化的全球化和格式化，相反，它给予在地化的文化艺术更多被传播的机会，并且让原本在当代日益边缘和隐性的内容显性化。传播学者梅费索里在大众媒体时代即有相同的观点："我们见证了大众媒介、快消服饰和连锁快餐不断加剧的相互渗透；同时，我们也能看到传播技术的发展，使得地方服饰、地方特产与传统烹调风味得以兴起。我们正处在一个重新调节生活的过程中，技术不但没有消除这些连接人与人的纽带，技术的进步有时候甚至会强化它们。"

视频号上应当看到更为多元的文化、艺术和生活，尤其通过具有浓郁中国特色的文化表达，可以感受中华上下五千年的民族气质，把中国人、中国风物、中国故事讲给当代听，讲给世界听，传递更多当代人对中国文化的理解与追求。

非遗包罗万象，既包括传统音乐、舞蹈、戏剧、曲艺等表演艺术，也包括传统美术、技艺等造型艺术，这些艺术形态汇聚了既具有标志性、符号性又展现了丰富性、深刻性的中国式文化表达。比如，分布在全国各地的传统戏剧，有入选人类非遗代表作的昆曲、京剧、粤剧，还有为数更多的"地方戏"，融汇了不同地区的方言、民间故事、乡土艺术与生活风貌，当之无愧成为中国文化的重要表达者。

街口的茶馆书场、村头的大槐树下……当这些传统城乡格局中的公共空间渐行渐远，当代人需要新的公共空间来交流思想、感受认同、达成理解，视频号应当致力于为当代人建构虚拟文化空间，通过"他者视角"和视频形态，让当代中国人更好地交流、理解和共享中国文化。

（三）非遗为当代人提供情感依托

短视频是碎片化的信息、知识和情感，但不应是"急吼吼的"、快餐式的、纯功利性的表达，这种媒介形态在成长过程中有机会完成自身的蜕变，或变成艺术作品，或富含精神养料，或成为社会文明的佐证物……

当镜头对准非遗时，那些活生生的他者、他者生活的质感、他者传递的真善美被可视化，随之带来的是亲切感、好奇心、获得感。非遗就是这样一类特殊的文化资源，它没有绝对的价值尺度，每个人都有自己心心念念的味道、腔调、手工、记忆，为异乡客带来故乡情，为快节奏带来慢生活。当网络生活变为当代人日常活动的重要组成部分时，科技和媒介本身无法守护人们的网络生活，但当与文化内容相结合时，就可以生发出这种作用。

许多民间舞蹈类非遗传承几百年甚至上千年，却没有大的形态变化，"千年跳一舞，一舞跳千年"，比如傣族孔雀舞、藏族锅庄舞、佤族木鼓舞等。这些舞蹈大多动作程式简单，但恰恰是这"千年一舞"的单纯形式让老百姓"一舞千年"，其原因并不在于舞蹈本身的动作美感，而是因为舞蹈里蕴含着在地特有的思维、情感、习俗和生活方式，传承的是舞蹈语言曾经所具有的仪式性功能以及强烈的情感依托。当代，我们随时随地可以分享这些富含情感的画面，让祖先的创造继续抚慰人心……

三、非遗需要怎样的视频号

（一）易用：帮扶不擅新媒体的传承人

非遗作为口耳相传、代际传承的文化实践，技艺高超的传承人普遍年龄偏大，专注于传习技艺，但互联网运用能力与新媒体素养相对薄弱，掌握技艺的人不善于创作短视频、运营新媒体，这是阻碍非遗短视频增量的瓶颈问题。因而，目前在短视频平台活跃的非遗类创作者主要有以下三类：一是"传二代"，即代表性传承人的子女、徒弟，日常运维传承人个人账号；二是非遗、手工艺、传统文化垂类的短视频运营服务机构，这类创作者以短视频业务为核心，为传承人、工美大师提供拍摄制作、账号运维等服务；三是企事业单位等非遗项目保护单位，以及综合服务平台类企业和机构，它们在从事非遗产品和服务贸易之余也开展短视频、直播等附属业务。

由于非遗传承人、手艺人自身普遍不擅长使用新媒体进行传播和营销，因而对短视频平台的易用性提出了很高的要求，视频号最初期望为传承人打造个人视频社交名片的初衷也较难达成。尤其是如何协同微信各类数字化工具，学会运营私域流量，目前只有极少数传承人开始了相关实践。例如，2020年8月，国家级非遗项目彝族撒尼刺绣代表性传承人毕跃英及其团队注册了微信公众号"毕跃英撒尼刺绣传习室"，由此开启了基于微信生态的撒尼刺绣数字化传播之路。公众号作为团队首个自媒体窗口，逐渐承担起介绍撒尼刺绣及传承人、发布撒尼刺绣公益培训信息、推广刺绣文创产品等功能。同年11月，毕跃英团队开通了微信视频号，作为团队的特色"社交名片"，为展示刺绣技艺、回顾公益培训、推广刺绣产品提供了更生动直观的平台，而且依靠朋友圈的社交推荐和兴趣推荐机制，为撒尼刺绣赢得了更多流量和关注。2021年，团队又注册了同名微店，上架了撒尼刺绣的文创产品，与微信公众号、视频号连接。

回顾撒尼刺绣寻求数字化传播和营销的历程，团队也曾开设淘宝店铺，尝试通过微信公众号推文为店铺引流，但因为店铺建设不完善、跳转方式较复杂等原因，淘宝店铺粉丝量仅个位数，销量低迷，逐渐荒废。而微店注册简单、跳转灵活，公众号图文信息发布、视频号视频内容推广均能够帮助微店"涨粉"，就此形成了基于微信生态的撒尼刺绣内容宣传和市场价值开发的商业闭环，期望能够切实赋能撒尼刺绣的传承与发展。

（二）流量：让传承人看到破圈的希望

视频号的起点是基于微信社交功能附带的私域流量，对于非遗传承人来说，兴趣社群的沉淀就是在积累私域流量。因而，基于朋友圈、微信群等渠道，一些非遗传承人和非遗保护机构的视频号精准地将内容投放到了自有兴趣圈层，实现了维系现有共同体、留存潜在兴趣人群的功能。

但我们也看到，更多非遗项目目前还缺少足量的关注者和消费者，传承人更加期望通过短视频和直播可以"破圈"，从公域流量中获得机会，让自身传承的非遗技艺被公众了解、被网民追捧。因而，更多非遗短视频需要视频号推荐机制的倾斜，通过对用户行为的分析，比如相同的生活经历、相近的价值立场、相似的兴趣爱好等，借助算法帮助这些非遗与更多潜在人群连接，促进更多非遗共同体的形成，同时也有助于当代人寻找到适合自己的圈层。例如，视频号"手艺人徐爷爷"以简单朴素的内容收获上万点赞。一位头发花白的奶奶用白萝卜做手机壳、西瓜做花瓶、黄瓜做水杯，遭到他人的质疑和嘲笑，这时爷爷出场，他自己设计、亲手用普普通通的木头制作出奶奶想要的东西，哄奶奶开心……

视频号"手艺人徐爷爷"里几乎每个短视频都是相仿的剧情，可为什么看似"千篇一律"却能收获上万的点赞量呢？不同于其他平台，视频号的用户群体是我们身边各个年龄段的微信用户，因而我们需要考虑创作内容会吸引哪个年龄段的用户点赞，哪些用户群体不会吝啬点赞……徐爷爷的木工手艺传递着生活的朴素与温度，而视频故事除了对技艺的展示，更展现了爷爷奶奶之间的深厚情感，这就为视频及其账号赋予了情感色彩。

（三）变现：让非遗实现视频化生存

越来越多的人热衷于将日常生活媒介化，甚至把媒介化行为作为一种生活方式，有的纯粹是实现精神层面的需求，有的则同步转化成为物质收益。从另一种角度来看，更多人专职或兼职从事视频内容生产，在这类产品、这个职业诞生的同时，我们似乎看到了更多衍生价值和可能性。

在城市化、技术发展、职业更替等因素影响下，一些传统手艺逐渐淡出当代生活，传承群体依靠售卖产品已难以维持生计，但通过视频平台却找到了新的谋生方式，通过视频展示手艺可以直接获得收入，还能够开拓市场，让产品获得销路。非遗的视频化生存路径浮出水面，而且这种方式可以实现文化传播与技艺传承的双赢。尤其是在新冠疫情期间，许多传统艺术没有了可以日常演出的舞台，戏曲等传统表演艺术的演员们在视频平台立稳脚跟，还极大地拓宽了观众群体；店铺无法正常营业，直播带货成为常态，销路在技艺展示中被打开。

非遗是独特而不竭的视频素材，非遗作品和产品通过视频化打破了时空限制，实现了数字化传播与变现；与此同时，非遗类视频成为非遗价值转化的载体，这种文化衍生品的效益是多元而巨大的，可支撑非遗本体的保护与传承。

我们期望更多非遗传承人基于微信生态建立完整的内容及商业闭环，比如发挥好视频号与公众号、小程序等的联动，实现私域流量的沉淀；利用朋友圈、微信群等私域流量进行直播变现；将非遗体验、研学内容开发为知识类虚拟产品，实现知识付费变现等。

在非遗领域，对变现最为敏感的是 MCN 机构的运营者们，因为传承人能够靠技艺谋生，而 MCN 则必须靠成功变现生存。"奇人匠心"是非遗垂类一家头部 MCN。他们为很多非遗传承人运营短视频账号，"金银细工大师奇人匠心""青丝银珠宝奇人匠心"是他们在视频号平台做得最好的两个号。这两个账号的运营者零七跟我讲述了帮助非遗通过短视频多维变现的经验：

"相比于公域流量，私域流量更具长效经营、变现的价值，我们主要通过三种路径实现多维度拓展变现：一是通过多种形式强化人设，打造个人名片；二是通过特色非遗技艺展示，引发用户兴趣并引流私域变现；三是通过专业知识分享，获得知识付费或卖货变现机会。"

作为中华优秀传统文化的非物质文化遗产，从视频号出发，通过与微信生态内各个产品的深度融合，势必提升人们数字化生活的文化内涵，推动中华文化的创造性转化、创新性发展，助力非遗真正迈入全民数字化传播时代。

第三节　新媒体传播现状对比：以世界遗产地为落点

一、以世界遗产地为对比研究落点

联合国教科文组织大会于 1972 年通过《保护世界文化和自然遗产公

约》，中国于 1985 年加入该公约①。截至 2023 年，中国世界遗产总数达到 57 处，这体现的不仅是国家日益提高的遗产保护水平和履约能力，也表明了公众对遗产价值认知的显著提升，以及对文化和自然遗产在社会经济发展中作用的充分认同。

当代，媒介化社会（Media society）属性不断增强，信息与知识传播在各行各业发展中占据重要作用，因而传播也始终贯穿世界遗产保护的各个阶段。"凭借良好的宣传（Communication）来促使大众了解与支持世界遗产"是世界遗产"5C"战略②的内在要求。近年来，新媒体在遗产信息、知识与价值传播中占据越来越重要的地位，为遗产保护提供了新的机遇。

本节选取了中国南方喀斯特云南石林、中国丹霞贵州赤水、梵净山贵州松桃这 3 处世界遗产地作为研究个案，通过对微博、微信、哔哩哔哩和今日头条等新媒体平台有关 3 处世界遗产地相关传播内容的定性观察与对比分析，从世界遗产及当地非物质文化遗产两个方面入手归纳世界遗产地新媒体传播的主要内容与共性特点，以期勾勒我国世界遗产地新媒体传播的特征图谱，为国际国内其他世界遗产地优化传播路径、提升宣传效果提供参考。

二、世界遗产传播相关研究综述

目前国内对世界遗产等遗产传播视角的理论研究较少，主要是从传播渠道、传播机制、传播效果等角度研究遗产地的旅游形象感知等具体的、应用性问题。相比之下，传播学视角下的非遗研究则较多。

在遗产传播的理论研究方面，陈先元（2004）从传播学理论出发，认为世界遗产作为一种媒介，具有相应的信息特征和社会功能，在文化传播中是分析文本，在教育传播中是讨论案例，在经济传播中是稀缺资

---

① 1972 年 11 月 16 日，联合国教科文组织大会第 17 届会议在巴黎通过了《保护世界文化和自然遗产公约》（*Convention Concerning the Protection of the World Cultural and Natural Heritage*），中国于 1985 年加入。

② 世界遗产委员会制定的世界遗产"5C"战略包括加强世界遗产名录的公信力（Credibility）、确保有效地维护（Conservation）、提升缔约国相关能力建设（Capacity-Building）、凭借良好的宣传（Communication）来促进大众了解与支持世界遗产、强调当地"社区"（Community）民众对世界遗产及其可持续发展的重要性。

源，在娱乐传播中是背景因素[1]。薛岚（2010）等人则从世界遗产价值的五个转变（从高贵到朴素、从专业到大众、从经济到教育、从静态到动态、从保护到传承）入手，对"遗产传播"理念作了初步界定，并建构了"世界遗产传播系统"[2]。齐欣（2022）认为遗产传播强调在社会进程中看待遗产资源并发挥其价值功能，并提出遗产传播的三项重要原则：公共性、真实性、实践性[3]。

此外，在文化遗产的传播方面，丛桂芹（2013）认为国际文化遗产保护运动越来越关注阐释（Interpretation）和传播（Communication）理念，而传播时代的到来也使得文化遗产越来越受到大众传媒的影响[4]；高小燕等（2019）认为文化遗产传播存在内涵建构不足、传播方式老旧等问题[5]；许丽霞等（2022）基于德布雷的媒介学理论，认为文化遗产作为连接过去、当下与未来的媒介物，媒介去物质化趋势会导致传承危机，因此必须充分发挥数字媒介的优势，促进文化遗产的"日常性"构建[6]。

在遗产地旅游形象传播方面，董亮（2013）通过对比四川省3个世界遗产旅游地（九寨沟、青城山、峨眉山）旅游者获取旅游形象的信息渠道和旅游动机，发现旅游目的地形象是各种传播媒介展示出来的综合和结构性形象，不同的渠道有着不同的吸引功能[7]；高佳（2020）以齐长城的媒介传播为例，分析了文化遗产旅游目的地的媒介形象建构与传播困境和对策[8]；刘孝蓉等（2022）探讨了农业文化遗产旅游形象的建构方式[9]。

对非遗的传播研究较多，其中针对新媒体传播的研究主要从传播困

---

[1] 陈先元. 作为媒介的世界遗产[J]. 上海交通大学学报：哲学社会科学版，2004（3）：65-69.

[2] 薛岚，吴必虎，齐莉娜. 中国世界遗产的价值转变和传播理念的引出[J]. 经济地理，2010，30（5）：844-848.

[3] 吕舟，燕海鸣，冯辽，等. 笔谈：世界遗产中国实践 面向国际语境的可持续发展与互鉴共享愿景[J]. 中国文化遗产，2022（5）：5-22.

[4] 丛桂芹. 文化遗产保护中阐释与传播理念的凸显[J]. 建筑与文化，2013（3）：60-61.

[5] 高小燕，段清波. 传承与传播：物质文化遗产价值的可沟通性[J]. 人文杂志，2019（2）：77-84.

[6] 许丽霞，陆羽婕. 数字时代文化遗产的媒介化境遇与展望——基于德布雷的媒介学理论[J]. 云南民族大学学报：哲学社会科学版，2022，39（6）：31-38.

[7] 董亮. 信息传播渠道对旅游形象感知的影响研究——以四川省三个世界遗产旅游地为例[J]. 西南民族大学学报：人文社会科学版，2013，34（2）：148-152.

[8] 高佳. 文化遗产旅游地的媒介形象传播困境与对策——以齐长城的媒介传播为例[J]. 青年记者，2020（20）：88-89.

[9] 刘孝蓉，冯凌. 从传承到传播：农业文化遗产旅游形象建构与推广[J]. 旅游学刊，2022，37（6）：5-7.

境、传播策略、传播模式、传播路径等角度展开。如杨红（2019）从目的、方式、方向三个角度阐述了中国非遗保护的当代传播实践，强调传播是达成非遗保护目的的重要环节[①]；黄永林（2015）认为可以充分利用新媒体传播技术的特点和优势，构建交互立体的传播渠道，推进非遗内容的深度传播[②]；孙英芳（2020）认为新媒体改变了非遗固有的生活语境、传承主体和传播渠道，资本理念下的非遗借助新媒体获得了更大的传播和再生产空间[③]。

三、世界遗产地新媒体传播个案对比

（一）中国南方喀斯特云南石林的新媒体传播特点

云南石林因符合"在喀斯特特征和地貌景观方面的多样性是无与伦比的，代表了世界上湿润热带到亚热带喀斯特景观最壮观的范例，具有突出普遍价值"这一标准，作为"中国南方喀斯特"系列遗产的组成部分之一被列入《世界遗产名录》。此外，云南石林也拥有彝族撒尼语口传叙事长诗《阿诗玛》、撒尼大三弦、彝族（撒尼）刺绣、彝族摔跤等多项非物质文化遗产。

在云南石林的新媒体传播中，传播内容呈现出自然遗产和地方文化相结合的特点；传播热词中，有对"奇""美""绝"等自然景观特点的强调，也有对"阿诗玛""火把节"等彝族文化的关注；传播也体现了遗产与旅游、教育、艺术创作良性互动的特点。

1. 传播内容：自然遗产与地方文化相结合

在传播技术和现代交通工具的发展下，世界遗产负载的信息具有鲜明的地域共享性，通过大众传播媒体，世界遗产的风光和魅力可以为更多人所欣赏[④]。凭借独特的喀斯特地貌景观，云南石林成为各平台旅游博主推荐的旅游目的地。大量旅游自媒体博主通过图文信息、Vlog等形式

---

① 杨红. 目的·方式·方向——中国非遗保护的当代传播实践[J]. 文化遗产，2019（6）：21-26.
② 黄永林. 数字化背景下非物质文化遗产的保护与利用[J]. 文化遗产，2015（1）：1-10.
③ 孙英芳. 新媒体生态下的非物质文化遗产传播与文化再生产[J]. 新闻爱好者，2020（8）：78-80.
④ 陈先元. 作为媒介的世界遗产[J]. 上海交通大学学报：哲学社会科学版，2004（3）：65-69.

分享关于云南石林的自然景观、旅游路线、旅游攻略,内容涵盖观光、餐饮、住宿、娱乐等多方面。值得注意的是,旅游博主进行旅游推介时,多将自然遗产与彝族风情等地方文化相结合。在快手平台上,以云南石林为内容的、播放量排名前 50 的短视频中[①],大多包含"彝族""斗牛""杀猪饭""人参果""火把节"等标签,尤其关于彝族火把节等地方文化的短视频播放量已破百万。

2. 传播热词:"奇""美""绝"与"阿诗玛""火把节"

本研究分别在微信视频号、微博和哔哩哔哩以"云南石林"为关键词进行搜索[②],对数据进行清洗和词频统计后得出以下特点:

其一,对"奇""美""绝"等自然景观特点的强调。3 个平台上出现频率最高的词都是"石林",该词既代表该地域县级行政单位的名称,又是对该地喀斯特地貌景观的概括。通过对比形容词可以发现,"天下第一奇观""美丽""神奇""壮观""惊艳"等词出现频率高,反映了云南石林作为旅游目的地的形象感知。

其二,对"阿诗玛""火把节"等彝族文化的关注。除自然遗产的独特性和稀缺性外,少数民族文化和民俗体验也是云南石林的重要旅游吸引物。"彝族""阿诗玛""火把节""人参果"等颇具地方特色和民族特色的词语也具有较高出现频率。

如图 3.3.1 所示,从左至右依次为微信视频号标题词云图、微博正文词云图、哔哩哔哩视频标题词云图。

图 3.3.1 中国南方喀斯特云南石林新媒体传播词云图

3. 传播特点:遗产与旅游、教育、艺术创作的互动

从媒介的社会功能视角进行分析,云南石林的遗产传播嵌入了其他传播领域,具体体现为遗产与旅游、教育、艺术创作的互动。

首先,从旅游营销到旅游体验升级。云南石林的新媒体传播体现出

---

① 数据采集时间:2022 年 5 月 2 日。
② 数据采集时间:2022 年 5 月 2 日。

文化内容分享和旅游产品推介相结合的显著特点。例如,"石林风景名胜区"官方微博号发布的"文化石林"话题,分享以石林为题材的美术、音乐、歌谣、传统手工艺等地方文化内容,文化传播与旅游营销相互交织。与此同时,游客既希望在遗产地领略真实的古风古韵,又希望通过传说等其他信息形成立体的观感[1]。为了满足游客在旅游体验中寻求真实感的需求,围绕世界自然遗产景观的独特性,云南石林也衍生出民族节庆旅游、生态农业旅游等不同旅游产品与旅游路线,将文化内容转化为旅游体验内容,提升云南石林的旅游吸引力。

其次,从遗产教育到遗产研学体验。有学者认为,学习旅游景观中最具科学性和文化内涵的世界遗产课程,是提高游客审美和景观鉴赏能力的最佳途径之一,比如对喀斯特地貌,只有懂得它的成因机理,才能兴趣盎然[2]。毗邻景区的石林喀斯特地质博物馆就发挥了遗产教育的重要作用,将喀斯特地貌作为地质教育中的案例进行展示、研究和讨论。哔哩哔哩平台上大量的地理科普视频,从喀斯特地貌的形成原因、形成过程和影响等角度解读了云南石林的地质地貌特征。围绕遗产教育,也衍生出地质与矿物、生态与植物、撒尼歌舞等不同主题的研学活动,从自然科学和文化内涵两方面提升游客的审美鉴赏能力,帮助游客更好地理解遗产价值、参与遗产保护。

最后,遗产与影视等当代艺术创作形成了深度互动,从取景地到素材库。许多知名影视作品都以云南石林的喀斯特地貌景观为取景地,如电影《阿诗玛》、电视剧《西游记》《庆余年》等,遗产地的形象随着影视作品的放映得以广泛传播。此外,在明星效应的催化下,粉丝群体以这些影视作品作为素材进行二次创作,并在新媒体平台上进行圈层传播,遗产地的吸引力和知名度也在此过程中得到了提升。

(二)中国丹霞贵州赤水的新媒体传播特点

贵州赤水丹霞地貌作为早期丹霞地貌典型代表,成为"中国丹霞"6个提名地之一。赤水也被誉为"中国竹子之乡",丰富的竹资源对当地生产生活产生了重要影响,竹编、竹雕、独竹漂等与"竹"相关的非物

---

[1] 刘先福. 民俗过程:概念、实践与反思[J]. 民族艺术,2020(4)64-71.
[2] 尹国蔚. 世界遗产旅游教育功能的认知与实现[J]. 世界地理研究,2009,18(4):173-176.

质文化遗产在当地发展起来。

在贵州赤水的新媒体传播中，传播内容强调遗产价值影响力，"丹霞""瀑布""竹海"等传播热词揭示了遗产的景观特色，以竹雕、竹编、独竹漂为代表的非遗项目成为地方文化展示的特色。

1. 传播内容：突出遗产的价值影响力

本地新媒体账号发布的关于"赤水丹霞"的内容大多重视对遗产价值影响力的传播和表达，"世界遗产""央视""联合国""5A级"等代表遗产价值和影响力的关键词被强调，具有鲜明的情感导向。此外，在微博热门内容中[1]，"自然遗产"一词是除"丹霞地貌"外最高频的定性词，这些内容主要强调贵州赤水丹霞作为世界自然遗产，拥有丰富的生态价值、科学价值，公众需提升遗产保护的自觉性，了解遗产知识并参与遗产保护。

2. 传播热词："丹霞""瀑布""竹海"

以"赤水丹霞"为关键词进行搜索，对热门微博内容、哔哩哔哩视频标题、今日头条内容进行统计和分析[2]，可以发现：除"丹霞"一词外，出现频率靠前的词是"瀑布""竹海"。究其原因，赤水最显著的特点是"丹霞地貌"，而"赤水大瀑布"是赤水国家级风景区名胜区的重点组成部分，也是"赤水丹霞"申报世界自然遗产的核心组成部分之一。贵州赤水作为"中国十大竹乡"之一，诸多影视作品就是以贵州赤水的竹林、瀑布为背景进行拍摄的。因此，在新媒体传播中，"瀑布"和"竹海"成为贵州赤水重要的传播符号。

如图 3.3.2 所示，从左至右依次为：微博正文词云图、哔哩哔哩视频标题词云图、今日头条标题词云图。

图 3.3.2　中国丹霞贵州赤水新媒体传播词云图

---

[1] 数据采集时间：2022 年 5 月 2 日。
[2] 数据采集时间：2022 年 5 月 2 日。

3. 传播特点：以非遗为切入点，拓展地方文化展示渠道

在得天独厚的自然条件下，贵州赤水逐渐形成了以竹产业为代表的各类特色生态产业，赤水的竹雕工艺、竹编工艺、独竹漂、晒醋制作技艺等也先后被列入各级非遗代表性项目名录中。通过这些非遗的新媒体传播，贵州赤水的竹文化特色也越来越鲜明，具体表现为以下三点：

其一，赤水竹手工艺女性带头人"以点带面"，提升社会影响力。贵州赤水涌现出不少优秀的女性竹编带头人，并被国内各大媒体广泛报道。如杨昌芹作为赤水竹编的传承人，也是一位"90后"全国人大代表，人民日报海外版、光明网等以"一根翠竹编起一方产业"为题，报道了她从学习赤水竹编工艺到成为致富领头人的故事。又如赤水竹雕传承人卢华英，兼任当地中等职业学校特聘老师教授竹雕技艺，事迹也被央广网等媒体报道。还有竹编带头人牟小燕，创办了竹编扶贫车间，在社区开展多期竹编培训，帮助留守妇女、异地搬迁贫困户提供就业岗位以解决生计，被中国新闻网、光明网等媒体报道。在这些优秀的女性带头人的带领下，赤水竹手工艺的知名度和社会影响力都得到了提升。

其二，新媒体拓展非遗的价值维度。新媒体作为当下内容传播的重要渠道，在促进手工艺转化为体面生计来源的过程中发挥了关键性作用。如哔哩哔哩UP主、微博博主"修竹大叔"通过一条关于中秋节"竹编月灯"的短视频登上了"新浪微博热搜榜"[1]，获得广泛关注。"修竹大叔"除了展示传统手工技艺之外，还积极结合时事热点、网络热词，探索竹编、竹雕等传统技艺年轻化、个性化的传播形式。竹子不仅被做成茶叶罐、果盘等传统竹编产品，还被编成了二维码、冰墩墩等极具创意的竹编衍生品。此外，新媒体还促进了非遗的国际传播。贵州赤水的独竹漂技艺传承人杨柳，通过短视频账号"杨柳独竹漂"展示独竹漂绝技，在抖音、哔哩哔哩平台粉丝破百万，在YouTube等海外视频网站上也圈粉无数。有学者认为，这些新媒体平台上的"数字传承人"在充分利用数字化技术对文化遗产进行加工、解读和传播的过程中，将文化遗产从

---

[1] 2021年9月21日，"'七零后'大叔用竹子编了一轮中秋月"登上"新浪微博热搜榜"：近日，在贵州赤水，一位来自浙江的"七零后"大叔30年坚持传承非遗竹编技巧。中秋佳节来临之际，"修竹大叔"制作了一系列中秋竹编作品，将自己创作竹编的过程记录下来上传到网络，将中秋祝福与非遗竹编完美融合。

唯一、不可共享、不可再生的变成了无限、可共享和可再生的[1]。"数字传承人"与文化遗产之间也不再是单纯的保护与被保护、传承与被传承的主客关系，而是在交流、对话与把关中践行了主体间性的内涵[2]。

（三）梵净山贵州松桃的新媒体传播特点

位于贵州松桃西南部的梵净山因符合"生物多样性原址保护的最重要的自然栖息地，包括在科学和保护层面上具有突出普遍价值的濒危物种栖息地"这一标准，于2018年被列入《世界遗产名录》。

在贵州松桃梵净山的新媒体传播中，不同的传播主体呈现出梵净山不同的价值侧面，旅游传播是主要的传播类型；梵净山的"金顶"无论是在视觉上还是内容上都是梵净山的传播重点，成为其标志性符号，梵净山云雾缭绕的自然景观衍生出了"天空之城""仙境"等传播关键词；通过热点事件、热点人物，梵净山实现了"破圈"传播。

1. 传播内容：不同传播主体呈现不同价值侧面

有学者认为，遗产传播由价值认定阶段向价值传播阶段过渡，标志着遗产公众传播时代正在来临[3]。梵净山的新媒体传播内容就体现了不同主体对遗产价值的理解和传播实践，尤其是普通公众对遗产价值的重新发现和广泛共享。

其一，贵州本地新媒体具有议程设置作用，是传播的引导力量。通过对微博"梵净山"关键词下的内容分析发现[4]，自媒体账号、政府官博、媒体官博等不同类型的本地媒体共同构成了贵州传播的新媒体矩阵。这些本地新媒体传播的梵净山价值较多元，既有旅游价值的推介，也有生态价值的科普。总的来看，本地新媒体平台对梵净山的传播有明显的议程设置，起着引导作用。在当地非遗的传播方面，"贵州省文化和旅游厅"等政务号和《贵州日报》等本地媒体通过特定的议题，突出当地非遗在脱贫攻坚、乡村振兴中的作用，例如将非遗传承人、人大代表石丽平作为松桃苗绣的重要人物符号，传播热点为"将指尖技艺转化为指尖经济"。

---

① 阮艳萍. 数字传承人：一类遗产表述与生产的新型主体[J]. 西南民族大学学报：人文社会科学版，2011，32（2）：50-54.
② 阮艳萍. 主体间性：数字传承人与文化遗产事项[J]. 新闻爱好者，2011（10）：14-16.
③ 齐欣. 文化遗产保护将进入公众传播时代[N]. 人民日报·海外版，2012-12-14（7）.
④ 数据采集时间：2022年4月28日。

其二，旅游大V具有精准的粉丝基础，传递着遗产独特性。他们将梵净山作为旅游目的地的传播是其主要的新媒体传播类型。梵净山凭借其独特的旅游资源成为知名旅游打卡地，在旅行攻略和 Vlog 中，众多自媒体大V通过对梵净山"美""险""仙"等特点的强调，传递了世界遗产的独特性与稀缺性，这两种特性不仅是大V们的"流量密码"，也是世界遗产的重要价值。

其三，摄影爱好者关注并传递遗产的艺术价值。随着生物多样性主流化进程的加速，人们逐渐将生物多样性纳入世界遗产的关注视野，即将生物多样性作为自然遗产重要的价值生成和生存基础[①]。梵净山因独特的景观、珍稀的动植物，吸引了众多摄影爱好者。在哔哩哔哩平台，以梵净山为内容的视频多含有"航拍""摄影"的标签字样。梵净山的黔金丝猴、珙桐也吸引了大量摄影爱好者的蹲守，并在社交平台以图文形式进行分享。

2. 传播热词："金顶""天空之城""仙境"

在微博、哔哩哔哩和今日头条以"梵净山"为关键词进行搜索[②]，对数据进行清洗和词频统计可以发现：

其一，"金顶"是梵净山传播中的重要传播符号。在排除地域词"贵州""铜仁"和类型词"视频"后，发现在微博、哔哩哔哩两个平台上出现频率最高的词都是"金顶"。梵净山共有两座金顶，更加险峻的"红云金顶"相较于"老金顶"更具视觉冲击力，因此成为梵净山的标志性符号，常出现在视频和图文内容的封面展示中。

其二，独特美景衍生出"天空之城""仙境"等浪漫想象。通过对上述数据结果的统计发现，"天空之城""仙境"等词具有较高的出现频率。梵净山云雾缭绕的自然景观呈现出一种"如临仙境"的美，满足了中国传统文化中对"天宫"的想象。

图 3.3.3　梵净山贵州松桃新媒体传播词云图

---

① 齐欣. 更好传承　更大发展——关注中国世界遗产三大趋势 [N]. 人民日报·海外版，2023-1-16（11）.

② 数据采集时间：2022 年 4 月 27 日。

如图 3.3.3 所示，从左至右依次为微博正文词云图、哔哩哔哩视频标题词云图、今日头条标题词云图。

3. 传播特点：从"小众"领域到"大众"参与

在新媒体时代，公众通过新媒体进行着个人与遗产互动的价值传播，探索着遗产与个体的关系以及普通人在整个"遗产运动"中所能到达的位置[①]。通过热点事件、热点人物的推动，梵净山实现了从"小众"领域到"大众"参与的关注和传播。

其一，热点事件触发全民讨论的法律传播。有学者认为，当传统与现代在遗产旅游中并存时，必然会产生遗产存续、发展的传统与现代性消费文化的对峙和背离[②]。尤其当游客缺乏必要的旅游伦理时，很可能在旅游活动中对遗产造成破坏。2022年3月，一名男子在梵净山金顶摩崖石壁上刻字，此事件从一名网友的爆料短视频开始在网络发酵，经过审理，该男子被处以罚款，并在国家级媒体上公开道歉[③]。这一事件被众多官方媒体广泛报道，引起热烈讨论，并登上了新浪微博"热搜榜"。在对这一案件的传播中，世界遗产的重要性和独特价值得到了强调，遗产保护的相关法律也受到了关注。

其二，"政府推动+明星助力"模式助推艺术传播。自然遗产的另一间接功能是通过自然美激发旅游者的审美感受和艺术家的山水创作灵感[④]。贵州省人民政府新闻办公室官方微博发起微博话题"艺起游贵州"，联动知名艺术家、艺人实地探访贵州，以贵州的自然风光、历史文化等作为灵感要素创作一系列艺术作品，为贵州省旅游注入艺术气息，梵净山也是此行重要的目的地。参与活动的艺人也推动了梵净山作为旅游目

---

① 彭澎.自媒体传播与文化遗产的本位保护[J].青年记者，2014（2）：17-18.

② 彭兆荣，郑向春.遗产与旅游：传统与现代的并置与背离[J].广西民族研究，2008（3）：33-39.

③ 2021年7月11日下午4时，陈某某在登梵净山红云金顶排队通行过程中，使用登山手杖在"梵净山金顶摩崖"石壁上刻画"丽水陈国"字样。现场游客在劝阻陈某某的不文明行为时，还遭到陈某某的恶言相向。该事件的现场视频在各短视频平台、朋友圈等大范围传播。此后，贵州铜仁江口县人民检察院对此事启动调查，并提起了民事公益诉讼。当事人被判罚款，并登报道歉。来源：光明网"景区刻4字被罚12万元"，https://m.gmw.cn/baijia/2022-04/22/302911814.html，查阅时间：2023年1月16日。

④ 张成渝.世界遗产视野下的地质遗产的功能及其关系研究[J].北京大学学报：自然科学版，2006（2）：226-230.

的地的形象传播①。

其三，跨媒介生产激发趣缘群体的圈层传播。梵净山曾被作为游戏、影视的背景素材，在新媒体的环境下，趣缘群体之间的交流讨论也让梵净山作为背景要素有了跨圈层的传播。如仙侠题材的游戏《遇见尊上》以梵净山作为重要背景，该游戏粉丝在微博平台的讨论中发现"原来真的有这座山"，并产生了主动了解的意愿。

（四）3个世界遗产地新媒体传播个案的共性分析

通过对以上3处世界遗产地新媒体传播的具体分析，能够总结出遗产地传播现状的诸多共性，以下将从传播内容、传播主体、传播渠道三个方面进行共性分析：

1. 传播内容：自然与文化吸引物的融合传播

这3个案例都隶属于世界自然遗产，但其实际传播内容都发生了延展：从自然遗产景观特征的挖掘逐渐向地方特色文化进行延展，呈现出自然与文化在地化特色相互交织、相互融合的传播特点。同时，较之自然景观，遗产地可传播的文化内容也更加丰富，不仅有地方民族民间文化的呈现，也有现当代艺术创作、文化现象与活动、文化艺术名人等的互动讨论，形成了传播内容多元化且可持续的有利局面。同时，遗产地文化资源及文化传播的丰富多元，为当地旅游业等与世界遗产保护与利用相关行业的良性发展提供了诸多正向价值，形成了互为促进的"文旅融合"发展格局。

遗产旅游是世界遗产保护与利用的主要方式，也是遗产知识传播、遗产公众教育的重要形式。本研究个案地的遗产旅游都呈现出相同的趋势——文旅融合。随着地方文化的加入，遗产旅游产品及其营销的内涵、类型随之丰富，从以自然风光为主的观光型游览升级为自然风光和风土人文相融合的体验式旅游。体验式旅游是对传统旅游模式的深化，游客的需求和个性得到尊重和关注，游客通过与旅游产品间的互动，获得畅爽的旅游体验，实现自我价值②。随着体验式旅游的发展，遗产地研学、

---

① 2022年3月9日，艺人@向佐JackyHeung在该微博话题下发言："喜欢美丽的铜仁，喜欢梵净山、苗王城、贵州美食，喜欢热情好客的贵州人。"截至4月30日，获得3.2万点赞。

② 徐林强，黄超超，沈振烨，等.我国体验式旅游开发初探[J].经济地理，2006（S2）：24-27.

非遗体验逐渐成为遗产地新兴旅游吸引物,其形式主要有三类:

其一,以传统手工艺为主的非遗项目通常以制成品售卖、衍生品开发、工艺体验等方式融入地方旅游及相关产业。云南石林的撒尼刺绣、贵州赤水的竹编、竹雕以及贵州松桃的松桃苗绣,都是当地遗产旅游中的新兴旅游纪念品。

其二,传统表演融入旅游体验。以云南石林的《阿诗玛》长诗演唱、大三弦歌舞以及贵州赤水的独竹漂为代表的传统表演也成为遗产地旅游的热门项目。例如,石林风景区中"天然舞场"景点已成为游客游览景区的必经之处,这是一个石峰环绕的开阔场地,每天都有来自附近村寨的民间歌舞团在这里展示撒尼大三弦,游客们可以跟着简单重复的节拍,共同感受民族歌舞的魅力。

其三,地方非遗融入旅游细分行业,如小众旅游体验产品、遗产教育研学产品、遗产地深度文化体验产品等。张成渝(2006)认为除了以欣赏自然风光为目的的普通观光性游览,更应该强调以地质学因素形成自然美的地质遗产而启发人们对其成因进行思考的地质科普游览[①]。云南石林喀斯特地质博物馆就策划了许多针对青少年的研学旅游活动,主题涵盖地质、生态、海洋、民俗歌舞等。

2. 传播主体:多元主体借助新媒体促成虚拟和现实空间的互动

遗产地是自然、文化、社会的复合系统[②],遗产地的新媒体传播是社区、游客、专业自媒体等共同参与的结果。相较于传统媒体,新媒体提供的是一个可供受众主动参与、实时反馈的"拟态环境",新媒体具有的媒介话语互动拟真性和媒介技术包容性使其传播的信息更加直接地影响着人们的认知方式和生活行为[③]。因而,新媒体构筑的虚拟空间是遗产地现实空间的映射,遗产地现实空间又为网络虚拟空间提供了素材,网络虚拟空间和遗产地现实空间是相互参照、相互作用的,两个空间都影响着当地社区、外来游客等不同主体对遗产的认知和行为,而不同主体所形成的认知和行为也分别作用于两个空间(见图3.3.4)。

---

① 张成渝.世界遗产视野下的地质遗产的功能及其关系研究[J].北京大学学报:自然科学版,2006(2):226-230.
② 孙克勤.中国的世界自然遗产战略管理研究[J].中国人口·资源与环境,2011,21(S1):547-550.
③ 陈航.新媒体与"拟态环境"[J].南京政治学院学报,2010,26(6):111-114.

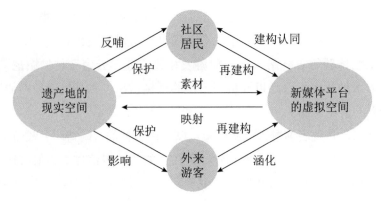

图 3.3.4　社区居民、外来游客参与遗产地现实空间和虚拟空间相互作用的机制图

其一，对于遗产地社区而言，遗产保护和旅游发展是良性互动的。一方面，遗产地独特的自然景观和丰富的地方文化，作为连接历史、当下和未来的媒介资源[①]，共同建构了社区居民的文化认同和身份认同。新媒体平台对遗产地自然资源和文化资源的叠加、渲染，如"世界遗产""联合国""5A级""央视"等关键词在贵州赤水的新媒体传播中被反复强调，这些具有鲜明价值导向的内容，进一步强化了社区居民对遗产的认同和自豪感。另一方面，非遗体验、自然教育等旅游项目增加了遗产地社区居民参与遗产旅游服务与管理的途径，例如遗产地居民可以售卖手工艺纪念品、参与景区的传统歌舞表演、辅导游客进行非遗体验等。除了加强社区居民经济意义的参与外，遗产旅游也让居民能够在游客的印象中重新解读自己的文化[②]。这些体现主体意识、激励可持续生计的参与行为，势必提升社区居民的遗产保护意识和自觉性。

其二，对于外来游客（包括旅游博主等自媒体）而言，游客通过社交传播、教育传播实现受与传的互动。在新媒体传播中，游客既是各类旅游资讯、旅游攻略的接受者，同时也是遗产旅游经历的传播者。一是遗产自然教育、遗产研学、非遗体验等个人化体验和参与式活动为遗产地增加了旅游吸引物，进一步激发了游客的社交传播。社交作为媒体的核心要素和内容生产的动力[③]，游客们在旅游过程中不断寻找、发现

[①] 许丽霞，陆羽婕. 数字时代文化遗产的媒介化境遇与展望——基于德布雷的媒介学理论 [J]. 云南民族大学学报：哲学社会科学版，2022，39（6）：31-38.

[②] 阮艳萍，数字传承人：一类遗产表述与生产的新型主体 [J]. 西南民族大学学报：人文社会科学版，2011，32（2）：50-54.

[③] 彭兰. 场景：移动时代媒体的新要素 [J]. 新闻记者，2015（3）：20-27.

和创造视觉素材,通过精心打卡、自拍、剪辑,展示自己"滤镜化的生活"[1]。尤其是旅游博主等专业自媒体,充分挖掘遗产的独特性与稀缺性,以差异化视角和内容吸引大量粉丝。二是遗产旅游不当行为的舆情事件促进了遗产保护的教育传播。自媒体赋予了普通公众构建"拟态环境"的权利,特别是在一些公共事件中,身处现场、掌握一手信息的普通公众就可能成为突发事件"拟态环境"的最初建构者[2]。例如,发生在贵州梵净山的"金顶刻字案"事件,最初就是从一名现场游客的爆料短视频开始在各短视频平台、朋友圈传播并发酵的,此后大量官方媒体和意见领袖对此进行评论,更多的公众也参与到讨论和转发中来,遗产的独特价值和保护意识就在这些公众的讨论和转发中再次得到确认。

总而言之,对于遗产地社区居民而言,居民从新媒体平台构建的虚拟空间中获得对遗产地现实空间的再认识,形成身份认同和遗产自豪感,落实遗产保护;社区居民也通过与旅游业相关的生计来源,共享了遗产保护的成果。对于游客而言,游客从新媒体平台构建的虚拟空间中获得对遗产地的初步认识,再通过对遗产地现实空间的旅游行为,进一步完善对遗产的认识;之后通过社交传播、教育传播在新媒体平台上评论、转发,主动参与虚拟空间的再构建。

3. 传播渠道:逐步构建综合化、立体化的世界遗产地网络传播态势

彭兰(2016)认为:新媒体时代,传播渠道与功能的融合不可避免[3]。3个遗产地的新媒体传播个案也都揭示了这一点,遗产地传统媒体在新媒体平台开设的账号在遗产地信息与知识传播中发挥着重要的作用,而当地社区居民、外来游客及专业自媒体利用新媒体平台也实现了不少遗产地的"破圈"传播,引发了遗产地网络虚拟空间与现实空间的良性互动;在图文内容以及短视频、直播等网络视频输出的基础上,表情包、网络游戏场景等网络文化形态成为遗产地自然与文化资源价值输出的新载体,传播渠道不断拓宽。

其一,世界遗产地表现与互动方式综合化。在新媒体平台上,表现与互动方式不断丰富与更新,涵盖了图文、音频播客、短视频、视频博

---

[1] 彭兰. 视频化生存:移动时代日常生活的媒介化 [J]. 中国编辑, 2020 (4): 34-40.
[2] 靖鸣, 张朋华. 自媒体时代"拟态环境"的重构及其对大众传播理论的影响 [J]. 现代传播(中国传媒大学学报), 2019, 41 (8): 71-75.
[3] 彭兰. "新媒体"概念界定的三条线索 [J]. 新闻与传播研究, 2016, 23 (3): 120-125.

客、直播等多种形式，传播态势日益综合化。遗产地原有传统媒体在传播内容、渠道上正处于与新媒体积极融合的关键阶段。比如，在贵州赤水个案相关的新媒体传播案例中，"贵州省文化和旅游厅""贵州都市报"等政务、传统媒体微博号在传统报道内容的基础上进行再加工，发布适宜新媒体传播的内容，不仅有图文形式的博文宣传，也有短视频的营销，在遗产地信息传播中发挥了重要作用。又如，即使是微信公众号这样以图文为主的新媒体平台也不再满足于静态的内容呈现，科普公众号"星球研究所"介绍中国南方喀斯特、贵州梵净山时，大量使用了地质图、气象图等动态示意图。

其二，跨媒介叙事和传播。遗产地的传播不仅通过常见新媒体平台的图文、视频，还通过表情包、艺术作品、影视作品、网络游戏等不同媒介，对社会生活进行全方面渗透，形成遗产地的立体化传播格局。传统的跨媒介叙事是利用不同媒介载体对封闭的文本进行传播，而在新媒体时代下，跨媒体叙事的文本是开放的、无限衍义的，更多利用新媒体手段和移动互联网技术，打破现实世界与虚拟世界的界限[①]。比如，上海电影制片厂摄制的电影《阿诗玛》使云南石林名声大噪，风格淳朴、着色自由的农民画作品又对阿诗玛的故事进行了解读，体现了草根创作的群集智慧，在此基础上衍生创作的"阿诗玛与阿黑哥"表情包则充分利用了微信聊天的人际传播和群体传播特性。又如，网络游戏《遇见尊上》《梦三国2》把梵净山的自然环境植入游戏的虚拟地图，而梵净山景区索道站广场也搭建起了网游中的相关场景，供游客拍照打卡[②]，实现了线上和线下、虚拟世界和现实世界的融合传播。

四、新媒体在遗产保护中应发挥更大作用

本节内容分别归纳了中国南方喀斯特云南石林、中国丹霞贵州赤水、梵净山贵州松桃这3处世界遗产地新媒体传播的内容、热词和特点，并揭示了其新媒体传播的共性特征：在传播内容方面，自然与文化相互交

---

① 程丽蓉．跨媒体叙事：新媒体时代的叙事[J]．编辑之友，2017（2）：54-58．
② 经验交流｜梵净山牵手《梦三国2》，解锁"游戏＋景区"新玩法！. https://mp.weixin.qq.com/s?__biz=MzAwMTI2ODI3Ng==&mid=2652425264&idx=3&sn=3fa452896565d711c524a14abfff4de8&chksm=8130236bb647aa7de8e9b49c6cf596f0574104adbdb968a646de27696b449c7de14fba9400a4d&scene=27，查阅时间：2023年1月16日。

织、相互融合；在传播主体方面，当地社区居民、外来游客及专业自媒体参与到遗产地虚拟空间和现实空间的相互作用之中；在传播渠道方面，图文内容、短视频、直播等传播形态趋于综合化，表情包、网络游戏等网络文化新形态使传播更加立体化。

当下，新媒体正在世界遗产的信息、知识与价值传播中发挥越来越重要的作用，尤其在发挥当地社区的主体性、外来游客参与的能动性等方面具有重要意义。新媒体数字性、互动性、实时性的传播特点使得遗产地社区居民和外来游客以参与遗产地传播的方式，主动参与到遗产地价值认知与保护的过程中。传播主体、内容和渠道的丰富，打破了传者与受者、权威媒体和普通大众、专业与非专业的间隔，普通大众的话语和参与得到了更大程度的重视，并推动了遗产的日常传播实践。对世界遗产大众化的实现，即从世界遗产由少数专业人员研究和使用，或由某个地区、某个国家所享有，到真正实现全人类的共有和分享[1]，具有重要意义。

新媒体在世界遗产管理中理应发挥更大的作用，但缺乏规范和约束的传播可能会带来一些隐患，如自媒体片面地夸大事实以赚取流量，造成公众的认知偏差；又如自媒体分化传统媒体议程设置的职能，影响议题走向。应对这些问题需要自律与他律相结合，发挥权威媒体的议程设置能力，加强传统媒体和新媒体的融合，引导新媒体进行客观、理性传播，并协调虚拟空间和现实空间的互动关系；也需进一步提升公众作为信息接收者和内容生产者的媒介素养，培养其在面对海量新媒体信息时的判断力，引导公众提高对遗产地的认知与审美能力，以传播促参与、以参与促保护，促进形成良性的、动态的、多元的遗产传播新格局。

第四节 新媒体传播个案分析

一、清明节的"纪录片+新媒体"融合传播

清明节作为我国的传统节日，同时又是二十四节气之一，在漫长的历史演变中被赋予了丰富内涵，体现了中国人的自然观和生命观。不论

---

[1] 薛岚，吴必虎，齐莉娜.中国世界遗产的价值转变和传播理念的引出[J].经济地理，2010，30（5）：844-848.

是作为传统节日的清明还是作为非物质文化遗产的清明，不仅与现代人的生活息息相关，更是中国人亘古不变的记忆与初心，清明是"我们的节日"。

2018年清明节前夕，央视在科教频道播出特别节目《我们的节日——春风春雨话清明》（简称《话清明》），该片对二十四节气中的清明和作为传统节日的清明节俗进行了细致解读，选取不同地区、不同家族、不同人物的亲身经历，以小见大，生动形象地讲述了"我们的节日"，唤起广大观众的共鸣与深藏在心中的关于清明的记忆，用专题纪录片的传播方式呈现了属于所有中国人的清明。

（一）纪录片：与生活的一次共鸣

非遗来源于生活，人是非遗的创造者、传承者、享用者和传播者，非遗与人之间是互相依附的关系。当代人在逐渐远离乡土社会和传统生活环境的过程中，开始淡忘和丢失非遗给予我们的归属感、认同感和满足感，而各类传播形式可以唤回我们对于非遗的记忆和需求。

纪录片就是一类既符合当代文化消费习惯，又适于传播人文精神的影像媒介。根据中国纪录片研究中心给出的纪录片定义，它是以真实为原则，从社会和自然中获取基本素材，表现作者对事物认知的非虚构活动影像。活跃在真实的自然社会生活之中，需要被更广泛人群认知、理解和关注的非遗，与纪录片的立意有着天然的契合度。一方面，因地域性、民族性等非遗的固有特征，记录非遗的影像对于观众而言具有强烈的文化差异性冲击，能够直接引起观看兴趣；另一方面，因非遗具有的各类普世性价值，非遗影像能与不同文化背景的观众产生认知的共通、情感的共鸣，直击心灵。

《话清明》试图兼顾节目的观赏性和文化性，基于"清明"这个特殊的时空维度，带着人们体验一次与生活的共鸣。片中选取的故事素材都贴近人民生活，如清明与采茶、清明与养蚕、清明与农耕、清明与祭祖等；摄制组通过融入当事人的生活，走进讲述人的内心，以口述历史的方式真实反映与清明相关的传统事项和当代实践；用更为生动的叙事方式还原不同地域清明节习俗和节气生活的本来画面，带领观众"近距离"感受非遗在当代的传承状态，也使更多非遗背后的内涵被观众所知晓。

例如，节目不仅解读了"二十四节气"这一古代农耕生活的时间刻度、清明如何从节气转化为节日,而且传达了节气在当代依然与人们生活息息相关的重要信息。西湖龙井"明前茶"的门道,为观众解答了时令规律与味觉感受的谜题;而"石阡说春"包含劝人惜时的意义,派发乡里的"春天节气书"正体现了中国人"天人合一"的自然观念。

(二)让碎片化信息更有意义

媒介融合让传统媒体与新媒体在信息传播中得以充分协同,内容资源借助新媒体渠道可实现快速覆盖。更重要的是,当体现媒介责任心与匠心的优质资源成为信息碎片化时代的阅读内容时,人们所呼唤的"深度"才得以保留。

《话清明》提前启动了优质资源的融媒体推介,贯通央视网、手机央视网等以及站外渠道,通过矩阵式传播扩大了该节目的影响力。此外,央视还在微博、微信、哔哩哔哩网站等渠道推出系列互动活动,营造网民收视期待,提高节目感染力度,让人们得以从不同渠道获取节目信息、了解清明内涵、认识非遗价值。

中国纪录片研究中心主任何苏六教授就曾说过:如果没有新媒体的捆绑,《舌尖上的中国》很难成为现象级作品。据了解,《话清明》在央视网多终端累计触达人数超过了3.2亿,节目收看人数超过1000万。《话清明》在当年的清明小长假期间引起了广泛关注与反响,这离不开央视融媒体的立体传播效应,可以说,这样的节目同样能俘获广大网民的心。

(三)传播让当代人了解与共享非遗

对非遗的保护,核心是保护和促进文化表现形式的多样性,在全球化、现代化的进程中,为当代和未来保留更多的文化表达和文化要素,让人类在多姿多彩的世界里生活,在提高自身能力和形成自己的价值观时拥有更多的选择。因而,以提高非遗的可见度为目的的各种传播方式都有利于当代人了解非遗、共享非遗。从《话清明》中,还可以归纳出不少有利于非遗保护的传播原则与规律:

视角全面,不单独去截取某一点片面传播。《话清明》的取材视角就较为全面,并且注意以点及面,从不同地域、不同类型社会主体的角度讲述其与清明的关联,最终呈现一个意涵完整的传统节日。此外,该片对非遗兴趣人群、当代实践者的关注也体现了视角的全面与多元。

传递内涵，不停留于活动场景的表层传播。尤其要将人们有所耳闻甚至家喻户晓的事物背后不为人知的内涵、缘由讲述出来。《话清明》在展示杭嘉湖地区清明蚕花会的热闹场景之外，将"由蚕而生、因蚕而庆、为蚕而狂"这一内在缘由予以揭示，帮助人们深层次理解蚕农聚居地的特定民俗文化。

触及心灵，不局限于知识普及。《话清明》用娓娓道来的叙事方式讲述了不同家族的清明祭祖活动，以唤起人们对清明最本真的感知，引导观众关注清明祭祖"背后的故事"，既呈现了清明这一传统节日在当代人生活中的现实传承状态，又可引起更多观众在情感层面的共鸣。

在高速发展的时代，无法改变的是血缘、地缘等情感的纽带，人们需要陪伴，而非遗就是从古至今从没有中断过的一种陪伴。《话清明》这类纪录片可唤起人们对清明等传统文化事象的记忆，让人们感受到这种陪伴的存在，而通过与新媒体的协同传播拓展触达人群，让清明真正成为"我们的节日"。

二、年画借助互联网新媒体重回春节

近年来，人们对春节年味回归的呼唤得到了更多响应。大江南北的花市庙会、戏曲演出等"非遗过大年"活动让传统节日的氛围更加浓郁；而另一处节日文化的重要策源地就是互联网，以非遗等中华优秀传统文化为题材的网络视听、动漫、游戏等新型应用在春节假日层出不穷，让节日里的"在线生活"也充满了"传统范儿"，人们感受到了热烈的"网上过大年"气氛。

近些年，围绕"年画重回春节"这一主题，非遗传承人与各类互联网企业、文化创意团队合作，借助新媒体开发了年画拼图微信小游戏、年画体验类H5、年画贺岁动漫、年画音频故事课、年画微信表情包等多种形态的年画主题创新应用，传统年画在近年春节里成为热门的网络传播内容。

年画@互联网，就是借助"潮流"方式促进非物质文化遗产传播，"年画重回春节"主题活动成为中华优秀传统文化在年轻人中得到有效传承的典型案例。

（一）互联网让年画增加可见度

在现代语境下，如何实现中华优秀传统文化的创新传播已成为其传承与发展的重要命题。而现今，作为文化传播的重要载体，数字创意内容的文化含量是否积极回溯优秀传统，以非物质文化遗产等优质内容作为创意来源至关重要。

2019年春节来临之际，一款名为《年画重回春节》的微信小游戏，采取在线拼图这一流行玩法，图案则变身为全国各地的传统年画图样，如杨柳青木版年画、桃花坞木版年画、武强木版年画等，艺术风格与地方特色十分鲜明；拼图难度逐级增加，可以看到朋友圈好友的比拼排名；拼成的年画图样还可生成祝福卡片转赠他人。这款游戏开启了微信小游戏从非物质文化遗产中找寻内涵与创意的序幕。

网络游戏的主要构成要素包括玩法、剧情、美术、音乐等，《年画重回春节》这款游戏将年画这一传统美术类非物质文化遗产转化为游戏核心要素，以视觉美术的形式在拼图游戏中呈现，未来还可挖掘传统游艺、民间文学、民俗、传统音乐等不同门类不同特点的非遗资源，从新型玩法、新奇剧情和新款音乐等不同角度拓展网游的开发空间。

（二）互联网让非遗重回节日场景

自古以来，为增进人与自然、人与社会、人与人之间的交流而孕育了各类传统节日。尤其到了现当代，节日最核心的功能特征就是社会性，通过节日的文化意义促进不同范围人们的交流，以满足人的社会需求和精神需求。当更多人"移步"互联网，通过网络社交满足交流需求、体现个人的社会属性时，人类的节日场景也不可避免地扩展到虚拟世界，甚至逐渐转变为更为重要的交流媒介和文化场景。

因而，尽管不少与节日相关的非物质文化遗产在当代的应用场景中逐渐消失，但它们还可以借助网络与创意与我们再次相遇，并携带着不可或缺的文化意义重回节日场景。

我们还看到了一款立足传统节日文化传播的App手游"佳期：团圆"，玩家通过选项解锁剧情，在文字冒险中了解到大量的民间故事、传统风俗，通过轻松的问答游戏让年轻人接触到各种生活传统背后的故事，从生活中的点滴中折射文化传承的意义。可以说，这款手游也是在用当代年轻人喜爱的方式将传统节日文化传递至他们心中。

实际上，网络娱乐早已超越单纯的娱乐方式，社交功能亦不可或缺甚至越来越重要。例如，网络游戏也在延续与扩展社交功能，人们在游戏中获得了解信任、平等竞争、互助协作等社会身份体验，与现实中的实践活动发挥着同等的社会功能。因而，各类新生的人际交流场景也在形成着新俗，旧俗需要融入新俗中，借助新俗的力量被当代社会所认知和认同，重建与当代人情感之间的关联，在现代社会中得到延续。

（三）互联网让碎片时间更有文化

在快节奏的现代生活中，人们通常习惯于接收碎片化的信息，但文化表象传达易，文化内涵传播难，要将内涵丰富、底蕴厚重的传统文化内容传递给大众并非易事。要对传播内容进行受众角度的分析，划分出大众熟知、一般认知、较少认知等内容层次，实施热点引流、兴趣普及、深度解读等不同的传播策略。比如《年画重回春节》这款旨在普及年画文化知识的小游戏，首先应是一款引人入胜的游戏，不会因为社教目的而忽视或削弱游戏应有的趣味性。

2018年的春节，App手游《旅行青蛙》、微信小游戏《跳一跳》占据了很多人的长假时光，无论是主打"不黏人"，还是容易"玩上瘾"，总让人有些担忧。如何利用好碎片时间，而不是让网络占据我们的碎片化时间？如何让碎片时间更有文化性？2019年春节，我们欣喜地看到了这些文化含量丰富的数字创意内容，也成为年轻人喜闻乐见的"年味"。

非遗@互联网，给传统文化适当"减负"，为文化普及适当"减压"，让年画等越来越多传统IP在当代社会实现全民认知与共享，是新时代弘扬中华优秀传统文化的重要路径。

第四章 非物质文化遗产的展览与体验

传播是非遗保护的一项重要措施,主要包括宣传、展览、教育等普及传播方式。其中,非物质文化遗产展示场所和传承场所是重要的传播渠道。近年来,各级非遗专题博物馆、传习体验中心等大量兴建,并以"非物质文化遗产馆等非遗传承体验设施体系"的行文写入中共中央办公厅和国务院办公厅有关"进一步加强非物质文化遗产保护"的相关文件;此外,每年还有大量非遗专题展览在各类公共文化场馆、博览会及商业场所举办。因此,非遗专题策展成为一个新兴的细分领域,需要专业教育支撑。目前,两类学科方法论在支撑非遗专题策展,一是博物馆学专业,以文博类策展方法为依据;二是艺术管理专业,以艺术策展方法为依据。但非遗又与文物、艺术品有所区别,需研究其独特的策划设计理念与方法。

第一节 非遗专题展览的叙事方式

文化遗产需要被阐释和展示,[①]这是认知及发挥遗产价值的过程,也是反哺保护的重要一环。其中,具有无形、活态等特质的非物质文化遗产是文化遗产的一类特殊形态,非遗的展示不同于以藏品这一物质形态为核心的文物、艺术品展览。虽然非遗所涵盖的口头及表演艺术、工艺技术、民俗活动等文化艺术表现形式与工具、场所等物质形态不可分离,[②]但核心主体是具有精神性、活态性和过程性的内容,在展览空间中予以展示时需要借助于一定的记录和呈现载体(文字、图片、音频、视频、数字媒体文件等),也需要强化展览的叙事功能,将有形与无形、静态与动态、实体与虚拟的展览内容予以串联,并完成对遗产的生动解读。

---

① 文化遗产阐释与展示宪章. ICOMOS(国际古迹遗址理事会),http://www.icomos.org/en/charters-and-texts,访问时间:2016年4月15日。

② 注:参考联合国教科文组织《保护非物质文化遗产公约》中对"非物质文化遗产"的概念表述。

一、展览叙事的重要性

策展领域引入"叙事"概念的时间并不长，20世纪90年代才开始产生这种应用研究视角。但在博物馆展陈、教育及服务理念不断转向"以参观者为中心"之下，展览的策划也呈现出越来越注重"叙事"的趋势。

"叙事"在展览中可发挥的功能是多元的。从参观者视角出发，观展过程应是连续的且展项与展项之间、展品与展品之间具有某种容易感知的关联，参观者从展览文本、展览陈列中有意识或下意识地捕捉着这种关联，以帮助其理解展览的初衷和意义，"叙事"在其中可发挥关联作用。而对于策展人或展览内容相关领域的专家来说，在谋划展览的最初阶段，他们就在策划某种结构或一定的次序来排列组合展项/展品，期望通过结构或次序表达超越单个展项/展品的主题，甚至由此形成展览期望包含的更深层次意义，而"叙事"在其中可增加展览的深度、宽度和张力，从视觉感官刺激引发关注、思考，继而扩展到知识和情感层面的充分交流。尤其是文化艺术类展览，这种关联、结构或者次序的生成经常依托于"叙事"。

展览叙事，通俗地说就是展览通过展品、文本、图片、多媒体等各种信息传递方式及其有机组合来给参观者讲故事，作为提升观展过程信息到达率和情感共鸣程度的重要手段，往往可以拉近展览与参观者的距离，增进知识与情感的交流。比如，民俗博物馆将过去使用的农业生产用具、家庭生活用品摆放在展厅中，辅以简单的说明文本，参观者如果不能理解这些物品被展示的意义，展陈效果和观展体验就会不尽如人意；如果将这些物品相关的所有者、使用者的相关故事予以讲述，物品就从使用功能拓展到物与人的关系层面，似乎赋予了物品以生命，参观者的观展过程也变得更为有趣和有意义。2020年9月，由中国博物馆协会博物馆学专业委员会和陈列艺术专业委员会主办的年度策展研讨会就以"物与叙事"为主题，主办方认为："博物馆的展览以'物'叙事……经过展览的叙事编辑、在特定的展示语境中，这些'物'已经失去了原有的、具体的、具有现实功用与价值……它们背后的指示性、被隐喻的符号特征显现出更加强而有力的力量，能够更清晰地袒露出物与人、人与世界之间某些更为本质的联系——特定的行为制度、社会文化乃至伦理形态。"① 近年来，国内越来越多的学者关注和研究展览叙事，中国知网上已有数百篇相关论文分别从空间、设计、媒介、技术等多角度入手，结合个案分析展览叙事的必要性、可行性以及具体实现的方式方法。

然而，真正让参观者感到展览是在"讲故事"并不容易。许多展览看似在展览文本中运用了事实讲述、场景描述、情感抒发等方式，但参观者并不"买账"，经常表现为不感兴趣或者无法感同身受。可以说，策展中实现"叙事"是有门槛的。故事学家布雷蒙德（Bremond）就认为："所有的故事都是包括一系列与人类兴趣相关的同一行为下的一致性事件的论述。"② 台湾地区学者张婉真将其拆解为展览叙事的三个标准：一是展览中的相关论述之间相互联系才称其为"故事"；二是经由同一行动下的一致性所整合才成为"故事"；三是与人类的兴趣相关才有"故事"。就第一点来说，我们在策展文本中会描述某一展品的相关信息，比如过去所处的场景，或者借由某个展品/展项表达某种现实意义或某种普世情感等，但是即使文字优美到位也不构成叙事，因为这些表述通常流于片段化，专注于单一展品/展项，相互间并不产生显而易见的联系；再就第二点来说，常见的例如纪年体的历史文化展，展示并讲述了一连串不可省略的史实，但也存在片段化的问题，相互之间并没有直接且持续的关联性，这样也没有构成故事；最后就第三点来说，展览中讲述的事实与当代人的个体经验经常缺乏关联性，导致无法激起参观者的兴趣，通俗地说，没有"听众"也就没有故事。因而，展览叙事的实现并不简单，也需要打破一些固有范式，比如，将历史年代、地理分布等时间、空间分布依据直接用于展览结构的设计；又如，依据展品质地、工艺划分展览区域、依据专业领域分类结构展览等，都使得展览整体上失去了连贯叙事的可能性。

那么，展览叙事可以有哪些范式？澳大利亚学者 Dipesh Chakrabarty 提出了"教导式（pedagogic）"与"演出式（performative）"两种范式。③ "教导式"偏向于理性分析，从展览各展项、展品及其相关背景和相互关系中给出客观、普世的叙事内容；"演出式"则更注重参观者的感

---

① "2020年度策展研究与实践研讨会直播通道开启"，雅昌发布，https://news.artron.net/20200921/n1084806.html，访问日期：2020年12月10日。
② Bremond, Claude (1966): "La logique des possible narratifs", Communications, 8: 66-82, 转引自张婉真：《当代博物馆展览的叙事转向》，台北：台北艺术大学远流出版公司 2014: 20.
③ 张婉真. 当代博物馆展览的叙事转向 [M]. 台北：台北艺术大学远流出版公司，2014: 128.

官体验，把展览中更多富有主观性、独特性、地方性、个性的内容予以呈现。当代文化艺术类展览越来越多地实践"演出式"叙事，这同样源于当代参观者观展需求的变化。

综上所述，传统意义的博物馆等实体展示空间通过阐释与展示帮助参观者理解某个时空的自然/人文风貌，也即实现了博物馆的教育功能；在当代，由于信息与知识传播媒介的多样化、技术的快速更迭等原因，使得参观者对展览的期待不断提高，期望获得高质量的参观体验。这使得展览空间需要开放更多感官体验的方式，重视参观者原有生活经验、记忆及情感需求的满足，比如"演出式"叙事有了更多的施展机会；参观者不满足于共识和共同记忆，希望直接面对个体和个案，获得自我判断和自主选择的权利，因而越来越多当事人讲述、口述史记录等用于展览，这些个人化、个性化的内容过去是被排除在理性分析的范畴之外的，现在则会被鼓励运用。可以说，展览的信息与知识传播媒介属性正不断增强，当代人对媒体的各类需求或多或少投射到了展览领域。

二、非遗专题展览的特点及对叙事的需求

非物质文化遗产是指"被各社区、群体，有时是个人，视为其文化遗产组成部分的各种社会实践、观念表述、表现形式、知识、技能以及相关的工具、实物、手工艺品和文化场所"[①]。在这一联合国教科文组织《公约》给出的定义中，非遗的首要内容是精神性、无形性和活态性的艺术表现形式和文化事项，其次才是物质形态的相关工具、实物和场所，这决定了非遗专题展览与以实物藏品为核心的文物、艺术品展览有着本质区别。

（一）无形的"有形化"与"可体验"

虽然非遗所涵盖的口头及表演艺术、工艺技术、民俗活动等文化艺术表现形式与工具、场所等物质形态不可分离，但核心主体是具有精神性、活态性和过程性的内容，在固定时空予以展示时需要借助一定的记录和呈现载体（文字、图片、音频、视频、数字媒体文件等）予以"有形化"，达到可见、可闻、可触、可感及可体验；也需要强化展览的叙事功能，将

---

① 中华人民共和国文化和旅游部国际交流与合作局. 联合国教科文组织《保护非物质文化遗产公约》基础文件汇编（2016版）[M]. 北京：中国数字文化集团有限公司，2019：7.

有形与无形、静态与动态、实体与虚拟的展览内容予以串联。因而，非遗专题展览的最小展示单位通常为展项而非单个展品，每个展项包括图文、实物、音视频及相匹配的场景营造，其中最不可或缺的就是将表演艺术、工艺技艺、民俗活动等动态过程予以直观呈现的环节，而无论是展项各环节间还是动态展示部分，都需要叙事来形成关联、次序与结构。

（二）内容的"跨界性"与"整体性"

非遗门类庞杂，因而综合性、地区性的非遗专题展览往往涵盖了五花八门的内容。按照《公约》，非物质文化遗产包括以下五类：口头传统和表现形式，包括作为非物质文化遗产媒介的语言；表演艺术；社会实践、仪式、节庆活动；有关自然界和宇宙的知识和实践以及传统手工艺。① 而国内建立的四级名录体系中，非遗则分为民间文学、传统音乐、传统舞蹈、传统戏剧、曲艺、传统体育、游艺与杂技、传统美术、传统技艺、传统医药和民俗十大类。② 可见，非遗专题展览展示内容横跨多个文化和艺术门类，其中艺术性较强的门类既包括动态的表演艺术，也包括静态的工艺美术，此外还有大量与艺术关联度不高的文化事项、知识技能等内容，更多需要科普性展示与解读。而如何使得多元、跨界的展项在特定展览中呈现为一个整体，很大程度上依赖于展览叙事结构来实现。

（三）时空的"大跨度"与"当下性"

非遗来源于过去，具有明确的传承属性，同时又要求活态存在于当代，因而非遗存世的时间跨度通常很大，对其的展示与解读不能仅定格于过去的某个历史时期，而应同等关注当代人的相关实践，关注当下。因而，展览内容设定的时间点是非固定的，从过去到当代需要在时间轴线上进行动态还原，而非营造具有历史感的场景展示"古老"非遗，这点与历史文化展、文物展等存在明显区别。

与此同时，非遗的活态传承与原生地的自然人文、知识体系、情感认同等关联密切，因而，非遗展览空间不能过度符号化、抽象化，也不宜营造脱离现实、隔绝外界的封闭空间，而应强化展览与原生地的当下

---

① 中华人民共和国文化和旅游部国际交流与合作局. 联合国教科文组织《保护非物质文化遗产公约》基础文件汇编（2016版）[M]. 北京：中国数字文化集团有限公司，2019：8.
② 注：参考第四批国家级非物质文化遗产代表性项目名录中的门类划分。

关联性，通过场景还原、真实再现以及相应的叙事满足非遗展对时空真实性的需求。

三、墨尔本博物馆原住民文化中心的叙事策略

非遗专题展览如何叙事？民族博物馆、民俗博物馆等民族、民间文化展示空间先于非遗展示场馆出现，可提供一定经验。追溯非物质文化遗产展示的发端沿革，事实上，综合博物馆、自然历史博物馆中都会有人类学、民族学方面的文物和材料，而这些文物与文献是非遗展示中的重要实物展品。① 这里，将结合墨尔本博物馆 Bunjilaka 原住民文化中心（简称"原住民文化中心"，见图 4.1.1）这一案例进行分析和归纳。

图 4.1.1　墨尔本博物馆 Bunjilaka 原住民文化中心序厅

原住民文化中心② 兼具室内与室外展示、静态展示与动态表演等不同功能分区，观众既可全面了解当地原住民族的历史、语言、手工技艺、表演艺术等文化传统，也可直观感受原住民过往赖以生存的自然环境。因其现有展示内容、功能分区等与非遗所涵盖的主要门类（口头及传统表演艺术、传统工艺技艺、民俗活动等）吻合度高，对于非遗专题展览如何叙事具有不少值得借鉴的理念与做法。

---

① 杨红. 非物质文化遗产展示与传播前沿 [M]. 北京：清华大学出版社，2017：45.

② 注：原住民文化中心设在墨尔本博物馆一层，包括原住民历史馆、Birrarung 原住民艺术馆、Milarri 户外花园和 Kalaya 原住民舞台四个组成部分。

（一）叙事关系的建立与强化

展览叙事的实现并不等同于注重展览内容结构的叙事性。展览文本中加入叙事性内容，还有许多重要的决定因素。就如同"讲故事"需要有人讲、有人听，展览也需要建立叙事者与参观者的潜在关系，形成一定的交流感，才能将观展过程深化为"讲故事/听故事"过程。

首先，在观展开始、结束及各节点形成交流，建立叙事关系。原住民文化中心即通过进入展厅的欢迎文本、展厅转场的引导文本、结束观展的道别文本等中间充沛的交流感，建立与参观者的持续对话与情感联系。比如，在展览叙事开端——欢迎文本写道："我们欢迎你来到维多利亚。我们邀请你共享我们的文化与故事；倾听与了解这片土地最早的居民。欢迎你。"（见图4.1.2）

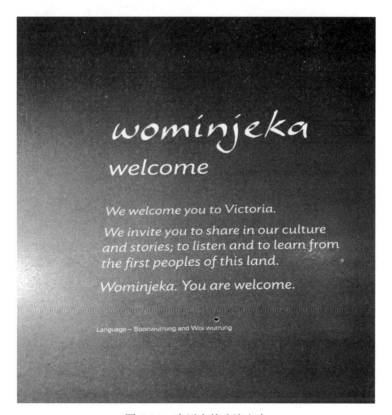

图 4.1.2　序厅中的欢迎文本

其次，展览中各展项也在维持这种交流感。比如，在原住民历史馆入口"最初的相遇"（Early Encounters）展项，邀请参观者触摸屏幕继而开启对话,屏幕中传统着装的原住民向参观者面对面讲述澳洲原住民与第一批到来的白人相遇时的情景和感受。又如,在"我们共同的历史(Our Shared History)"展项,再次邀请参观者触摸屏幕开启对话,屏幕中已然改为现代着装但保留了个别文化符号的同一位原住民讲述者发出邀请,期望参观者们一同来传播他们的故事(见图4.1.3)。

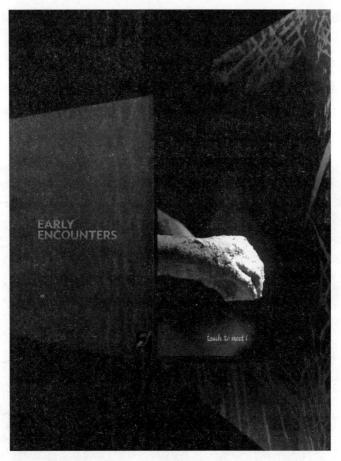

图4.1.3 原住民历史馆入口"最初的相遇(Early Encounters)"展项

　　需要注意的交流是建立在理解的基础上的。首先,叙事相关内容都应尽量通俗化,为外来者做好文化差异的解读,在普通公众都能理解的基础上促成知识和情感的交集;其次,兼顾本地与外来者的需求和乐趣,弘扬本地文化认同,但要避免以自我为中心、先入为主等叙事中可能带有的心理特质,创造开放友好型交流语境,最基本的措施包括多语种的展览文本、对生僻字的注音释义等。

（二）叙事场景的营造与延展

展览叙事效果的决定因素还包括叙事的载体以及相关场景的营造。首先，展览叙事需要整体统一、完整且兼具细节的场景。前文所述"演出式"叙事这一趋向也与展览叙事的场景化息息相关，展览、展项和展品中所包含的叙事情节与适当场景的配合，会提高叙事情境的还原度和参观者的代入感。例如，原住民文化中心在展示原住民的工具、装饰品时，这些工具、装饰品制作的过程、功用及使用环境都以视频的方式予以讲述，而配合这一情境设计的"大树缝隙"场景，通过吸引参观者透过缝隙观看这些视频，使展品与相关叙事载体之间形成了一定过渡，增添了趣味性和仪式感。场景展示的核心是整体及细节的仿真，可引发当地人的共识认同，同时可帮助外来者对该地形成具象、多维的印象，并在进一步感知文化差异后收获感悟或惊喜，从精神、智慧以及审美层面的通感中获得更多认知或感动。本书认为，展览叙事与场景的关系可以概括为：仿真化、体验性场景对展览叙事提供更多认知层面的辅助；而艺术化、符号性场景则可能为展览叙事提供更多情感层面的辅助。

其次，每件展品都可包含完整的叙事，但需要依赖于展览交互设备或参观者自带移动设备来传递和延伸这些叙事。一场好的展览，其展品是故事的开端而不是终点。在原住民文化中心里，每件制成品、工具都不再是静态的陈列品，而会提供丰富而完整的相关叙事。每件展品都可以通过对应的交互设备了解它来自哪里、谁制作了它，文字、图片、视频、动画等多种叙事载体共同来丰富"物"的背景及细节相关的故事。比如，"玩具故事（Toy Stories）"展项，在展柜中陈列的每种玩具都可以通过交互屏点击观看具有一定叙事性的动画，从中了解该玩具的起源、功能、玩法等（见图4.1.4、图4.1.5）。

通过数字化方式提供更多叙事内容，既不会让展览信息量过载，对参观者造成压力，又可满足不同兴趣人群对相关展项或展品深度认知的需求。在当代，许多展览已达到"现实+虚拟"场景辅助叙事的水平，而现实与虚拟媒介交叠承担叙事载体功能往往可增加展览叙事的吸引力，将文本叙事中设问、悬念、具化、抽象等手法与技术手段搭配交叠使用，往往能够让参观者对展览及其叙事充满了好奇心和探究欲。

图 4.1.4　多民族（Many Nations）展区的"玩具故事（Toy Stories）"展项

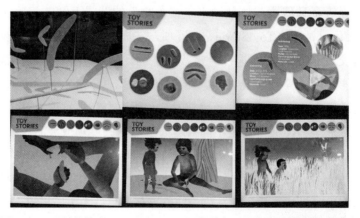

图 4.1.5　"玩具故事（Toy Stories）"展项中"飞来去器"的展示内容

（三）叙事参与者的身份确认

展览叙事主体是谁？策展人、专家，还是叙事对象——展项/展品？国内大多数展览的叙事主体是模糊化的"隐身人"，强调其专业性、权威性且非个人化特质。而当代，设置不容置疑的"权威""教育者"等公共角色充当叙事主体是不符合策展日益人本化趋势的，参观者也不再满足于前文所述的"教导式"叙事方式，期望了解展览文本背后叙事者的身份信息，希望明确知识与情感对话的对象。比如，在展览中设置类似"讲述者"的角色，使得叙事主体具象化，并在展览实体场景及线上展等虚拟场景中持续出现该"讲述者"，串联整个展览；还有的展览则设置人格化的虚拟人物，并通过语言风格、面部表情、肢体动作的细腻设计，赋予虚拟讲述者以人格化特征。

原住民文化中心即实现了这种转变，公开展览叙事参与者的身份，让每一位叙事者、解读者公开身份，甚至以第一人称出现在文本等叙事载体中，给予参观者一种"本地居民在鲜活地讲着自己的故事"的既视感，不失权威且十分亲切。比如前文提到的原住民历史馆中欢迎视频、转场视频都是真真切切的原住民个体在讲述，可以说，叙事主体的具象化让观展过程变成了交流过程。原住民文化中心还设置专门空间供参观者聆听一群展览叙事参与者的讲述，仿佛让一群当地人活生生地站在参观者面前（见图4.1.6）。可以说，原住民文化中心的展览文本出自大量相关领域专家学者、实际从业者及当地居民之口，让参观者几乎了解每一段展览文本的叙述主体，实际上这也有助于维系展览叙事传递过程的交流感。

图 4.1.6　原住民文化中心设置的聆听讲述空间

概而言之，叙事参与者身份的公开，包括姓名信息、社会身份信息和形象信息（照片、影像），可建构叙事者与参观者的对等关系，在表达对文化所有者、叙事内容所有者尊重的同时，也给予了参观者对展览信息进行自我判断的权力，使展览叙事变得更为人本化，完全摆脱了说教感。

四、非遗专题展览的叙事方法

近年来，国内每年都有大量非遗专题展览举办，其中包括体量较大、长期开放的非遗展示场馆，也包括在博览会、公共文化设施和商业综合设施中举办的非遗专题临时性展览。业内在明确非遗专题展览与一般文化艺术类展览的区别之余，还需要获得更多策展、设计方面的方法性指南。其中就包括认识非遗专题展览中叙事的重要性，以及通过哪些方法来实现非遗展览的有效叙事。

（一）从叙事角度再造非遗展览的真实性

展览通常是虚构的人造空间，而当代策展人又期望通过策划和设计使得参观者沉浸其中并获得一定的仿真体验，以促成展览与个体认知及情感更为紧密的联系。而当展示对象是现实世界仍旧活态存在的非遗时，策展人的压力要比展示过去时态的文化和历史大得多。一方面，非遗是在特定时空的现实世界里可见的，甚至是随处可见的，那么如何吸引参观者，让他们到某个人造空间去观看现实世界中可见的东西？另一方面，打破时空限制将非遗相关内容聚合到特定场所，实际上也使得非遗脱离了原生环境，不可避免地降低了真实感，信息量也会大打折扣。基于这样的现实，非遗展览如何维系真实性、吸引参观者？让参观者在虚构空间中获得真实的感官体验是一种可行的解决方案。我们要在整合展览资源的同时为参观者再造真实性，比如传统戏剧类、曲艺类非遗的展示区域就要让参观者可以真正听戏看戏。那么，如何从叙事角度再造非遗展览的真实性？

首先，展览叙事建立在展示方式之上，展示方式的革新可再造真实性。国外许多博物馆广泛使用一种叫作"历史再现"的手法，也建立了不少生活博物馆，通过展品与真人演示的搭配让参观者重回某个历史现场，这种手法也被用于帮助参观者体验非遗这类涉及多感官感受的展示对象。比如，德国考古露天博物馆就通过专业的"历史再现"帮助参观者体验非物质文化遗产，从而促进相关实践的保护。① 体验为参观者提供了个体经验及现实生活中不熟悉、不易得的实践机会，视觉、听觉、嗅觉、触觉、味觉等多感官体验可以唤起人们对文化传统的记忆。国外学者就认为，饮食类非遗最好的展示方式就是触发参观者的嗅觉感知，这样对这类地方文化传统的理解一下子就变成直观的了。尤其是青少年，有机会融入技能体验和学习过程，可以帮助他们了解这些技能的重要性及必要性，读懂人类过往的真实需求和生产生活状况。

其次，可通过细节叙事的完整性来建构非遗展览的真实性。比如，原住民文化中心的多民族展区，包括了聚居地区、动物创作、身份标记、节庆文化等部分，其中展出的每件展品都提供了完整的叙事，包括制作者、制作时间、所属族群、地区（辅以地图标识）、所用原材料，所在地的自然人文环境等都会予以公开，综合运用文字、图片、音频、视频等不同叙事载体，我们可以看到每位制作者的照片、所用工具和原材料的照片、展品使用方式的图示以及展品、展项间的相互关系等。

再次，要试图结合参观者个体经验来策划叙事，可帮助参观者有效感知展览的真实性。非遗展览的真实性不是策展和叙事主体单方面可以构建的，信息不对称现象不可避免。比如，麦克唐纳（MacDonald）曾通过一场科学博物馆展览来证明："观众解读的方式和他们最后解读出来的意涵，都与策展人当初设想及预期的结果有很大出入，比如观众会把完全不相关的展品联想在一起；解读展品时，会添加一些约定俗成的见解，只是展品原先并没有这一层意思。"② 非遗展览的展示对象通常与参观者的认知距离较近，参观者对非遗专题展览的展项或展品自主解读能力强，当地人通常会带着寻找记忆、验证认知等心理观展，而外来者则不由自主地进行文化间的比较，基于此，策展人更应换位思考观展者的心理和需求，结合当地人的个体经验策划叙事从而深化展示内容的地方感，并且兼顾外来者的认知能力，做好文化差异的预判和解读。

---

① "Living History as an Instrument for Historical and Cultural Exchange in German Archaeological Open-Air Museums: an Online Survey Defines Present Status"，EXARC，https://exarc.net/ark:/88735/10266，访问时间：2020 年 5 月 20 日。
② [英]约翰·厄里，乔纳斯·拉森. 游客的凝视[M].黄宛瑜，译.上海：格致出版社，上海人民出版社，2016：163.

最后，基于非遗的活态性特质，非遗展览再造的真实性不是过往的真实，而是当下的真实存在。在原住民文化中心，我们不仅会看到原住民的过往历史、文化传统和艺术创造，也可以看到鲜活的当代实践，比如近年来创作的展项或展品相关文创衍生品。

（二）非遗展览可多采用"演出式"叙事

如前文所述，展览叙事可包括教导式和演出式两类，非遗专题展览可多采用"演出式"叙事。一方面，当代展览普遍在弱化和隐身"教育者"角色，减少信息与知识单方向输出可能导致的参观者反向情绪，变"教导式"为"解读式"（客观阐释）；另一方面，"演出式"叙事的载体不断丰富以配合"演出效果"，真人或虚拟演示让展览叙事变得形象、立体和动态。从非遗展览角度来说，由于非遗包括传统音乐、舞蹈、戏剧、曲艺等表演艺术形态，"演出式"与表演艺术内容具有天然的契合度，且工艺技艺、民俗活动等展示对象也具有过程性特点，需要真人/虚拟演示。

当然，"演出式"也并不是"万金油"。有不少学者都谈到了多媒体等直观呈现的载体在展览中应用的频率和尺度问题，比如直观演示使得参观者获得的是唯一答案，而事实上，无论是工艺制作过程还是相关起源传说都可能是多样的，给出唯一答案就意味着背离了事实。因而本书认为，非遗专题展览可以综合运用"演出式"（再现/演示）和"解读式"（客观阐释）这两类叙事方式，两者互为补充，使非遗展览兼顾人本性和科学性。非遗展览策划叙事时，需要遵循以下一些要点：

首先，非遗展览的叙事对象是"人"而非"物"，叙事主体也应偏向于选取非遗传承人等遗产的持有者（可能是群体）以及所在地区的居民。这就有别于一般文化艺术展览从"物"的展示延伸到"物"与"人"的关系，而是以展示特定地区人们的实践活动为核心，将其创造的"物"作为辅助；叙事主体也更容易具象化，仍旧在当代活态传承的非遗背后都能找到相对应的人及人群，他们是文化的持有者，天然适用于充当叙事主体。

其次，非遗展览的叙事文本应在构成叙事的基础上兼顾知识的普及与情感的传递。比如，展览在讲述工艺技艺传承过程中的传说、趣闻等情节性内容的同时，将工艺技艺的实现过程予以阐释与演示，既满足了叙事的连贯性，又达到了科普的效果；又如，在策展过程中寻找更多真实而鲜活的非遗实践故事，将文化延续精神意义的传递融入故事讲述之中，继而达到情感的共鸣。

最后，要处理好展览叙事与观展过程的"时间"关系，即展览叙事里的时间点与当前观展的时间点是否一致；叙事内容涉及的时长与观展过程的时长的关系？其一，文物展览、历史文化展等是过去时态的内容，而非遗展览应将时间点设置在当代，与观展时间点基本一致。事实上，非遗的当下性经常被忽略，许多非遗展览的策展人认为非遗必须与过去某个时代的场景相匹配，甚至在展厅中再造明清、民国时期街道等复古空间，这是一种常见的错误做法。其二，观众的观展时长通常是短于叙事时长的，比如某项传统工艺的操作过程、某个节日民俗的举办过程可能都需要耗费数小时甚至数天、数月的时间，这就需要对展览内容进行压缩、取舍、剪辑等处理，如果没有明示或暗示展览活动的实际时长，就会造成参观者对相应内容的认知出现混乱，甚至歪曲或破坏原有的叙事效果。

（三）非遗展览中"叙事元素"的运用

展览中的"叙事元素"，通俗地说就是还不构成完整叙事，但具有一定的叙事性。比如前文所述的"就展品讲故事"，就使得单个展品虽有了叙事元素，但很多时候又无法形成展品间的关联性和统一性，从而不构成叙事。换句话说，从展览叙事角度看，展览与展项/展品的关系实际上就是宏大叙事与微小叙事的关系。展览需要有高于单个展项/展品的主题以及服务于主题的整体叙事结构，也需要用心制造微小叙事及与之匹配的承载物，运用好叙事元素，让展览传递更多细节与温度。

首先，"就展品讲故事"需要在非遗展览中得到普遍使用。综合性的非遗展览必然需要陈列为数不少的工艺品、日用品等非遗制成品，以实物方式直观展示工艺技艺的文化、艺术、科学等价值，但相关展览文本不仅仅局限于介绍"物"的名称、工艺和材质，而要挖掘和讲述物与人（包括相关个体及所处群体）之间的交集，将具有细节性、人情味的故事同期传递给参观者。比如，作者在策划江西省博物馆非遗展厅时，就四处寻访江西各地非遗项目及其传承人。通过与鄱阳脱胎漆器工艺国家级代表性传承人李波生的访谈，获取了不少父子两代手艺传承的小故事。当我们看到李父40年前做的梅瓶时，邀请李老师再制作一个，目的是通过两个梅瓶的对比,展示技艺的传承、创新的细微之处,也可引出相关的父子传承故事。

其次,非遗展览中可包含丰富的"叙事元素",并搭配契合的载体。叙事元素的载体可以是图文、音视频,也可以是运用全息投影、增强现实等现代科技的展示媒介。但并不应一味追求数字虚拟载体,而应尊重参观者对叙事对象的认知和情感需求,采用叙事点所对应的记忆承载物也是很好的选择,比如纸质相簿、点唱机等。此外,在非遗展览叙事中可强化既有 IP 的作用,或适当引入相关 IP 来串联宏大叙事、强化微小叙事的吸引力,增加观展记忆点。

综上所述,非遗专题展览不同于以藏品等物质形态为核心的文物、艺术品展览,其展示对象——非物质文化遗产具有无形性、活态性等特征。因而,在展览空间集中展示非遗,需要通过各种媒介和载体将无形的内容"有形化"、活态的内容"可体验",将门类繁多、横跨古今的非遗项目通过宏大叙事与微小叙事串联成为一体,实现有效展示和生动阐释。

第二节 非遗体验基地超级连接大众生活

2023 年,文化和旅游部专门发文促进非遗与旅游的深度融合,其中专门提出鼓励建设一批非遗体验基地。国内多地此前已开始相关实践,笔者所在研究团队对其中温州非遗体验基地的建设开展过专题调研,后又专门制定了地方标准。下面分享当时调研的具体情况和相关分析:2018 年,浙江省温州市经过多轮实地调研,决定将"非遗体验基地"建设作为非遗传承发展新形式和新举措,为社会公众提供零距离对接优秀传统文化、"见人见物见生活"的系列场所。近百家非遗体验基地在全市11 个区县市陆续建成,非遗展示展演、普及体验课程、互动体验活动全面常态化,非遗体验渐成温州市民文化消费的重要方式。

一、非遗体验基地的特点与效果

(一)成为文化旅游重要吸引物

非物质文化遗产作为文化旅游的重要资源,可融入旅游的"吃住行游购娱"各环节，延伸旅游产业链，提升旅游目的地的吸引力。在温州，非遗体验基地不仅渗透到了旅游产业链的各个环节，而且成为这些乡村民宿、旅游景区和旅游线路的核心特色，让当地人的假期变身为一场文化体验，让游客们的温州之行多了一种"最温州"的选择。

温州市泰顺县的大安乡视非遗为宝，将促传承与促发展融为一体，以文化带动美丽乡村建设和旅游发展。其中，大丘坪村是个土陶文化村，不仅保存着较完整的柴窑和大批古民居，还保留着传统的土陶制作技艺和拥有二十多位制陶艺人。乡里积极引导该村村民成立了安能手工艺合作社，促成村集体以土地折价入股、农户以资金和民居入股、传承人以制陶技艺入股。笔者调研时，安能合作社已有 17 位村民入股，其中大多数人都会制陶，还包括了市、县两级传承人 5 名。这个户籍人口有 1347 人，实际常住人口只有 890 多人的村落，因为"非遗体验 + 乡村旅游"这一创新模式的推广而热闹起来，2018 年一年就接待游客 2.6 万人次，举办制陶培训 15 期、大型民俗活动 8 场次。平时，传承人轮流在体验坊辅导慕名而来的游客体验制陶，周末人多，就有 4～5 个合作社村民在体验坊服务。除了制陶，临近的下塔村还建立了米塑体验馆、药发木偶传习所等。据了解，2018 年 9 月 23 日正值首个中国农民丰收节，大安乡举办了首届"非遗体验旅游节"。游客可领取非遗任务卡，完成非遗项目体验就可获得通关印章，领取纪念伴手礼。游客们还可亲自体验传统农事活动，收割彩色水稻，感受丰收喜悦。可以说，大安乡这片区域已然形成一条非遗体验旅游线路，非遗项目不出村，游客跟着导览就到了村里来体验。

端午包粽子，七夕做巧食，中秋做月饼……盼着过节，备着食材，全家动手，邻里分享，浓厚的节日氛围就在这亲力亲为中得到延续。当代，人们在叹息节日淡而无味的同时，也在努力找回节日的仪式感与归属感。一大家子人、一群要好的朋友入住民宿来体验民风民俗，已成为文成县的一种潮流，常常刷爆朋友圈。

温州至今还保留着七夕制作麻巧的风俗。在文成县巨宇镇葛洋村的"十亩之间"民宿的院坝里，孩子们围坐在桌子旁，由民宿的员工引导着，将面团搓成如食指一般粗细的条状，再撒上一层芝麻，小心地放入烤盘中，员工则负责接下来的烘烤。几分钟后，数盘麻巧出炉，冒着热气，香味扑鼻，细细品觉，甜酥之中更有薄荷的清新。实际上，"十亩之间"民宿是一幢花了 100 多万元改造的 80 年代的老房子。2016 年试营业时,这家民宿并不被人看好,一不靠近景区,二不靠近公路,山前山后也是普通乡村景观。可是没想到,这个以节气民俗、传统工艺、农事体验为主要卖点的民宿居然活了下来,仅 2017 年就有 1.5 万人来此体验,还举办了各类非遗民俗体验活动 100 多场。这家民宿如今已经名声在外,数次受邀到其他乡镇设点。

在全域旅游视角下,遍布全市的非遗体验基地恰好也织成了一张全域非遗旅游的大网,形成了一条条非遗体验特色线路。泰顺百家宴,文成太公祭,瓯海周岙挑灯节,苍南拔五更以及苍南、平阳、泰顺、文成各县的畲族三月三等节庆民俗活动也是重要的旅游文化资源。又如,畲族婚俗项目创新开发为婚礼服务项目,用传统的婚俗仪式为当代新郎新娘办婚礼。盘活这些资源,并通过市域统筹做好规划,形成周而复始的非遗体验基地旅游圈,带动了文化旅游的可持续发展,从而进一步推进非物质文化遗产的保护。

(二)丰富经常性文化消费内容

在当代社会,实体商业正处于转型期,体验式商业作为新型商业模式渐成潮流,个性化与多样化消费对商业业态的带动作用十分显著。而其中,体验式文化消费兴起、复合型实体书店、文化创意快闪店等备受年轻人青睐,逐渐成为文化消费的重要内容。而以人的传承与创造为核心、承载着深厚文化内涵与情感记忆的非物质文化遗产,理应成为体验式文化消费的资源宝库。

从另一个角度来看,如何让消费更有文化?体验式消费,如果能够让非遗等中华优秀传统文化的体验成为当代人经常性的文化消费内容,那么既达到了文化消费的更高层次,也达到了非遗保护与传承的新高度。实际上,这一设想已在温州落地生根。

在温州市龙湾区万达广场一层的星巴克隔壁就有一处非遗体验基地——"时光印记活字印刷体验馆"。城市中的商业综合体往往是人流最为积聚的地段,面对高昂的房租,能够在这里开一家非遗体验馆,也着实让我们吃了一惊。没想到这个体验馆在开馆第一年,就接待了 1 万余人来此体验了活字印刷、丝网印刷、古法造纸、扎染、凸版印刷、雕版印刷、古法装帧等手工艺项目。体验馆不仅等着市民走进来,他们也走出去，把体验活动带到展会、学校、社区，这样下来，一年中体验总人数达到约3万人次。体验馆负责人陶建通告诉我们："时光印记还把自己定位为生活美学馆，给所有喜爱传统文化的朋友提供创造的空间，感受作为一名匠人的乐趣……"

浙江的"文化礼堂"与"美丽乡村"建设，温州的"城市书房"与"文化驿站"……在浙江，在温州，越来越多遍布城乡的自然人文生态综合体正在建立，而"非遗体验基地"则是把原本就属于人们的生活方式"手把手"再教给当代人，从而建立了与大众与传统文化更为亲近和日常的连接。如何用最亲近的方式让人们主动传承文化？我们在浙江的温州找到了答案。

与此同时，让非遗项目在原生环境中得到传承与传播，涵养地方文化生态，使非遗不走样、接地气、玩得转，也非常契合非遗保护的核心精神。比如，前面提到的大丘坪村，原本属于本乡本土的土陶制作技艺的恢复与兴盛，带动了村落人气的兴旺，促进了生态环境的改善。土陶制作技艺市级传承人杨宗尾告诉我们，他14岁开始跟着村里老师傅学手艺，一干就是20多年。直到20世纪90年代，因为土陶制成品多为日用器具，被更具价格优势的工业产品所替代，从事这门手艺的人越来越少，几乎失传了。他做梦也没有想到能够重拾手艺，还能把手艺教给那么多人。

（三）设计开发促进创造性转化

非遗体验基地如何设计开发体验项目？并不是非遗项目拿到后就可以直接给普通人体验。无基础也能上手、过程充满乐趣、能够形成带得走的作品、不能丢失体验背后的文化……各个体验基地都在热火朝天地探索之中。其中有项体验特别火，叫作瓷杯画。它是由温州蛋画和瓯窑创造性转化而来，体验的是蛋画的技法，但载体却换成了生活中常用的瓷杯。瓷杯实际上也是体验者进行书法、国画等传统艺术创作的载体，他们还把这种结合之后的艺术形态叫作"温州文人瓷"，有一帮兴趣人群乐此不疲。这个体验项目的开发者就是鸣山民俗文化村开出的第一家非遗体验基地——鸣山陶院。这个体验基地里有温州市蛋画协会会员40多人，其中市级传承人3人、省级工艺美术大师3人，蛋画水平较高的有10多人。

瓷杯是体验的载体和材料，有些地区还专门针对非遗体验开发了专用材料包。鹿城区"非遗创艺坊"的志愿者团队就研制推出了 11 个非遗项目体验的材料包，具体有温州米塑、乐清细纹刻纸、丽岙花灯、仙岩钩花、草编技艺、温州叶同仁中药老字号、温州剪纸、十字花边绣、温州缝合皮鞋制作技艺、仙岩瓦当花檐制作技艺、苍南蛋画等，材料包的流水线生产降低了体验成本，同时也从材料把关层面提高了非遗体验质量。

（四）引导兴趣人群壮大传承力量

体验，不仅是从普及传播、弘扬文化的角度促进非遗在当代的振兴，而且也切切实实可以促进非遗的活态传承与生命力的激发。非遗保护的关键是对传承人的尊重、扶持与保护，而非遗体验基地则将非遗传习的"内循环"转变为"外循环"，使当地的文化生态和非遗传承业态更加开放，壮大兴趣人群和传承人群，扩大非遗保护的群众基础，有助于非遗传播与传承的融合推进。

大丘坪村的曾焕念就是其中一位从尝试者变成传承者的年轻人。曾焕念说："我一开始没想过要继承这个，土陶土陶，多土啊，我那时候是真不能接受。"当时因为村里一位土陶技艺传承人身上那种坚持的品质吸引了他，他才试着去做土陶。但是没想到，他在体验过程中惊喜地发现：把泥巴变成陶瓷其实很有趣，而且自己还有一种幸福的感觉。他自豪地告诉我们："我们村现在还有 5 个传承人，我是他们培养的下一代！"

非遗体验基地也是非遗传习的场所，不仅为传承人提供了场地，也为他们吸引来许多尊重、欣赏甚至渴望学习的目光，增强了传承实践的活力。台上有演员，台下有观众，两者缺一不可。米塑项目传承人包能桃告诉我们："以前，我都是在家里做米塑，没有专门的桌子，工具和材料也没地方摆，有时孙子吵闹，完全没有心思创作，更别说传承了。现在有了工作室，我一有时间就来这里练手，工具和材料也不用搬来搬去，还能经常教大家做，比以前更有灵感了！"

二、非遗体验基地建设的意义

（一）以"体验"落实非遗的宣传、弘扬与振兴

在联合国教科文组织于 2003 年通过的《公约》中，明确提出要从确认、立档、研究、保存、保护、宣传、弘扬、传承和振兴九个方面来确保非物质文化遗产的生命力。其中,"宣传"的主要目的是增强广大人民对非物质文化遗产的认知,了解保护非遗的意义以及如何来参与保护;"弘扬"则期望社会对非物质文化遗产的价值形成普遍认同,培养非遗保护坚实的群众基础;"振兴"作为非遗保护中具有标志性意义的一项举措,需要其他措施的协同配合才能完成。非物质文化遗产在当代的振兴,不仅要维系非遗的活态存在,而且要达到遗产项目自主传承、自身造血、自如发展的良好态势。

宣传、弘扬和振兴这三项保护措施本身互相联系,且与社会公众的关联性直接而密切。为了使更多人了解、认同并参与非遗的保护与传承,就需要让人们确确实实看得见、摸得着非遗,经常与非遗"打交道",产生兴趣、获得好感,甚至觉得忘不了、离不开,让人们从中得到自我价值实现的最高层次满足感。要使非遗保护具备这样深厚的群众基础,关键在于让非遗成为可以亲身体验、经常体验、深度体验的文化生活内容,让非遗回归社区和乡村。

(二)以"体验"满足大众更高层次的文化需求

党的十九大报告指出,中国特色社会主义进入新时代,我国社会主要矛盾已经转化为人民日益增长的美好生活需要和不平衡不充分的发展之间的矛盾。"美好生活需要"体现了人民群众需求层次的提高,而其中也包含了更高层次的精神文化需求。古往今来,地方传统、风俗习惯为人们提供着源源不竭的归属感和认同感。当代人依旧需要这些文化传统来维系归属感、激发创造力,满足精神文化的需求。

那么,如何让更多文化传统回归到当代人的日常生活中呢?根据马斯洛的需求层次理论,人类需求的最高层次是自我实现的需求。非遗在传播推广中要让人们有自我实现的感受,就要引导人们参与文化,从中实现自我意志的转化与创造,而这些只有具有深度和过程性的非遗体验才可以达到。正是因为这种创造的热情,近年来,"手作"在不同年龄层次的群体中广受欢迎。用手去制作、用心去打磨,成为年轻人日常消遣和表达情感的重要方式。手作、手工需要细致、专注、耐心与热爱,而这也是当代社会呼唤的"匠心"所在。

蓬勃的手作需求,加上非遗所特有的地方文化认同、古人智慧与审美，使得工艺技艺类非遗体验的需求市场越来越大。温州市鹿城区就是其中一个典型案例。鹿城区文广新局把他们组织的各类非遗体验课程、活动叫做"非遗创艺坊"。今年以来，"非遗创艺坊"已开发了米塑、细纹刻纸、蛋画等11门非遗项目课程，在47个社区进行互动试点，共举办了470班次，参与者近千人，累计参与人次达一万多人。实际上，鹿城区在推出"非遗创艺坊"之前还创设过"手工坊"，但有居民提出其文化韵味不足。因而，鹿城区根据公众需求，对体验坊进行了全面升级，形成了"非遗传承人+志愿者"的体验课开发组合，传承人对非遗项目的操作技巧进行适当简化、形成标准化的体验课程，和乐社工服务中心组织志愿者向经验丰富的传承人学习、集体备课，再由志愿者们到各个社区授课。"非遗创艺坊"的非遗体验课程供不应求，好评如潮。一方面，这些体验课程源于本土传统工艺技艺，每次体验都是一次本乡本土文化的熏陶；另一方面，这些课程鼓励创造，人们从非遗体验中可以得到自我实现的成就感。

（三）以"体验"促成非遗真正回归社区和日常

高丙中在《作为公共文化的非物质文化遗产》一文中曾谈道，文化是一定人群所共享的，会因为享有的人越多而越有价值、越受到尊崇。非物质文化遗产原本就是该地区人民生活方式所承载的文化，属于本地社区。如果其中的一部分在当代社会被边缘化，成为"文化遗留物"，那么，就要让其在民间恢复可见性，让这些传统文化事项、艺术表现形式或其核心要素在民间得到自发的复兴。因而，准确地说，本地非遗在本地社区的复兴，不是"进社区"而是"回社区"。

在当代城市文化、社区文化的形成和积累过程中，共同的文化认同感和归属感不可或缺，对促进非遗等本土文化传统的回归具有十分重要的意义。家门口的"老手艺""老腔调"相对熟悉和亲切，无形中也降低了非遗体验的入门门槛。可以说，本地非遗体验不仅让老年人唤起记忆、老有所乐；而且让年轻人重拾传统、乐于动手。双莲桥社区的退休工人江月容就是这样，她在参加了米塑体验课程后，就成为"非遗创艺坊"的超级粉丝。她创作的米塑作品摆满了家里的玻璃柜，最后她还成为一名资深非遗志愿者，开始带着邻居们做米塑。

非遗体验基地在遍布城市的社区活动中心、商业场所、企业活动室里高频率地开展活动,实际上是恢复了非遗与所在社区的密切联系,让非遗可见、可参与,甚至经常见、经常参与,这也是非遗保护的重要发展方向。小区的物业海报上有非遗,公交的车身广告上有非遗,旅游的推荐线路中有非遗,商场的周末活动中有非遗,企业的员工文化里也有非遗。比如,鹿城区"非遗创艺坊"不仅让社区非遗体验常态化,还将非遗体验活动带到企业、商场,仅2018年就举办了50场这类"快闪式"非遗体验活动。

正如文化和旅游部原副部长项兆伦所说:当地人要知当地事,当地人要知当地文化,当地人要能发现当地之美。因为体验过,人们找回了非遗的价值。

作为一支专门研究非遗展示与传播的团队,在我们来到温州市调研非遗体验基地之前,已然坚定地认为:深度体验将是非遗展示传播的发展方向。调研之后,我们看到,非遗体验课程、活动和场所,其意义远不止于促进非遗的传播、传统的普及。社会公众因为非遗体验得到了传承文化和创造文化的满足感,而本乡本土的非遗项目也真正重回百姓身边。所以,非遗体验基地在温州的实践,对于传统文化的传承与发展、对于满足人们对美好生活的追求、对于乡村振兴的促进,都具有十分现实而重要的意义。

第五章　非物质文化遗产的舞台展示

第一节　从最传统到最时尚：看非遗如何焕彩T台

在中国国际时装周（2019春夏系列）的T台上，身着香云纱裤装的模特翩翩走来，让人不禁想起张爱玲笔下白夏布衫子、黑香云纱大脚裤的睏儿……民国时期就备受女子喜爱的香云纱在这一季的时装周上轮番登场。香云纱在当代人眼中不再沉闷、老气，而成为优雅、知性和环保的代名词。

继2008年"香云纱染整工艺"被列为国家级非物质文化遗产代表性项目以来，10年间，经过生产性保护、创新性发展，香云纱在传统工艺振兴的当代实践中逐渐成为时尚潮流。

一、让传统形成时尚

在当代，时尚领域在大众生活中的影响力巨大，尤其是年轻人紧随潮流而动，因而，T台也是我们弘扬和振兴中华优秀传统文化的重要平台。除了香云纱这一被誉为"黑色闪光珍珠"的丝绸面料，蓝印花布、艾德莱斯绸、亮布、夏布、织锦等传统面料近年来在各类时尚场合轮番出现，成为各类创意活动的主角。比如，苏州市吴江区"丝绸名镇"盛泽在本次时装周举办了"绸都盛泽风尚秀"，而重庆市荣昌夏布已经是二次登陆时装周。富含中国特色的纺织面料也需要通过时装周等平台扩大影响力，吸引更多设计师和品牌的关注，让其在更广域范围内流行起来。

在纪录片《服装里的中国》第二季中，与服装相关的传统工艺以纪录短片的形式得以呈现，其中就包括对香云纱染整工艺的介绍。这类普及传播能够让国内外的内容生产者、产品生产者广泛认知此类资源。与此同时，文化传播也为相关产品、服务及品牌创造了与众不同的无形价值。比如，香云纱复杂的制作工序、环保的染色原理，以及其中包含的哲学、科学与美学意义都是向大众传递香云纱制成品价值的有效触点。

二、让传统再造时尚

非遗、传统手工艺、民族民间文化等传统文化资源已然成为时尚产业的创意源泉和核心卖点，并呈现出这样的趋势：对传统文化的"解码"越深入，发掘到的当代价值就越大，越能碰撞产生"最中国"的时尚潮流。

这次时装周，我们看到了依文·中国手工坊这样平台化推广中国传统手工艺的T台常客，也看到了阿牛阿呷这样直接从事非遗传承创新的从业者，将本民族本地域代表性工艺技艺带上T台。可以说，越来越多的企业、设计师加入创造性运用非遗等传统文化资源的队伍，并已然从传承传统中受益，"解码传统，再造时尚"集群效应正在形成。

当代设计师的"匠心"在哪里？灵感、混搭、跨界……创新之路上不变的是对传统的礼敬、对资源的有序利用，符号、物料、工艺中所包含的思想理念和审美风范不能丢失。真正能够解码传统的设计师，也是当代"工匠精神"的代表。

三、让时尚青睐传统

2017年11月发布的《中国纺织非遗可持续发展千岛湖宣言》中指出：作为人民生活不可或缺的主要消费品，纺织服装是人民美好生活的重要组成部分。纺织类非遗富含的个性化、自然化、人性化特点，正好与人民生活水平提高之后消费观念的转变方向不谋而合。比如，当代人对取之于自然、可分解回归自然的天然物料、染料的推崇。而香云纱恰好与此不谋而合，只采用天然植物薯莨的汁液和含有高价铁离子的河涌泥染色，不含任何化学助染剂。这类先民智慧、本土知识在纺织类非遗中比比皆是，使得传承传统渐成为当代时尚消费的风向标。

无论是高级定制还是更接近日用消费的成衣、快时尚产品，都可以从非遗等传统文化资源中汲取时尚的灵感。并且不止于服装，配饰、潮鞋、文创日用等都是传统元素创新应用的板块，获得更为突出的市场表现和潮流影响力。

第二节　非物质文化遗产服饰秀的碰撞与表达

"多彩非遗，美好生活"为2018年6月9日我国"文化和自然遗产日"的主题。在遗产日前后，全国各地举办了一系列非遗展示宣传活动。其中，为期一周的"锦绣中华——中国非物质文化遗产服饰秀"在北京的恭王府博物馆每晚上演，推动了非遗等优秀传统文化实现创造性转化、融入日常生活的步伐。

党的十九大报告中提出要深入挖掘中华优秀传统文化蕴含的思想观念、人文精神、道德规范，结合时代要求继承创新，让中华文化展现出永久魅力和时代风采。"锦绣中华——中国非物质文化遗产服饰秀"系列活动通过物质文化遗产与非物质文化遗产的交互、非遗技艺与时尚产业的交融、现代表达与文化内蕴的交流，构筑起饱含东方意蕴的文化场景，它不仅完美展现出非遗自身独有的文化魅力，也诠释了非遗等优秀传统文化经由创造性转化过程中所带来的非凡价值。

一、碰撞：无形+有形，交互与活化

文化遗产可以划分为有形文化遗产和无形文化遗产，即以遗址、建筑、可移动文物等为代表的物质文化遗产，以及以口头传统、传统表演艺术、传统手工艺、传统节日等为主要内容的非物质文化遗产。从外在表现来看，物与人、空间与活动恰好是区分物质文化遗产与非物质文化遗产的核心要素。而也正是这四种要素能够共同搭建起完整的生活情景，即人与物在某一空间内产生交互，从而完成特定的实践活动，基于此，两类文化遗产形态有了交互式发展的可能。

恭王府博物馆是清代规模最大的王府建筑群，庄重肃穆而又幽静秀雅，同时也蕴含着多元丰富的文化因子，具有重要的历史文化价值。正因如此，恭王府银安殿也成为非遗活态展示的天然秀场，可以说，这一极具文化价值与品牌价值的空间场所与非遗传承人、传统技艺类衍生服饰相得益彰，共同推动非遗服饰秀这一活动走向高潮。与此同时，静态的恭王府博物馆通过合理利用文化遗产，借助以活化为目的的当代实践，把跨越时空的文化内涵、审美风范转化为当代价值。而非遗作为仍活态存在于人们生活之中的文化遗产，在为恭王府注入新的生机与活力的同

时，也与这一历史文化空间相契合，共同展现出两者的韵味与魅力。

非遗展演＋历史空间，非物质文化遗产与物质文化遗产之间的交互与碰撞，不仅使文化遗产保护工作得以整合，也为其在当代的传承与发展探索出了方向。

二、表达：非遗＋时尚，诠释与传播

就非遗服饰秀一系列品牌活动而言，可以明确的是苗绣、蜡染、夏布等一批非物质文化遗产代表作已经由表及里、由浅入深地对时尚品牌产生了全方位的影响。它一方面表现为精湛的手工技艺推动了时尚产品生产工艺的精益化提升，丰富的图纹样式促成了时尚产品外部风貌的多元化创新；另一方面也体现为独特的审美风格、鲜明的文化特色对产品设计理念与设计风格的影响。而最深层次的影响则在于非遗为时尚品牌提供了文化与理念的支撑，推动了品牌价值内涵的构筑，使得品牌具有了更为鲜明的特色，进而实现品牌竞争力、文化力的显著提升。

时尚设计作为一种创作活动，与政治、经济、文化有着强烈的关联。设计师从生活环境中汲取理念与灵感，通过色彩、制式、轮廓等设计元素对其进行外化，最终实现深层内蕴的诠释与表达。此次活动中"艺针忆绣""布艺经纶"等服饰秀都遵循着这一模式，用古而不泥古，以现代化的设计手法表达传统的东方意蕴，从市场化的视角对接非遗的文化内涵。

商业性、流行性、消费性是时尚固有的特点，这决定了它能够引领未来一段时间内的消费风潮，决定了它能够自上而下地逐渐改变人们的消费理念与消费行为。时尚活动影响力大、传播范围广、受众层级高且兼具浓厚的文化气质，那么它就可以成为促进非遗内涵与价值传播的推力，甚至在更大范围掀起富含东方哲学的"中国新风尚"。

第三节　非遗创意秀：用"科技＋""艺术＋"展现非遗独特价值

2018年6月在北京首度上演，随后又在各地巡演的"五维记忆"非遗创意秀，成为一档非物质文化遗产与数字视觉艺术融合呈现的现象级舞台剧。中华优秀传统文化与前沿展示技术、沉浸式体验以及艺术化演绎的混搭，也成为业内热议的话题。

一、用非遗呈现人与自然的关系

当我们寻找音乐、舞蹈等艺术形态的起源时，常常会追溯到先民对自然的崇拜。当这种自然崇拜体现在传统声乐、器乐、舞蹈上时，便成为歌者、舞者、演奏者对自然界万物的模仿与演绎。例如，作为"百戏"之一，口技可追溯至上古时期，先民在狩猎时会模仿动物的声音来迷惑猎物。表演者利用口、齿、唇、舌等各种发声器官模拟万物之声，惟妙惟肖，使人如临湖海，如置山林。

因而，当"五维记忆"要讲述一个关于人与自然和谐共生的故事时，从传统音乐、舞蹈、杂技类非物质文化遗产中恰好能够找到这些跨文化的表意符号。在"五维记忆"的"关雎"部分，传统乐器箜篌的音色悠扬独特，百鸟和鸣的意境呼之欲出。视觉上则配合呈现百鸟盘旋、绵延不绝的场景，鸟群自舞台一端飞渡而来，渐隐直至消失，又有鸟群飞来，如此循环往复，呈现出与音乐相呼应的全感官景观。

二、用虚拟场景解读非遗的内涵

在非物质文化遗产中，无论是传统音乐还是传统舞蹈，都是表意途径相对单一的艺术形态，主要依靠音色、曲调或形体动作来传达作品所包含的思想情感。对于没有接触过这些传统艺术的中外观众来说，单一的听觉或视觉刺激很难引起通感。这时就需要通过场景营造来引导观众"入门"。将传统音乐、舞蹈的情境进行适度可视化，调动多感官方式对舞台上的非遗项目进行适当的解读，有利于增进观众的理解和感悟，从而形成情感和美感上的交流与共鸣。

例如，"五维记忆"中呈现的传统琵琶曲目《十面埋伏》，让人印象深刻。周斯瑶的演奏弦声促促、曲调高昂；而在她四周，战火纷飞、断壁残垣的虚拟场景则将观众完全带入"垓下一战"的情境，观众甚至仿佛闻到燃烧灰烬的气味。

三、用符号化语言实现跨文化传播

中华传统文化博大精深，一个演出项目只能定位于展示适量的文化资源并传递其核心内涵。因而，需要将传统艺术形态、地域特色文化等文化资源进行符号性转化，在跨文化传播中让观众获得直观明了、印象深刻的视听体验，并从中接收到感官背后所蕴含的文化信息。

例如，"五维记忆"将中国传统皮影戏进行符号化处理，突出其在光影、雕绘、造型等方面的东方艺术特色，并转化为巨幅虚拟场景，使得数十幅皮影戏画面在不同的窗格中同时上演，增强了皮影艺术这一中国文化符号的视觉冲击力。

四、找到传统文化与现代艺术跨界的契合点

对于当代人而言，中华传统文化底蕴深厚，无形中提升了认知和欣赏门槛，因而近年来，大量文化艺术工作者在致力于对传统文化资源进行解读、普及和创造性转化的工作。其中一种方式就是通过与当代文化艺术的跨界合作，拉近传统与现代的距离。以大众熟悉的当代艺术表现形式来吸引关注、引人入门，通过跨界合作来凸显各类传统艺术形态的独特魅力，从而让人们切身感受到非物质文化遗产等中华优秀传统文化的价值。

比如，在"五维记忆"的高潮部分，现代打击乐与传统呼麦等珠联璧合，带给现场观众意想不到的惊喜。作为蒙古族最古老的表演艺术形式之一，呼麦粗犷淳朴，强健有力，直击人心。由于特殊的发声原理，呼麦可以形成多声部形态，既有浑厚沉郁的低音，也有清亮透彻的高音，配合极具当代城市文化气息的打击乐，节奏合拍，风格互彰，带来跨越时空的听觉享受。

"五维记忆"非遗创意秀无疑是一次富有创新精神的尝试，运用"科技+""艺术+"的结合，展现中国各民族非物质文化遗产的独特价值。

一些非遗门类的展示需要舞台，例如传统戏剧等传统表演艺术，其原有的存续空间就是舞台，为了融入当代生活、吸引年轻群体，需要革新舞台美术、服化道，增加辅助表现手段，提升表演的感官体验等，从而焕新舞台，增加非遗表演艺术在当代的活力；另外还有一些非遗项目

本身并不属于舞台艺术，但其制成品需要通过现代舞台场景进行美与价值的展示，辅助其成为当代潮流，成为国潮文化的要素。

当然，许多非遗项目在当代实践着分型发展的路径，舞台化并不是其必然选择，我们期望更多非遗项目在日常生活场景中觅得栖身之所、实现活态传承。

第四节 "非遗+演艺"成为高效"破圈"旅游吸引物

2024年，文旅IP"王婆"刷屏，河南开封乘势举办清明文化节，汇聚数十种非遗项目的"来趣宋潮"千人踏春大巡游、清明文化节版本的《大宋·东京梦华》水上实景演出等，让游客沉浸式感受"一城宋韵，东京梦华"。非遗等文化要素资源如何持续供给、转化为"网红"变"常红"的旅游吸引物？

其中"非遗+演艺"渐成文旅深度融合的可行模式，丰富非遗要素与多样演艺产品的结合维度不断拓展，非遗在旅游演出中的"戏份"越来越重，已成为旅游演艺提质增效的关键要素之一。越剧新空间"新龙门客栈剧场"、评剧沉浸式实景剧"那年芳华"、西安驻场观念演出"无界·长安"等呈现形态各异，但均在文化传承与旅游消费中扮演起双赢角色。

一、非遗为演艺新空间提供"文化张力"

杭州西湖边的"新龙门客栈剧场"开张后迎来了一波波年轻人，从陈丽君到茅威涛，陆续掀起了好几轮热搜话题。环境式戏剧是当前演艺产品创新的一大卖点，而浙江小百花越剧团找到了传承与创新的平衡点，孕育出的"奇观性""新国风"是剧场爆火的根本原因。

沉浸式演艺空间受非遗浸润后获得奇观性。传统戏剧以及其他类别的非遗因其具有漫长的发展历程，它们自带的浓厚传统属性能够把沉浸式演艺空间改造为现实世界鲜见的、具有古典意味的特殊场景。同时，传统戏剧与当代人现实存在的距离感和沉浸式演艺空间的亲近感之间又酝酿出更多内在的张力，而正是这种张力塑造出一种刺激观众感官的奇观性。这种奇观性也成为观众打卡的强劲动力之一，不仅有利于带动票房和当地文旅产业的发展,还有利于主创利用空间进行衍生活动的开发和运营,这类衍生活动又将进一步增加该空间在网络上的曝光、加深观众对空间本身的情感连接。

传统非遗与现代观众的距离感在新空间中得以压缩。"新龙门客栈"的剧本及念白设计有意识地亲近当代人,演员有时使用传统的越白,有时又切换为普通话,保证观众能理解说话内容、形成互动,念白中还会出现"爱情来得太快就像龙卷风"等极具现代感的台词,增加了内容的弹性和亲和力。同时,旅游演艺呈现舞台与观众零距离、强互动的趋势,而这恰恰帮助消解了传统戏剧、曲艺与当代人的间离感,表演与观赏的空间距离消失了,情感连接也变得更易建立。比如,"新龙门客栈"演员们和观众保持着频繁互动,包括眼神交流、对话甚至肢体接触,剧中角色金镶玉和周淮安结婚时,演员会向观众们抛撒糖果;琵琶、越胡等乐器演奏者也紧挨着二楼观众席,离最近的观众仅半米距离。

图 5.4.1　新龙门客栈剧场官方剧照

二、非遗+实景演艺，为城市夜经济提供"文化撬点"

每逢春夏，唐山南湖的云凤岛上都将上演一部以评剧为主题的实景剧——《那年芳华》，带领广大市民、游客"浸"入一场穿越之旅，深度领略评剧的艺术之美，见证唐山百年前开埠时的繁荣与风情。在大力推进城市夜经济发展的当下，这台免费开放、行进互动的非遗实景剧已经成为唐山聚人气、引流量，撬动大文旅消费的重要支点。

传统戏剧于当代观众尤其是跨城游客而言具有天然的陌生感与距离感，但戏曲特有的腔调韵味与岛上亭院等实景空间的结合却能够迅速催化出穿越之感，将观众带入特定的故事语境中。演艺的故事也并非是评剧剧目的当代化改编而是以评剧创始人成兆才为原型，进行的戏剧化新创作，矛盾冲突、感情抉择、天灾人祸等戏剧情节让观众看下去、看得懂、有共鸣。声光电、多媒体等技术手段所塑造出的视听奇观——楼体秀与评剧经典唱段相结合，将观众的情绪带入高潮，收获视觉、听觉、情感、心理上的多重满足。

当非遗实景演出进入城市空间，不仅为非遗的活态传承塑造了一方舞台，更以视听的奇观性、体验的丰富性、文化的浸润性吸引市民、游客在此处停留、打卡，进而以一小时的文化体验撬动一整夜的衍生消费。在大文旅、深融合的格局下，城市空间内非遗实景剧的运营逻辑也在发生变化，低票价甚至是免门票的运营策略在不断放大其"撬点"的功效，即实现了从"门票经济"向"人气保障"的转变。这一运营模式也为非遗实景剧的题材选择提出了更高的要求，具体表现为：非遗对城市文化的代表性与丰富度、非遗当代生命力的旺盛度、非遗经过再创作后的艺术表现力以及非遗经过再创作后的市场接受度。

三、非遗+科技，为旅游演艺提供"双创样板"

在西安的长安乐·歌剧院，每晚都会上演一部取材于陕西代表性非物质文化遗产的观念式演出《无界·长安》，极富张力的舞台科技与极具现代性的创作理念令秦腔、皮影、木偶戏等古老的非遗焕发出新的生机，成为"非遗+科技+演艺"融合发展且常态化市场运营的新例证。

当古老的非遗遇到前沿的舞台科技，其内蕴的文化理念、外在的表达形式得到了现代化的解构与艺术化的重构，潮流炫酷的视听语言完全打破了大众对于非遗的"传统、古旧"的固有印象，并建构起文化、价值要素高效触达的通道，让观众真正感受到非遗千百年积淀的文化魅力。"文化内核+高科技+高创意"融合发展模式下，非遗的表达不再是简单的舞台置换或元素提取，而是将非遗作为名副其实的"主角"，以时代新视角、市场新需求进行创造性转化与创新性发展，也正是《无界·长安》在西安多元演艺格局中、在激烈竞争环境中能够常态化、市场化运营的根源所在。

四、从"网红"到"常红"的"非遗+"路径

2023年2月，文化和旅游部印发《关于推动非物质文化遗产与旅游深度融合发展的通知》，文件从非遗保护立场出发，鼓励将非遗要素植入旅游演艺，创新形式展示非遗的精神内核。非遗是活态的文化遗产，不仅见证、承载着历史与过去，更凝聚着在这一方水土上生活着的"人"的精气神，为旅游演艺提供内容与形式的双重滋养。在非遗融入旅游演艺的多元实践中，新空间、新形式、新科技、新理念的应用为非遗的现代性再解读、艺术化再创造提供了无限可能，并催生出"非遗+"旅游演艺新形态，在为旅游演艺的转型升级、提质增效提供了新路径的同时，也真正将非遗的活化传承融入到城市文旅产业发展大格局中，让非遗以更加年轻的姿态、更加青春的面貌、更加流行的样子走进观众眼中，走入大众心中。

第六章　非物质文化遗产的商业活动与消费传播

第一节　非遗传播在乡村扶贫中的作用

传播是非物质文化遗产保护的一项基本措施,在非遗助力精准扶贫过程中发挥着不可或缺的作用。本节将从"非遗传播""非遗扶贫"及"非遗保护"三者关系入手,分析"非遗传播"在"非遗扶贫"中已然显现的一些作用:精准扶贫往往与乡村振兴相互衔接,信息传播可促进城乡间的资源对接、优势互补和要素流动;当地非遗项目的展示与传播可转化为旅游及相关产业的特色资源,升级乡村旅游场景,开辟旅游扶贫路径;非遗产品畅销有助于当地社区加深文化认同,也可扩大非遗在普通公众中的价值认同,在共享非遗保护、非遗扶贫成果中激发社会各界参与保护、参与扶贫的热情。

一、"非遗传播"与"非遗保护"的关系

传播作为非物质文化遗产保护的基本措施,旨在通过各类媒介和载体传递非遗相关信息与知识,促进公众对非遗内涵与价值的认知、对非遗保护的认同与参与,是非遗保护主体、传承主体以及媒体、学校、公共文化机构等共同承担的义务与责任。

《中华人民共和国非物质文化遗产法》和联合国教科文组织《公约》,对非遗传播都有明确的规定和表述。在《非物质文化遗产法》总则的第三条就明确了"国家对非物质文化遗产采取认定、记录、建档等措施予以保存,对体现中华民族优秀传统文化,具有历史、文学、艺术、科学价值的非物质文化遗产采取传承、传播等措施予以保护"[①]。可见,在国家保存和保护非遗的措施中,保存包括认定、记录、建档等措

---

① 全国人大常委会法制工作委员会行政法室.中华人民共和国非物质文化遗产法释义及实用指南[M].北京:中国民主法制出版社,2011:2.

施,而保护的主要措施是传承和传播。而在《公约》提及的确保非遗生命力的各项措施①中,"宣传""弘扬"这两项措施都隶属于"传播"行为;"传承"这一措施中的"非正规教育"即是以文化普及和社会教育为主要形式的传播实践;"振兴"这一措施也离不开社区、群体对遗产意义与价值共有认识的达成,离不开促进这种共识形成的相关传播行为。因此,传播是达成非遗保护目的的重要环节。②

二、"非遗扶贫"与"非遗保护"的关系

作为文化扶贫的重要组成部分,国家文化主管部门在脱贫攻坚阶段连续推出多项举措,发挥非遗尤其是传统工艺在助力精准扶贫方面的重要作用,包括确定"非遗+扶贫"重点支持地区,支持设立非遗扶贫就业工坊等。中国艺术研究院研究员田青就曾谈道:"如何让非遗保护工作紧贴国家重点工作和当务之急,充分发挥非遗在当代社会的重要作用,值得每一个非遗保护工作者解放思想,认真思考。非遗保护为人民,非遗脱贫大有可为。"③

在国际层面,贫困地区通过非遗相关产品及服务贸易等实现收益、助力脱贫和致富,隶属于《公约》业务指南中"与非遗有关的商业活动"。《公约》中也多次提及"提高对非物质文化遗产重要性的认识""扩大非物质文化遗产的影响""使非物质文化遗产在社会中发挥应有的作用"等与"非遗扶贫"相关联的基础理念。比如,业务指南第四章就有相关表述:"某些形式的非遗可能产生的商业活动和与非遗相关的文化产品和服务贸易,可提高人们对此类遗产重要性的认识,并为其从业者带来收益。"④而在国内《非物质文化遗产法》第三十七条也明确写道:"国家鼓励和支持发挥非物质文化遗产资源的特殊优势,在有效保护的基础上,合理利用非物质文化遗产代表性项目开发具有地方、民族

---

① 中华人民共和国文化和旅游部国际交流与合作局:联合国教科文组织《保护非物质文化遗产公约》基础文件汇编(2016版)[M]. 北京:中国数字文化集团有限公司,2019:4.
② 杨红. 目的·方式·方向——中国非遗保护的当代传播实践[J]. 文化遗产,2019(6):22.
③ 田青."非遗"扶贫[J]. 长江文化论丛,2017:12-13.
④ 中华人民共和国文化和旅游部国际交流与合作局. 联合国教科文组织《保护非物质文化遗产公约》基础文件汇编(2016版)[M]. 北京:中国数字文化集团有限公司,2019:42.

特色和市场潜力的文化产品和文化服务。"① 可以说，非遗助力精准扶贫，是非遗保护事业及其成果融入重大国家战略，充分发挥文化在经济社会发展中的作用，将资源优势转化为发展要素，参与脱贫致富、乡村振兴、社会治理等民生福祉事业的显著表现。

三、"非遗传播"在"非遗扶贫"中的作用

（一）传播促进城乡间的资源互补

在这场脱贫攻坚战中，东西部扶贫协作、②动员社会各方面力量参与扶贫开发③等举措都体现了"资源互补"这一扶贫要点。精准扶贫战略往往与乡村振兴战略紧密衔接，城乡在经济、社会、文化、生态等各方面的差异性，一方面长期制约乡村的发展，妨碍城乡各类资源的交换协同、各类要素的自由流动；另一方面为不同资源禀赋的乡村谋求特色发展路径提供了可能性，因而要积极促进城乡间的资源对接、优势互补和要素流动。

在非遗助力精准扶贫的相关实践中，无论是以当地传统工艺为核心的特色文化产业，还是以民族民间艺术为特色的旅游产业，都表现出对信息传递与产品推广渠道、资源对接与社会参与平台等传播途径的明确需求。不少案例表明：非遗扶贫带头人运用互联网和新媒体的能力越强，越能有效宣传和弘扬所传承的非遗技艺，也越能从外界获取更多的产品供求信息和营销提升策略，继而振兴所持有的遗产项目、带动当地脱贫。尤其是新冠疫情期间，技艺展示、产品销售等都受到了极大影响，这种情况加速了非遗传承人及相关从业者利用"两微"（微信、微博）、短视频、网上直播等开展线上宣传、展示和营销活动，有些传承人业已利用新媒体开辟出稳定的营销和生计渠道。

社会动员机制、扶贫济困氛围的形成也离不开典型案例、参与渠道

---

① 全国人大常委会法制工作委员会行政法室.中华人民共和国非物质文化遗产法释义及实用指南[M].北京：中国民主法制出版社，2011：7.
② 新华社.中办国办印发《关于进一步加强东西部扶贫协作工作的指导意见》[EB/OL].http://uwwgov,cn/tengce/2016-12/07content_5144678, htmm（2012-12-7）[2020-8-1].
③ 国务院办公厅.国务院办公厅关于进一步动员社会各方面力量参与扶贫开发的意见（国办发〔2014〕58号）[A/OL]. http://www.gov, cn/zhengce/content/2014-12/04/content_9289, htm（2014-12-4）[2020-8-1].

等大规模有效传播。近年来,利用移动互联技术推动贫困地区、乡村地区非遗资源供给信息交换、传承发展协作的案例越来越多。例如:贫困地区往往缺少产品设计、环境艺术设计、文化创意设计人才,工业和信息化部启动了"设计扶贫行动计划",并为此创建的"设计扶贫"微信小程序即承担了信息传播中枢的职能。截至2020年8月1日,已有372家设计机构加入、172个项目获得帮助。该小程序中涵盖了设计扶贫相关新闻资讯和最新需求、需求发布、成果案例和设计公司等页面,包括非遗及手工艺再造、传统产业转型升级、乡村风貌设计、农产品品牌设计等与设计相关的需求都可发布,需求方、设计方通过平台可即时获取信息,促成设计扶贫的合作。

(二)展示体验升级乡村旅游场景

旅游业也是一类与非遗相关的商业活动。随着我国文化事业、文化产业和旅游业融合发展的深入推进,旅游项目对非遗资源的开发利用不断增加,非遗相关实践活动也已生成一定规模的游客需求,成为文化旅游的重要组成部分。[①] 有的贫困地区将地方传统节庆民俗活动、特色手工艺产品展售和制作体验等转化为带动当地旅游及相关产业的核心要素,将乡土特色文化与乡村自然景观有机融合,无论是节庆、演艺、娱乐,还是餐饮、住宿、购物,都能从当地非遗资源中找到差异化、人本化的解决方案,进而丰富与提升了旅游体验,推动了当地旅游产业的发展与升级。

保障非遗技艺持有者及所在社区从非遗旅游扶贫中获益,已成为当前相关研究与实践普遍的共识。有学者对南疆深度贫困地区非遗旅游扶贫开展问卷调查,经过分析认为:"非遗+旅游"的根本出发点是使贫困人口能够从非遗旅游开发中获得更多的发展机会和净利益。[②] 也有学者认为:民族地区的旅游扶贫作为重要的反贫困策略,应从参与旅游扶贫与非物质文化遗产保护的决策、规范非物质文化遗产旅游利用的利益分配、提升贫困人口的素质、完善相关法律体系建设等方面入手,推动民族地区旅游扶贫与非物质文化遗产保护利用可持续协调发展。[③]

---

① 杨红. 非遗与旅游融合的五大类型[J]. 原生态民族文化学刊, 2020, 12(1): 146.
② 黄登斌, 喻晓玲. 居民对非遗旅游扶贫效应感知与参与行为研究[J]. 合作经济与科技, 2018(15): 164.
③ 卢世菊, 柏贵喜. 民族地区旅游扶贫与非物质文化遗产保护协调发展研究[J]. 中南民族大学学报: 人文社会科学版, 2017, 37(2): 74.

非遗与当地旅游业的深度融合是"非遗扶贫"的重要途径，这使得当地非遗项目拥有了更多展示和应用的场景，在取得经济收益的同时极大地推动了文化交流，为本地社区提供了文化价值再认识的过程，也为外来游客带来了独特而有意义的多元文化体验。

（三）产品消费实现文化价值认同

非物质文化遗产具备地域性、独特性、稀缺性等特征，使得其制成品具有"该地特有、区别其他"的材质、工艺、外观及文化内涵，比如特色手工艺品、地方特产食品等。因而，贫困地区开发好非遗产品，就可达到形成特色产业、推广地方文化的双重效果。比如，贵州省许多市州的贫困人口都经历了易地扶贫搬迁，有原材料、民间工艺基础的非遗项目在这一过程中为搬迁人口提供了专兼职生计来源；在制作销售非遗产品和衍生产品过程中，不少地方形成了具有一定规模的特色文化产业。比如，贵州省三都水族自治县即通过政府引导和传承人自主创办的方式，发挥了非遗在易地扶贫搬迁中的积极作用。①

非遗扶贫更扶志，近年来的实践案例中不少都体现了非遗的传承与发展能够帮助贫困地区强化地方文化认同、增加本土文化自信。在易地扶贫搬迁过程中，文化在经济社会发展中的作用得到切实发挥，非遗技艺成为搬迁人口融入所在社区、适应生产生活方式改变的一种途径。可以说是"在新环境里重振旧手艺，在异地重建自己的精神家园"。② 例如，广播剧《锦绣十八洞》即用声音传播了湖南湘西苗绣助力精准扶贫的故事。③

2023 年的"文化和自然遗产日"增设的"非遗购物节"活动，就是为了帮助广大非遗传承人群、非遗扶贫就业工坊和非遗相关企业克服疫情影响，推动复工复产，促进社会消费。阿里巴巴、京东、拼多多、美团、苏宁、快手等网络平台均提供优质传播资源助力非遗产品的营销推广，使得更多公众在购物体验中产生对非遗产品的价值认同，在共享保护成果的过程中产生参与非遗保护的意愿。

---

① 张巧梅. 易地扶贫搬迁背景下少数民族"非遗+扶贫"模式的经验与困境——基于贵州省三都县雪花湖社区的田野考察 [J]. 西部学刊, 2020（8）：35-38.
② 田青. "非遗"扶贫 [J]. 长江文化论丛, 2017：12-13.
③ 伍益中. 广播剧《锦绣十八洞》："非遗"扶贫的精准讲述 [J]. 文艺论坛, 2020（1）：124-126.

第二节　传统手工艺的功能转型与可持续发展

一、传统手工艺功能转型个案研究背景

（一）传统手工艺存续的危机

20世纪80—90年代，中国经济社会快速发展，在市场经济的推动下，机械化生产制品开始大面积冲击手工制品，在许多生活日用品类几乎完全替代了手工；导致以生活日用为主要功能的传统手工艺门类快速萎缩，除了饮食业等部分"老字号"外，各类手工作坊逐渐边缘化，甚至在城市中几乎消失；然而，以工艺礼品为主要产品类型的工艺美术行业情况则有所不同，改革开放后，外向型的工艺美术行业得到政策利好的推动，不断扩大再生产，但在20世纪90年代又受到海外市场疲软的影响，工艺美术外销型经济逐步转为以内销为主。[①] 因而，虽然均隶属于传统手工艺类，以日用为主的传统技艺和以审美为主的传统美术在当代的存续状况还是有所区别的，但总体而言都面临不同程度的困境，迫切需要寻求生存与发展的转机。

（二）国家保护行为的作用与导向

21世纪初，中国开始着手开展非物质文化遗产保护工作。传统手工艺是非遗的一个重要门类，中国针对各门类非遗实施分类保护，而传统手工艺的国家保护行为主要是在"传统工艺振兴"主题之下出台了一系列政策措施，包括国家、省两级政府部门发布传统工艺振兴计划，出台振兴目录，出台推动传承发展举措等。[②] 一方面，振兴传统工艺被列为

---

① 邱春林.新中国工艺美术70年成就概览[N].中国文化报，2019-9-15（1）.
② 具体包括：中国非物质文化遗产网：《国务院办公厅关于转发文化部等部门中国传统工艺振兴计划的通知（国办发〔2017〕25号）》，https://www.ihchina.cn/Article/Index/detail?id=11566，发表时间2017年3月24日，浏览时间2023年2月20日。中国非物质文化遗产网：《文化和旅游部 工业和信息化部关于发布第一批国家传统工艺振兴目录的通知（文旅非遗发〔2018〕12号）》，https://www.ihchina.cn/Article/Index/detail?id=11576，发表时间2018年5月31日，浏览时间2023年2月20日。中国非物质文化遗产网：《文化和旅游部 教育部 科技部 工业和信息化部 国家民委 财政部 人力资源社会保障部 商务部 国家知识产权局 国家乡村振兴局关于推动传统工艺高质量传承发展的通知（文旅非遗发〔2022〕72号）》，https://www.ihchina.cn/Article/Index/detail?id=25624，发表时间2022年6月28日，浏览时间2023年2月20日。

弘扬中华优秀传统文化的重要内容，鼓励各方支持传统工艺的传承与发展，①另一方面，在中国脱贫攻坚过程中，为促进传统工艺在贫困地区精准扶贫中发挥产业作用等而出台了相应的举措，并通过建设一批非遗扶贫就业工坊等形式予以落实。②

实际上，传统手工艺不同于口头传统、仪式节庆等非遗门类，其天然带有商品属性，因而中国对传统手工艺主要遵循生产性保护理念；此外，除了文化和旅游主管部门负责的非物质文化遗产保护体系，还有商务部门主导的"老字号"、文化和旅游部门主导的"特色文化产业"等促进经济价值发挥的政策惠及传统手工艺的发展，且体现了略有不同的政府行为导向。具体而言，在非遗保护视域下，关注点主要在各地散存的手工艺项目及手工艺传承人，通过纳入清单、立档保存、扶持传承等方式重点保护文化多样性及在地化艺术基因，而不关注机械化的行业主流生产方式；而在地方经济、文化经济视域下，侧重于通过扶持传统手工艺等地方传统产业、特色文化产业，旨在培育当地经济增长点和提升文化软实力，增强在地化特色。

（三）个案选取的价值与意义

在研究传统文化事象时，生存主义学派通常关注相关事象的历史溯源，寻找关于起源的有形或无形佐证物，探察人类社会中"不变"的部分，而本研究着眼于传统手工艺在当代中国存续的实际状况，尤其关注其在谋求生存与发展过程中发生的表象与功能变化。这一变化的诱因在于经济社会的快速发展，因而在中国经济发达地区相对更为显著；手工艺人被动或主动转型的行为发生时间更早，因而行为演变过程也更为完整；且本个案探访的手工艺传承人既具有广泛的群体代表性，又在同类型传承人中思维相对活跃、能力相对突出，因而实践行为也较为超前，

---

① 中国非物质文化遗产网.关于实施中华优秀传统文化传承发展工程的意见. https://www.ihchina.cn/Article/Index/detail?id=11567，发表时间2017年2月8日，浏览时间2023年2月20日。

② 中国非物质文化遗产网.文化和旅游部办公厅关于大力振兴贫困地区传统工艺助力精准扶贫的通知（办非遗发〔2018〕40号）. https://www.ihchina.cn/Article/Index/detail?id=11574，发表时间2018年7月18日，浏览时间2023年2月20日。中国非物质文化遗产网.文化和旅游部办公厅 国务院扶贫办综合司关于推进非遗扶贫就业工坊建设的通知（办非遗发〔2019〕166号）. https://www.ihchina.cn/Article/Index/detail?id=20475，发表时间2020年1月8日，浏览时间2023年2月20日。

是兼具典型性和前瞻性的个案,对其的跟踪分析既为更多手工艺传承人及相关从业者提供参考,同时也对传统文化传承与创新的关系这一命题给出现实的答案。

与此同时,个案关注的土布纺织技艺就隶属于传统棉纺织这一遍布全球的传统手工业类型,是世界不同地区和民族的人们生活方式的典型缩影和常见载体,易于理解、对比与借鉴。比如,中亚地区的传统纺织品就十分常见且用途广泛,从标志着成年礼仪的物品到日常服装再到家居实用物品,无论是游牧民族还是定居民族都创造了与他们生活方式密切相关的纺织品。[①]下面将通过传统纺织技艺这一具体个案的观察与分析,窥探传统手工艺当下存续的实际状况,将个案给予的现实经验进行梳理与概括,以期为更广泛地域、相类似行业提供借鉴。

二、传统手工艺相关文献综述

(一)传统手工艺

传统手工艺是联合国教科文组织《公约》中的非遗五大门类之一,中国非遗代表性项目名录体系则按照"十分法"分类,其中的传统技艺类、传统美术类应主要隶属于公约的传统手工艺门类。

关于传统手工艺在当代的功能问题,邱春林认为:振兴传统手工艺,必须让它回归民生日用,商品生产和文化生产不能偏废,实用功能和审美功能必须并举;[②]古老的技艺可以与创意结合,手工艺品可以在功能上进行拓展,可以在形式风格上呈现多样化,但"核心技艺"不能轻易丢失。[③]陈岸瑛认为:相较于纯艺术创作,手工作坊的产品能直接进入日常生活,兼具审美价值和实用功能,而手艺人的劳动也成为实现人生价值的"艺术化劳动",精神生产与物质生产取得了和解。[④]刘华年也提出:

[①] Meller, & Kushner, R, *Silk and cotton: textiles from the Central Asia that was*. Abrams, 2013, p.1.

[②] 邱春林.20世纪传统手工艺留下的"遗产"[J].美术观察,2016(4)13-15.

[③] "核心技艺":也被称为"典型要素""典型技艺",是决定某项手工艺的特色以及形成人文价值的技艺。(参见:邱春林.守住"核心技艺"——以大理白族扎染为例谈传统手工艺的生产性方式保护[J].美术观察,2009(7):11-13.

[④] 陈岸瑛.艺术与劳动的和解——兼论中国传统工艺的未来[J].美术观察,2020(5):11-13.

对于原先具有实用性的手工艺而言，可以改变其原有功能，在核心技艺的基础上加入现代审美成分，以满足新的市场需要。① 可见，传统手工艺在当代的存续需要兼顾实用与审美功能，而与创意、市场等当代属性的结合则有利于手工艺价值的维系与凸显。

就传统手工艺的存续，邱春林认为：传统手工艺的"文化原生态"只存在于理论的空间，因而手艺人对生存权、发展权的合理诉求应当得到充分尊重。② 张礼敏也认为：要尊重和正视传统手工艺的商业属性与现代文化创意潜力，允许并助推其适应现代审美需求和生活需要的自洽性转变。③ 关于传统手工艺的发展，邱春林认为：亟待提升手工艺的文化服务能力，包括个性化定制能力、柔性化生产意识、创意设计能力、通过好产品传达工匠精神的能力、打造文化体验园区的综合能力。④ 陈岸瑛则提出需要重点培养三类人才：传统工艺青年传承人、传统工艺批评和策划青年人才、传统工艺设计创新青年人才。⑤ 此外，张娜提出要发展手工艺审美创意经济，打造体验型手工艺文化产业。⑥ 可见，传统手工艺在当代的存续一定程度上依赖于其适应性与转变的能力，而与现代审美、消费特点的相向而行是谋求可持续发展的关键。

（二）土布纺织技艺

中国业已建立国家级、省级、市级和县级四级非物质文化遗产代表性项目和代表性传承人名录体系。在国家级项目名录中有多批次、多个非遗项目与土布纺织技艺相关。"土布"一词主要流传于我国广大农村，是指在近代机械化大生产之前，以棉花为原料、用简单的手工机械织造的布。⑦ 在非遗名录体系中，传统棉纺织技艺被确立为包括土布在内的多

---

① 刘华年. 生产性保护理念下传统手工艺生产的固守与通变 [J]. 民族艺术，2014（5）：128-132.

② 廖明君，邱春林. 中国传统手工艺的现代变迁——邱春林博士访谈录 [J]. 民族艺术，2010（2）：17-24.

③ 张礼敏. 自洽衍变："非遗"理性商业化的必然性分析——以传统手工艺为例 [J]. 民俗研究，2014（2）：66-74.

④ 邱春林. 手工艺承载的文化传统 [J]. 艺术评论，2017（10）：30-33.

⑤ 陈岸瑛. 时代转折中的非遗传承与传统复兴 [J]. 装饰，2016（12）：16-20.

⑥ 张娜. 后工业时代手工艺文化的审美重构及其实践路径 [J]. 江苏社会科学，2020，312（5）：159-168.

⑦ 周丽静，王宏付. 南通色织土布与鲁锦图案的比较分析 [J]. 纺织科技进展，2010（2）：81-84.

个同类项目的上位名称。本研究对列入国家级的相关项目进行了简单梳理：在第二批国家级非遗项目名录中，传统棉纺织技艺已入选其中，河北省魏县、河北省肥乡县以及新疆维吾尔自治区伽师县等三地为该批次项目的保护地区，魏县、肥乡县为汉族传统纺织技术工艺，其中肥乡县传承的是织字土布工艺，①而伽师县传承的是维吾尔族传统手工棉纺织技艺。在第三批国家级项目名录中，江苏省南通色织土布技艺、浙江省余姚土布制作技艺以及新疆维吾尔自治区维吾尔族帕拉孜纺织技艺入选。在第四批国家级项目名录中，河北省威县土布纺织技艺、四川省傈僳族火草织布技艺入选。在第五批名录中，山西省惠畅土布制作技艺、湖北省枣阳粗布制作技艺入选。此外，民族、民间传统服饰这类非遗项目也与服饰主要原料之一——土布息息相关；而传统刺绣技艺、挑花技艺等手工艺的用料之一也是土布；有些纺织品虽然没有以"土布"冠名，但实际上就是特定地区的土布织造技艺，比如山东省的鲁锦。

可见，在中国，汉族的织布传统遍布全国各地，土布纺织技艺在各产棉区均有传承；许多少数民族也拥有悠久的织布传统，创造了具有本民族特色的织布图样、原料、技法等。本研究个案所在的浙江省，历史上自然条件相对优越，因此经济社会文化等发展水平较高，土布纺织技艺也相对发达；尤其在改革开放以前的部分浙江乡村地区，家庭织布十分普遍，且在生活日用功能之外也展现了所在地区及个人的精神与审美追求。

三、个案浙江土布纺织技艺及传承人概况

（一）传承人及其传承谱系

本个案研究的对象是浙江土布纺织技艺代表性传承人郑芬兰，她是第五批入选的浙江省级代表性传承人。郑芬兰是浙江省金华市磐安县人，出生于农村手工艺原生传承环境之中，在其幼年时期家庭织布是一种自给自足的行为，家庭成员都穿着、使用自制纺织品；与此同时，郑芬兰的出生地与同样隶属于金华市的义乌较近，义乌是全球最大的小商品集

---

① 织字土布：织造时把书法样模贴在织布机卷布轴下，透过经线可以看到字体样模，按字体串梭便可织出相应的字样。

散中心，可能因为地缘优势，郑芬兰成年后即进入城市商品贸易环境之中，曾从事服装加工等行业，后又过渡到传统手工艺相关的产业，创立了"小巷三寻"这一品牌。

在访谈中了解到，20世纪80—90年代，郑芬兰所在的乡村迅速城镇化，在家庭致富、改善居住环境等过程中，其家庭成员有意识地完整保留了传统手工纺织工具，这为手工织布技艺在郑家的恢复和传承奠定了基础；21世纪初，郑芬兰受到非物质文化遗产保护浪潮的直接影响，开始萌生回归土布纺织技艺相关传承实践的自觉意识，并带动家人等恢复乡村手工艺相关生活、生产活动，有了后续的一系列营利性与公益性实践行为。根据郑的口述，其家庭传承谱系如图6.2.1所示，具体发展过程将在下文中详细梳理。

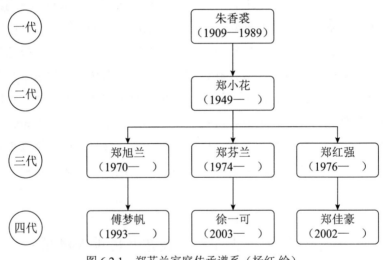

图 6.2.1　郑芬兰家庭传承谱系（杨红 绘）

（二）手工艺传承的象征物——梭

历史上，土布纺织几乎遍布中国各地，尤其是在大大小小的产棉区均有普遍且稳定的家庭传承；现代棉纺织工业的发展使得越来越少的家庭维系自给自足的织布传统；在当代，市场上销售的土布多为机械化生产，极少数手工制作的也是厂家或乡村合作社集体、派单等方式生产的。本个案研究对象郑芬兰在各个时期也并不以土布纺织作为谋生方式，她在从事其他职业之余主要是个人爱好驱动，谋求在传统土布纺织技艺的传承上有所作为。除了前文所述的完整保留家庭纺织工具之外，她还自主自发萌生了一种传承行为——收藏纺织手工艺的核心工具——梭。旨在通过收藏、展示不同地域、民族、个体使用的梭及其所附着的文化意义，丰富土布纺织技艺这项日用手工艺的精神内涵与社会价值，这也为其开办私人博物馆展示手工艺文化、讲述手工艺故事奠定了基础。

梭，又名纺梭，国外文献中也称为引纬器，是纺织工具之一。人们通常先将经线移至织布机上，再将纬线缠在梭子上，将连着纬线的梭子在经线间垂直地来回穿梭，每来回一次需用木条使纬线靠紧，不断重复完成整个织布过程。比如，前文所述入选第二批国家级非遗项目名录的河北省魏县传统纺织技艺，就可织造条格、花纹等200余种样式，工序繁杂，而其关键工序就是经纬色线的设计排列和缯的确定，缯有二页缯、三页缯、页缯三种，二页缯用单梭能织出白布和条纹布，经纬色线的有序排列则能织出多样的方格布。[1] 除了织布，织丝、织锦、缂丝等传统工艺也使用梭。比如杭州织锦有盘梭法、抛梭法等特色工艺技法；南京云锦则使用传统的大花楼木织机，织手要掌握手甩梭管等特殊技法；苏州缂丝则主要使用木机及若干竹制的梭子和拨子，通过"通经断纬"方式缂织。

收藏全国各地纺织所用的"梭"这种工具的行为在非遗传承人群中并不常见，这类收藏无法为郑芬兰带来经济收益，据了解经常还是有偿收集的情况；绝大多数的梭也并没有收藏价值，外观常见、材质普通且有些因为常年使用而磨损严重。因而，笔者就此问题进行了访谈：

问题1："梭子用得好，布就织得快？"

郑芬兰："从某种意义上来说，梭其实只是织布的一个纬线的工具，但是梭子材料及使用的好坏，决定了织布的快跟慢。所以，梭子它就是最基本的一种功能。"

问题2："收藏梭的初衷是什么？"

郑芬兰："我收藏梭子不是因为我要去收藏一个所谓的古董，是因为最初有这么一段经历：2002年，我在贵州兴义徒步时遇见了一位布依族老妈妈。因为我小时候也织布，所以在昏暗的油灯下看着她织布，让我想起了我的母亲。经过一段时间的相处，她把她使用的梭子给了我。其实她那把梭是舍不得给我的，因为是她的嫁妆。这把梭子是我收藏的第

---

[1] 中国非物质文化遗产网.传统棉纺织技艺. https://www.ihchina.cn/Article/Index/detail?id=14475，发表时间不详，浏览时间2023年2月20日。

一把梭,在我收藏的两万多把梭子里面这不一定是最美的一把,但可能是给了我最大感动的一把,从那以后我才开启了收梭之旅。"

问题3:"梭对于织土布的手艺人有什么特殊意义?"

郑芬兰:"随着时间的推移,我收着收着就发现每把梭背后承载着很多意义,包括它的材质,还有风俗人情,也包括梭子上面寄托着很多传统文化,也包括一些特殊工艺,比如有些梭是用大漆工艺做的,也有些是用木头,还有因地制宜的智慧。梭的材质、大小都不一样。我后来才发现,它不仅仅是一把织布的梭。所以我开始不停地收藏,这是原因之一。另外一个原因,也是为了完成我当初对那位布依族老妈妈的承诺,我把她的嫁妆都拿来了,就要把她手艺的故事发扬光大。"①

通过访谈可了解到,郑芬兰的收藏行为始于她与收藏的第一把梭的主人——布依族老妈妈之间的相识与互动,而后收藏梭成为她一个持续的兴趣所在;她将梭视为所持有手工艺的标志物,并期望与其他同类型手工艺持有者通过收藏行为产生互动,通过所收藏的梭留存与之相关的故事与文化背景。在郑芬兰开办的私人博物馆中就展示了她收藏的部分梭子,并通过文字、图片、讲解等方式向参观者传递了在她之外更多人与纺织手工艺之间的故事。比如,传梭博物馆中最古老的梭子是一把传承了七代(最早可追溯至1845年),由苗族老人龙老香赠送的纺梭。它曾经是龙老香老人的生存工具,她用这把梭子织布,再换取钱粮,贴补家用。郑芬兰认为,虽然这把梭已满是蛀孔,几近腐朽,但它作为手艺的载体代代相传,象征着手艺的生生不息,因此把它称为"生命之梭"。② 传梭博物馆中还有一把有刻字的梭子,这是云南文山的一位壮族奶奶赠予郑芬兰的,上面刻有一句话"亲爱的亲友好"。在当地村寨,恋人们有赠梭的传统,这把梭子就是壮族奶奶少女时收到的一把寄托相思之情的纺梭。③ 此外,"黎锦打纬刀"则是一把由黎族传统纺染织绣技艺传承人张潮瑛所赠的纺梭。张潮瑛通过短视频、直播为黎锦合作社

---

① 被访谈人:郑芬兰,女,1974年出生,浙江省级土布纺织技艺代表性传承人;访谈人:杨红;访谈时间:2022年7月23日;访谈地点:传梭博物馆。
② "小巷三寻"公众号:《梭子的故事 | 生命之梭》,https://mp.weixin.qq.com/s/I-3ZV1s6D_SUY-pkUq1vHA,发表时间2022年11月23日,浏览时间2023年2月25日。
③ "小巷三寻"公众号. 梭子的故事 | 深入云南大山深处 寻访那一把遗落在深山中的"梭子". https://mp.weixin.qq.com/s/3PlUrxSJIWYpT2Q4Lvidgw,发表时间2020年12月3日,浏览时间2023年2月25日。

带来了百万订单,帮助海南白沙乡村振兴。郑芬兰将这把黎锦纺梭称为"希望之梭"。①

四、浙江土布纺织技艺传承人转型行为的三个阶段

(一)手工技能与个人爱好相结合的早期自发行为阶段

1990年,郑芬兰16岁,在母亲手把手传授下已完全掌握土布的纺织技艺。与此同时,郑芬兰所处的浙江农村也正在经历迅速城镇化的过程,郑家开始经商、逐渐富裕,身边的手工弹棉花、手工织布、打铁(铁器锻造)、打家具(家具制作)等日用手艺却在逐渐萎缩。手工业萎缩的过程与日用商品市场发展、居民消费习惯改变是同步发生的,因而到了21世纪初,仍旧存留的手工业商铺、作坊等主要集中在地方饮食等类型,而以谋生为目的的其他手工业都已萎缩、边缘化。在此期间,一些持有手工技艺的城乡居民转换了职业,虽然仍有一部分因为个人爱好等原因还在从事相关手艺,但更多的是与郑芬兰一样,将原先以维持生计、自给自足为主导的手艺传习行为转变为以兴趣爱好为主导的传习行为。

2004年8月,中国正式加入联合国教科文组织《保护非物质文化遗产公约》,随着非遗资源普查、非遗名录体系等各项非遗保护措施在全国范围的开展,非遗、非遗传承人逐渐被社会所认知,并随着国家层面保护力度的增加、社会层面认知认同程度的提升,传统手工艺又逐步开始升温,呈现出主流化、"文化"化等趋势。许多传统手工艺的持有者开始以非遗传承人的身份进入大众视野,特别是以日用为目的的传统技艺类非遗项目,原先并不与社会价值、文化价值、历史价值相关联,而在"非遗保护运动"②中,其价值属性被放大,社会关注度也随之提升。郑芬兰持有手工技能,又因个人爱好保留了手艺工具、从事了一些与手艺相关的传承活动,这使得其早期的自发行为融入了国家保护非遗、振兴传统工艺的主流叙事之中,顺利过渡到依靠传统手工艺盈利的行为阶段。

---

① "小巷三寻"公众号.梭子的故事 | 希望之梭.https://mp.weixin.qq.com/s/r69N8fF6YX7S8V9mmBLQXg,发表时间2022年11月23日,浏览时间2023年2月25日。
② 高丙中.中国的非物质文化遗产保护与文化革命的终结[J].开放时代,2013(5):143-152.

（二）开发手工艺相关产品与产业项目等营利性行为为主的阶段

2004年，郑芬兰创建"小巷三寻"品牌，公司名称"杭州小巷三寻手织布开发有限公司"，以手织布为原料生产加工童装等服饰，开始将手工织布技艺的传承与发扬作为自己的事业。此后，她通过"传帮带"方式带动家人、收徒从事土布纺织技艺这项手艺，包括家庭传承谱系中的郑红强、郑旭兰、傅梦帆等，使得更多人掌握了轧花、弹花、搓棉、纺线、络线、牵机、刷机、递综、穿杼、栓机、做穗、织布等一系列土布纺织技艺相关工序。此外，郑芬兰开始在一些乡村建立"手织布保护基地"，成立"手织布生产合作社"，采取"农户＋合作社"模式，引导更多持有技艺的村民在家进行手工纺织生产，其间有220余名村民从事手织布的生产。除了开办企业、合作社、带徒、带动村民从事土布纺织技艺之外，郑芬兰还投身于土布手工产品的交流推广、质量管理等工作，注册了"中国土布网"，制定了国内第一个手织布生产的企业标准，通过了浙江省质量监督局的相关认证。

随着居民生活水平的提高、消费观念的升级，郑芬兰以传统手工艺为核心开展的营利性行为也发生了一个重要转变——从生产销售手工产品转变为开发运营手工体验产品与服务项目。比如，中华传统文化是国民教育的重要内容，手工艺体验又是中小学劳动教育的优质载体，也日渐成为文化娱乐消费的新兴门类，郑芬兰开始以传统手工艺为内容开发、运营教育服务产品和文化消费项目，教育机构等成为手工艺体验的购买方；郑芬兰还针对乡村文化建设、乡村旅游开发等需求研发、运营手工艺体验产业项目，有的项目由政府主导引进，有的项目依靠资本运作落地，有的则是民间多方合作的结果，营利方式越加多元化，公益属性也得以凸显。比如，郑芬兰与相关高校合作研发、运营的"一亩棉田"研学产品，把土布纺织技艺带进了校园。"一亩棉田"还将非遗手工艺体验和自然劳动教育相结合，在校园中开辟一亩棉田，以二十四节气为时间轴，让学生们体验从种子播种，到棉花生长、摘取、织布、成品的整个过程。①

---

① "小巷三寻"公众号.女红的复兴｜春华秋实，岁物丰成——杭州市观成武林小学首届棉花丰收节. https://mp.weixin.qq.com/s/Y14Qt8GoKhHAIKCf24mPgQ，发表时间2020年9月29日，浏览时间2023年2月25日。

（三）建立私人博物馆、发展模式输出等公益性行为为主的阶段

2022年5月，郑芬兰在浙江省杭州市余杭区溪口村建立的"传梭博物馆"开馆，她将这一私人博物馆定性为展示纺梭历史、手工技艺、乡土文化的综合性乡村博物馆。博物馆通常是公益性的，而郑将该馆的功能予以拓展，定位为集市民休闲、游客参观、研学教育、手艺活化等多种功能为一体的"乡村会客厅"，将手工艺在地活化与乡村发展致富相结合。据郑解释，取名"传梭博物馆"，是因为"传梭"一词在她理解是手工技艺传习传承的意思。

博物馆有4个常设展厅和1个开放展厅，收藏并部分展出了郑芬兰寻访村落或他人捐赠的各类纺梭共计2.2万多件（组）；博物馆内有纺织技艺12道工序的演示，除此之外还展示了木雕、常山木龙榨、云南坡芽歌书、百丈竹编等其他传统手工技艺；博物馆还运用了艺术装置、场景复原、数字交互等方式，期望构建一个生活美学空间，让观众能够沉浸式感受与理解手工艺。实际上，国内外以纺织为主题的博物馆并不少见，但多为以纺织工业遗产保护为目的来展示场所形态，以老厂房、老住宅区为载体；郑芬兰创办的传梭博物馆则以手工织布的纺梭等工具、技艺流程等为展示内容，以乡村博物馆综合体为载体，与大多数纺织主题博物馆不同。

郑芬兰将"发展模式输出"作为公益性行为的落点。首先着眼于乡村与传统手工艺的联系，提出"手工的村落"这一发展理念，目的是保护不同村落各具特色的传统手工技艺，郑芬兰对此解释为"以手工的村落这个概念去撬动乡村，以小而精、小而特、小而美的特色产业推动乡村振兴"。比如，2017年，郑芬兰来到云南怒江傈僳族自治州的水沟头寨，遇到了75岁的八四妹正带着儿媳三百妞在院子里织麻，使用的是两根毛竹棍支起的一个老织布机。早些年，这里家家户户都种麻，种麻、织麻、穿麻是这个民族特有的标志，但由于手艺烦琐，现在的年轻人大多已无心学习这门老手艺。之后，郑芬兰带着设计师等十多次进入水沟头寨，还带来了产品订单，帮助她们传承老手艺的同时实现脱贫增收；傈僳族的妈妈们有了自己的织布工坊和独立品牌"三百妞"，帮助当地从国家级贫困村脱胎换骨，村民年收入从不到3000元跃升至两万元。又如，2019年，郑芬兰在西藏的那曲设立"浙藏非遗纺织工坊"，启动了

"牧女计划"。那曲平均海拔 4500 米以上,当地人主要从事农牧业,妇女大多从事手工编织工作,尽管当地九成以上的农村合作社与手工编织产业相关,但由于没有品牌,销路并不好。"牧女计划"就是给当地牧女带来培训和订单,学到手艺的同时把产品卖出去。当地 25 个镇 43 个村的近 200 名"牧民妈妈"参与其中,学会了使用新式织机,提高了编织效率,得以增加收入、改善了生活条件。

郑芬兰认为"人"是乡村发展振兴的核心,号召年轻人返乡是重要的手段,因而她在一些村子进行了"手艺让青年返乡"的一些尝试。具体访谈如下:郑芬兰:"我发现,不是村里人的手艺不行,而是他们不了解消费者特别是年轻人的审美和当下需求,所以一定要让年轻人回归,带领村里手艺的发展。我当初在几个村落帮助振兴手艺,第一步就是寻找当地的返乡年轻人,因为这些当地人最了解当地的本土文化,能够把本土的东西做得淋漓尽致。"①郑芬兰围绕"青年返乡"还发起了"乡信100"百名青年返乡培训计划。郑芬兰发现,她这些年付出巨大精力也只能帮助十来个村庄,所以希望培训能带动更多年轻人,通过输出她的经验,让返乡青年快速学会用手工艺相关产业发展自己的乡村。

"城乡联动"则是郑芬兰在传统手工艺振兴乡村的基础上策划的另一个公益性为主的发展理念。郑芬兰认为,通过在乡村打造"城乡联动综合体",手工艺人、企业家、艺术家等就有了"返乡"的落脚点,吸引他们回归乡村参与乡村建设。在传梭博物馆的两侧还建立了"乡野厨房""织宿"等食、宿多功能建筑,博物馆与其他功能建筑共同构成"传梭天地城乡联动综合体"。比如"织宿"是以住宿为载体、以手工艺产品和服务为特色的乡村民宿,将传统手工艺与乡村民宿相融合,可进行手工衍生产品的展示销售以及乡村旅游服务。乡村民宿被她设定为实现城乡联动的一种载体,郑芬兰对"织宿"进行了设计,使得民宿每个房间内的传统手艺产品、农产品都来源于该村落并可以销售,这样的模式使得以住宿服务为主要功能的乡村民宿也成为手工村落自给自足产业链的一环。

实际上,这些公益性为主的行为是郑芬兰在上一阶段营利性实践积累经验的外化与输出,通过带头人培训等方式输出发展模式,将传统手

---

① 被访谈人:郑芬兰,女,1974 年生,浙江省级土布纺织技艺代表性传承人;访谈人:杨红;访谈时间:2022 年 7 月 23 日;访谈地点:传梭博物馆。

工艺的多元功能转变为乡村振兴的可见要素。目前，进入这一行为阶段并且取得较多成效的传统手工艺传承人还比较少，因而本个案具有较强的代表性；但此类行为也并非特例，近年来，中国各地都出现了类似的传统手工艺带头人，相关经验值得交流互鉴。

五、传统手工艺可持续发展的案例经验

（一）传承观念的当代化：从自我认同到自主扩展手艺传承的价值

随着时代的变迁，公众对传统手工艺的认知与需求是动态变化的，与此同时，手工艺传承人自身对手艺的自我认同、价值认知也是多层次且动态变化的。生计来源、审美表达、从业信仰、文化身份、社会身份、个人价值体现……都可能成为从业者、爱好者传承手工艺的诉求，多种诉求交织成为传承实践的动力来源；且诉求会随着社会与个人的发展而调整，通常会遵循从满足低层次需求向追求高层次需求的客观规律，这也体现了传承人的主观能动性和实践潜力。本个案中的行为转变过程即体现了传承人对手艺传承行为诉求的变化过程，也表明了其对手艺价值认知的不断提升与扩展。

手艺传承的价值可通过与当代社会经济发展的相关趋势相结合实现扩展。比如，在乡村脱贫致富与振兴发展中发挥手工艺与乡村社会相契合的特点。传统手工艺在乡村的存续状况通常要优于城市，不少农村居民仍旧持有一定的手艺，也可通过培训等手段帮助农村妇女、老人、残疾人等掌握手艺并成为其主要职业或增收副业，服务乡村振兴。个案研究中，郑芬兰实践的"手工的村落""城乡联动"等理念都在恢复和加深手工艺与村落的链接，让手工艺成为乡村可输出的特色文化资源及乡村旅游吸引物。而"乡信100"等实践项目则在促进乡村手工艺等产业振兴所需的人才资源输入乡村，培育并发挥带头人的关键性作用，实现乡村手工艺发展模式的复制与输出。

（二）传统手工艺功能转型与消费模式的可持续性

相较于以审美为主的传统手工艺项目，以日用为主的项目在当代更需通过功能转型来实现手工价值的重塑及变现。首先，需通过大众消费

观念的自主更新和社会舆论的辅助引导，提升对手工制品价值的认同及意义的认知。让传统手工艺承载价值当代化、多元化，比如，将手工艺原材料、制作过程的绿色低碳、生态环保属性予以传递，有助于手工艺实物类产品的增值。在此过程中，传承人是手工价值塑造与传播的重要个体力量，也是手工价值保护与再创造的核心力量，需要学会运用现代社会工具对所持有手工艺独创性内容进行保护与运营。

其次是消费模式的更新，挖掘手工过程的附加值，将之与现代消费习惯相同步。如利用"产消合一"的消费模式开发手工艺体验产品、研学体验项目、体验消费场所等，传承人通过手工教学、引导体验等获得经济收益，并通过输出体验乐趣、学习兴趣扩展手工艺爱好者群体，促进兴趣导向的传承实践。本个案中，郑芬兰的土布纺织技艺就从最初以土布服装产品作为盈利渠道，转向以相关技艺体验为内容的研学、教育及休闲消费服务类产品，继而又在乡村旅游开发、乡村经济发展中实现了功能转型落地。实际上，案例中的传梭博物馆以新型文化空间的形态出现在乡村之中，也迎合了乡村社区文化空间建构的需求，而这类空间的功能往往又是多元且主客共享的。

最后，传统手工艺可通过满足不同行业发展中相关的新生需求，谋求功能转型与可持续发展。比如，当前教育改革中萌生的"刚需"——劳动教育、传统文化教育，传统手工艺可锻炼学生的身心参与、创新创造能力，又是中华传统文化的组成部分，在趣味性的传统手工艺体验中就可了解相关传统文化知识；旅游发展中萌生的"刚需"——旅游体验，传统手工艺体验可增加旅游体验的参与性和个性化，可在娱乐、审美、教育等多个维度满足游客体验需求。

（三）基于传统手工艺当代发展阶段的宏观保护措施

不同地区，由于经济社会发展水平存在差异，因此精神需求、消费水平等就会存在较大差别，这使得同一类传统手工艺在当代中国不同地区的存续与发展状况也会不同，需要通过对保护、振兴措施侧重的微调确保措施的适用性。首先，从非遗保护措施的维度来看，确认、立档、研究、保存、保护等是需要投入资金、人力等的基础性措施，在多数传统手工艺的现状还不佳、需要被抢救与保护的地区，保障这些基础性措施的实施是现阶段的重点。从文化资源的角度来说，现阶段的保存与保护就是在最大限度留存文化资源，为这些手工艺在当代与未来的存续、自身造血能力的产生保留可能性，也为该地区经济社会发展保留了更多在地化资源；而在经济发达地区，文化资源仍旧需要持续开展挖掘，鼓励合理恢复地域文化标志物及生活文化特色。其次，从传统工艺振兴措施的维度，可通过与商业、旅游、教育等各行业的合作，协同促进传统手工艺的实体产品、体验类服务产品、研学教育产品等进入这些行业，在传统手工艺功能转型初期阶段给予更多营利渠道与措施支持。最后，从非遗保护的宣传、弘扬、振兴等措施出发，充分认识到传承人对所持有的手工技艺开展价值传播能力的差异。社会学家提出的"科林格里奇困境"[①]在传统手工艺这一细分领域同样适用，遗产持有者传播能力的差异也导致所传承手工艺项目存续能力的差距正在扩大。因而应鼓励外来力量和良性资本的扶助与介入，让更多传统手工艺项目有机会进入当代主流发展轨道，进而反哺保护。

六、传统手工艺应主动谋求转型发展

在对中国浙江地区土布纺织技艺传承人个案研究过程中，从存续基础、价值标准到社会功能，传统手工艺都在经历着"变化"，关注并研究这一"变化"的意义并不亚于文化事像本体的研究。通过对个案传承人行为发展过程的梳理发现，尽管中国开展非遗保护与传统工艺振兴的时间不长，但传承人个体实践的轨迹已然形成多个阶段，从早期自发或偶发的传承行为，到各类以传统手工艺为内容的营利性探索，再到较为突出的带头人行为、公益性行为阶段，已然积累了不少实践经验值得分析和归纳。

改革开放以来，中国经济社会高速发展带给传统手工艺等文化事象诸多挑战，但也随之带来新的机遇。事实上，无论发展速度如何，文化传统原有生态的改变已是一种必然趋势，谋求传承环境封闭、社会关系稳定之下的存续并不现实，寻求价值拓展以及功能转型继而实现可持续保护应是可行路径，本个案即是主动谋求转型发展，使得该项手工艺焕发生命力的典型案例。

---

① 科林格里奇困境：当变革是容易的时候，对变革的需求难以察觉。当变革的必要性显现时，变革已经变得昂贵、困难且费时。（Collingridge, 1980）

第三节　绍兴非遗客厅：非遗与城市融合的新据点

2019 年 8 月，国务院办公厅发布《国务院办公厅关于进一步激发文化和旅游消费潜力的意见》，提出要推进消费试点示范，鼓励建设集合文创商店、特色书店、小剧场、文化娱乐场所等多种业态的消费集聚地。如今，越来越多的人抛弃景点打卡的旅游方式，选择深度体验之旅，非物质文化遗产成为备受青睐的旅游资源，非遗和旅游融合成为必然。与此同时，城市需要为旅游者拓展新的文化消费场景，让他们更好地体验当地文化。如何在非遗为旅游赋能的同时，让非遗成为触手可及的消费新风尚？绍兴非遗客厅给出了一份与众不同的答案。绍兴非遗客厅由绍兴市文化广电旅游局、绍兴市非物质文化遗产保护中心与越红茶叶博物馆联合打造，依托绍兴古城的文化旅游资源，融合近 30 项绍兴优秀非遗资源，为本地居民和外地游客提供了一个文化体验和休闲消费的综合性场所。

一、嵌入商业场景，展现城市印记

在全域旅游的背景下，旅游者在市井之中感受城市文化的需求越发凸显，相较于走马观花的打卡式游览，游客更希望在休闲消费中获得多样化的文化艺术深度体验，因此，城市要注重增加有品质的旅游公共空间和公共文化，以打造有品质的旅游目的地和促进游客停留和消费的整体氛围①。将作为文化综合体的文化客厅嵌入商业场景和旅游场景，既满足了旅游者的情感需求，又为城市文化的宣传和推广提供了合适的空间和场所。

绍兴非遗客厅所在的绍兴古城迎恩门风情水街是绍兴新崛起的一个商业中心，规划之初便以"时尚购物 + 古城文化 + 旅游体验"为核心，建设有一个商业综合体和两条滨河商业街。绍兴非遗客厅临河而立，由非遗集市和四大主题活动组成，为来到该地的市民和游客提供了一个参观和休憩的场所，也为绍兴文化展演和文化产品销售提供了一个综合性的平台。作为迎恩门风情水街的重要商户，绍兴非遗客厅以高品质的空

---
① 马凌. 旅游中的文化生产与文化消费 [J]. 旅游学刊，2020，35（3）：9-11.

间营造和独特的文化品牌,为丰富该商业中心场景业态、提升人们的空间体验感作出了应有的贡献,成为水街的点睛之处。

"客厅"是一户人家的门面,具有高辨识度和个性化的文化内涵,城市文化客厅亦是一个城市的门面,反映了当地居民的生活态度,具有鲜明的城市气质。古老的绍兴传统文化以年轻、潮流、时尚的方式植入绍兴非遗客厅中,例如传统制茶技艺制成的茶叶化身年轻人喜爱的茶饮和甜品,外形古朴的花雕酒坛上绘有阿Q的卡通形象,无论是展销产品还是产品附带的文化元素,所见之物,无不绍兴,凸显了绍兴非遗客厅的在地化特征。"客厅"也是迎接宾客的首要对外场所,承载着主人日常生活的点滴,城市文化客厅发挥着导览地方资源的作用,为旅游者制造了融入当地生活的开端。游客可以在绍兴非遗客厅了解到颇具地方特色的绍兴曲艺,在乌篷船里窥见江南水乡的文化风韵。对当地非遗保护和旅游发展而言,绍兴非遗客厅具有资源导览功能,近30项绍兴优秀非遗资源聚集在此,有利于连接全域看点,为全市的非遗传承人提供产品展销的渠道,将顾客引流至绍兴全域,在此基础上合理布局文化客厅,可产生满盘皆活的带动效应。

二、拓展空间功能,提升场所人气

如今的城市文化客厅已从单一功能的公共文化空间升级为多种功能组合的文化综合体,运营者需要结合居民、游客的需求和文化消费习惯,拓展空间功能,打造复合型文化消费场所。绍兴非遗客厅为非遗保护提供空间载体,在"茶馆+剧场"的固定空间基础上进行业态延伸,共设有"迎恩书场,越音悠扬""非遗空间,越艺巧作""茶道美学,越红演绎""非遗研学,越魂传承"四大主题空间和"绍兴文化旅游咨询服务点",集产品展卖、研学基地、教育培训、旅游咨询等文商旅功能为一体,以吸引商流和客流。开业后,平日每天有150人次客流量,当日承接研学团队、技能培训时则会更高一些。

多元化的空间功能和现代化的空间设计可以提高场所吸引力和人气值,这种吸引力又能促进消费,以高口碑带动新客源,实现良性循环。以绍兴非遗客厅内的"迎恩书场,越音悠扬"为例,该空间仿造绍兴传统书场而建,既可以作为绍兴优秀地方戏曲的演出场所,又能开展研学活动和教育培训，平日里也能为游客休憩品茶提供歇脚之处，该空间的高利用率有利于吸引戏迷、茶友、普通市民、外地游客等，以提升整体的聚客能力。

三、鼓励社会参与，以先富带后富

在非遗保护和公共文化领域，政府部门已不再是唯一参与主体，社会参与已经成为一种常态和共识，个人、法人、政府都可以是非遗保护利用设施的建设主体。绍兴非遗客厅采用政府引导和民间资本市场化独立运营相结合的方式，由绍兴市文化广电旅游局、绍兴市非物质文化遗产保护中心引导，越红茶叶博物馆开办。鼓励居民、企业、社会组织、专家学者等多元主体参与文化事业建设，有利于实现资源的高效配置，贴近市场需求，提升建设效率和质量。

由于非遗项目保护单位发展状况差异大，搭建绍兴非遗客厅这一综合性平台，旨在先富带后富，由效益好的主体承担带头人职能，促进全域非遗项目的保护和发展。越红茶叶博物馆是一家基于"越红工夫茶"制作技艺，由绍兴越江茶业有限公司投资建设的非国有博物馆，作为绍兴市级非遗项目越红工夫茶制作技艺的保护单位，越红的经营理念和经营状况均位于全市前列，有足够的资金和能力支撑非遗客厅的建设和运营。以越红为核心，引入绍兴铜雕、嵊州竹编、越窑青瓷、王星记扇、会稽铜镜等全域非遗项目，一方面，可以为该场所提供丰富多样的文化资源；另一方面，可以为其他非遗项目的传承人或保护单位提供优质的售卖窗口和平台，形成互利共赢的局面。

调研中，绍兴市文化广电旅游局负责人谈道："不断活化利用和传承文化遗产，才能让'文化遗产消费'更好地融入日常生活场景，才能让非遗源于百姓生活又造福于百姓生活。"绍兴非遗客厅就是非遗消费融入人们日常生活的一个典范，也是非遗与旅游融合的新据点。

第七章　非物质文化遗产的文旅融合场景

第一节　旅游，为非遗增添保护与发展的动力

继 2022 年 11 月底"中国传统制茶技艺及其相关习俗"列入联合国教科文组织非物质文化遗产名录（名册）后，我国已有 43 个人类非遗代表作项目，位居世界第一。从 2008 年首批列入的昆曲、古琴艺术，到近年来新列入的二十四节气、太极拳、制茶技艺，中华民族创造的人类无形文化瑰宝蔚为大观。更可喜的是，当代中国人越来越珍视生活中的非遗，越来越懂得享受非遗带来的精神滋养、智慧启迪与审美体验，而旅游则成为人们与各地非遗相遇、体验别样生活文化的良机。

正因如此，近年来，非遗与旅游融合发展渐成趋势，各地各类非遗项目以传承人入驻、兼职，非遗作品开设展馆，非遗产品开设门店、合作代销等方式植入旅游景区、旅游街区、旅游小镇及乡村旅游之中，非遗研学旅游产品、体验消费产品、特色旅游线路等也逐渐开发成型、投入运营。融入旅游业已成为非遗实现创造性转化、创新性发展的重要渠道和动力。前文中，非遗的舞台表演、商业活动等也都与旅游业产生不少交集。

一、传统手工艺成为热门旅游产品

品尝特色美食、购买当地特产是大众旅游不可或缺的组成部分，而越来越多的游客通过寻找"非物质文化遗产"这一金字招牌确认店铺所售商品是否当地特有、手艺地道。这一现象的背后是大众对非遗的地域性、独特性等特征的认知与认可。传统手工艺类非遗制成品具有"该地特有、区别其他"的材质、工艺、外观及文化内涵，比如特色手工艺品、地方特产食品等，已然成为"过了这村没这店"的特色旅游商品。开发好非遗旅游商品，可达到提升购物体验、推广地方文化的双重作用。但

近年来，不少地方出现了无良商家打着非遗旗号冒充手工制作、以次充好等现象，亟待加强对非遗相关标牌的监管。浙江省绍兴市2021年就专门出台了地方标准《非遗形象门店管理规范》，通过对非遗门店进行规范化管理与品牌化包装，给予当地出售非遗商品的店铺统一标识，一定程度上保护非遗商品及品牌在市场化运作中免受侵权。

值得关注的是，传统手工艺等非遗体验成为旅游市场的一类新兴产品，以观看、体验传统制作工艺流程为主要内容的"观光工厂"类旅游景点、景区不断增多，成为地方旅游及相关产业的热门业态，也成为非遗工坊等传习场所扩展旅游观光功能的重要方式。一些具备基础条件的传统技艺类、中医药类、工艺美术类非遗项目保护单位将制作工坊、生产场所等升级为兼具制作生产、观光体验、展示售卖功能的非遗主题观光工厂。这一类旅游景点让非遗生产性保护与"体验经济"挂钩，将非遗的独特工艺流程、手工制作场景、特色生产风貌等转化为新型旅游吸引物，用家喻户晓的老字号品牌、耳熟能详的地方特色产品等吸引兴趣人群，通过观光工厂实现文化传播和产品营销的有机整合。

将手工艺相关传统知识、材料科学、审美观念等整合融入旅游体验全过程，是当前一些传统手工艺旅游产品的核心开发思路。2022年5月，土布纺织技艺浙江省级传承人郑芬兰在杭州市余杭区的溪口村开办了一家名为"传梭博物馆"的乡村旅游综合体，在展示纺梭历史、手工技艺及乡土文化的同时，集中了市民休闲、游客参观、研学教育、手艺活化等多种功能。乡村旅游的核心要素——民宿、厨房、休闲体验项目等一应俱全，而其特色则是从建筑装饰、家居摆设、到生活日用、饮食供应都出自乡村手艺，处处体现着与传统手工艺的创意融合。

二、传统表演艺术融入当代旅游场景

近年来，地方特色演艺已成为重要的旅游吸引物，而在早期民族文化旅游中，看表演就是经常出现的观光环节。各地都有地域代表性的民乐民歌、舞蹈杂技、戏曲曲艺等传统表演艺术，这些大多都隶属于非物质文化遗产范畴，是游客感受风土人情、欣赏多元文化的生动载体，也是旅游演艺及景区景点演出项目的核心内容。四川省达州市的巴山大峡谷景区就把国家级非遗项目土家族薅草锣鼓、土家族摆手舞、巴人钱棍舞、土家山歌等有机融入景区及小镇各处，让游客获得民族民间风情浓郁、参与感获得感充盈的旅游体验，同时也让这些非遗项目从只有少数传承人会唱会跳变为一大波乡镇居民会唱会跳、每天唱跳，传承状况越来越好。当地居民万代维感慨道："巴山大峡谷从山区发展为景区，最大的变化是文化生活。人人唱起了巴山歌，跳起了巴人舞、钱棍舞，穿上了巴人服，既活跃了当地人的文化生活，又让游客参与体验，对巴文化也是一个很好的传承。"从这些年的调研中看到，各地越来越多非遗表演项目巧妙地融入景区景点，水乡看社戏，山乡听山歌，实现了人文资源与无形服务的同步提升，使得游客从单纯性的观光游行为升级为多元化的休闲体验游。

表演艺术及口头传统是非遗的重要类型，也是各地发展旅游业的核心文化资源。文化资源在转化为旅游产品与服务过程中，不可避免地需要基于游客体验进行适度改编与再创作，兼顾真实性与体验感。过去，不少学者对非遗表演融入旅游表达了诸多担忧，担心扭曲了文化内核，害怕简化后的旅游表演替代社区原有传承样式。实际上，国内外都有不少案例表明：当地社区能够在掌握传统表演艺术知识的同时又适应不断变化的社会经济环境，以分型发展的方式兼顾社区传承与旅游表演。

三、文化体验产品丰富文旅消费内涵

当代人的旅游需求正在经历不断细分的过程，深度文化体验游、研学游、农业旅游、生态旅游、美食旅游等子产品方兴未艾，文化实践、知识体系等非遗门类则成为支撑特定地区开发这类专业旅游产品的核心资源。比如，二十四节气是中国人创造且世代受益的时间知识体系及文化实践，年年岁岁强化着人与自然的互动，也密切着人与人的连接。近年来，二十四节气主题的休闲体验、研学旅游产品成为热门。在浙江省温州市文成县葛洋村的"十亩之间"民宿院坝里，孩子们围着一口大锅，在体验指导师的讲解下制作芥菜饭，冒着热气，香味扑鼻，"雨水至，百谷生"的节气体验美好而难忘。这家2016年开办的民宿以节气民俗、传统工艺、农事体验为卖点，每年举办非遗体验活动150场以上，接待非遗研学体验1万人次以上，不久前还被评为浙江省非遗主题民宿。非遗民宿只是温州市非遗体验基地的一种类型，非遗小镇、非遗街区、非遗书院、非遗手工坊……不同类型的非遗体验基地已然覆盖温州市旅游产业链的各个环节,让当地人的假期变为一场文化体验,让游客们的温州之行多了一种"最温州"的选择。

尤其是在乡村振兴中,越来越多的乡村非遗传承人、手艺人借助旅游业获得可观收益,增加了就业机会,遏制了人员外流,增强了发展潜力,并且有效反哺了非遗的保护与传承。在近年来征集遴选的非遗与旅游融合发展优秀案例中就有不少非遗点亮乡村旅游的案例。比如,四川省崇州市的道明竹艺村就是传统工艺带动乡村振兴的典型代表,该村将国家级非遗代表性项目道明竹编这一资源禀赋有机融入乡村民居、景观与景点,使得当地乡村旅游特色鲜明,形成差异化优势。在道明竹艺村这个案例中,我们也看到文化引领乡村振兴的独特优势,在外来游客、创客与当地社区的互动中,乡村吸引力增强了,吸引和留住了"新乡贤",乡村社会文明程度也得到了显著提高。因而,将非遗与旅游融合,更为重要的是发挥旅游的文化传播和文化认同功能,赋予文旅消费特殊的意义。

非遗与旅游的融合,实质上就是非遗如何借助旅游业获取更多保护和发展的动力。在秉持文化尊重原则,警惕过度商业化,保障非遗传承人、手艺人及相关社区从旅游开发活动中切实受益等前提下,旅游业可在遗产保护中发挥重要的正向作用,非遗保护与旅游发展之间的关系显然是双赢且可持续的。

第二节 非物质文化遗产与旅游业关系的国际经验探析

一、非遗与旅游业关系研究背景

联合国教科文组织于2003年通过《公约》,无论是国际还是国内,有关非物质文化遗产概念的共识达成、大规模普及认知都始于《公约》。但实际上,"非遗"所指向的那些文化事项和艺术表现形式并不是新事物,表演艺术、手工艺、节庆活动……在人类社会中长期存续并不间断地发挥着不同的社会功能。因此,在人类社会出现旅行现象的最初阶段,非遗所涵盖的某些门类、事项就已然成为旅行的动机、吸引物,比如为参加特殊的节事活动而发生的旅行。

到了现当代，旅游业渐成一大经济产业，文化、艺术、遗产等的价值体系中增加了旅游价值、旅游开发价值这类指标，并开始作为一类旅游资源去看待。与此同时，在旅游业介入地方自然人文生态的过程中，虽然会发生许多负面问题，但也在协调矛盾冲突中谋求了不少解决之道，使得许多兼具旅游目的地功能的文化遗产地成为国际公认的遗产保护管理示范案例。围绕非遗与旅游业的关系，探索非遗相关旅游活动的正向意义、可持续旅游的可能性是本节研究的动机。

遗产旅游是近年来国际非遗相关研究的一个重点。有学者根据 Web of Science 数据库中已发表的两百余篇非遗相关论文情况，分析得出国际非遗研究主要集中在遗产保护、遗产空间、遗产管理、遗产政策和遗产国际化上的结论，而近年来的研究重点是创意遗产旅游、遗产保护与发展中的社区参与、遗产的真实性。[①] 而在国内，在非物质文化遗产概念进入中国后，一些旅游管理学者将民族旅游、民俗旅游等相关选题转向"非遗旅游"，开展了不少交叉研究；"文旅融合"政策实施后，非遗旅游又在一定程度上迎来了研究波峰。

非遗与旅游业的关系研究建构在文化旅游、遗产旅游、创意旅游等相关上位概念之上，不少国际学者基于这些概念开展的与非遗相关的应用研究及业界案例实践也是本书重要的参考来源。

二、非遗与旅游业关系研究的意义

（一）我国非遗保护进入新阶段，与旅游的融合发展亟待应用理论支撑

自 2004 年我国加入联合国教科文组织（UNESCO）《公约》以来，我国在履约方面成果显著。截至 2022 年 11 月，已有 43 个项目列入 UNESCO 人类非物质文化遗产代表作名录（名册），居世界第一。多位学者撰文表达同类观点：我国非遗保护进入了新阶段，将由注重"保护名录"转向注重"保护成效"，由政府主导的抢救性保护、有限扶持升级为系统性保护、能动发展。而其中的核心问题是正确认识文化遗产保

---

① Su Xin Wei, Li Xi and Kang Yan Xin, "A Bibliometric Analysis of Research on Intangible Cultural Heritage Using Cite Space", SAGE Open, 2019(9): 1-18.

护与社会经济发展的关系，应秉持"在保护中发展，在发展中保护"的理念，其中非遗与旅游的融合，实质上就是非遗如何借助旅游业获取更多保护和发展动力的问题。

旅游通过区域经济学中的"引致效应"，为非遗相关文化展示交流提供了平台，为非遗资源的合理开发利用提供载体，有利于促进文化遗产"有效保存—合理利用—反哺保护"的良性循环。非遗是中华优秀传统文化的重要组成部分，而实现创造性转化、创新性发展的重要渠道和动力就是旅游，非遗在与旅游的融合中实现从日渐式微的原有存续场景到各类当代场景的延伸。因此，我国非遗保护事业在与旅游的融合发展中亟须学术界对该命题的正向引导以及政府主管部门相应政策措施的出台，从而推动我国非遗保护事业在与旅游的融合发展中获得更多动力支撑。

（二）遗产保护与旅游发展的关系问题存在立场差异，需要辩证采纳

国际上，相关机构与学者看待遗产保护与旅游发展关系的角度和立场各异，需要梳理后辩证采纳并提供业内参考。有些学者主张在传承的基础上应适当发展非遗，保护非遗不能仅依靠政府的支持、传承人及社区的持续力，因为它们的优势有限，而旅游业是从遗产中产生经济价值的重要手段，可成为保护非遗的有效途径。借助旅游业可提高非遗开发和推广的力度，从而为传承人等利益相关者创造经济利益反哺非遗保护（Esfehani & Albrecht，2018）。① 一方面，非遗为旅游、创意产业提供了发展动力，在人力（知识、技术）和创意方面发挥着战略性作用，成为地区差异化竞争的重要优势；另一方面，文化创造力也是非遗延续发展的一种方式，古代文化与现代创造力的结合赋予了遗产传递其文化精髓的新的生命力，并为人们的精神生活提供了新的支持（Simeon & Martone，2014）。② 与此同时，要对旅游开发可能产生的负面影响进行预警和控制，发达国家需警惕的主要风险是遗产的商品化带来的真实性问

---

① Su Xin Wei, Li Xi and Kang Yan Xin, "A Bibliometric Analysis of Research on Intangible Cultural Heritage Using Cite Space", SAGE Open, 2019(9): 1-18.

② Maria Immacolata Simeon and Assunta Martone, "Relationships between Heritage, Intangible Capital and Cultural and Creative Industries in Italy: A Framework Analysis for Urban Regeneration and Territorial Development", Advanced Engineering Forum, 2014(11): 149-156.

题；发展中国家则面临着经济公平和可持续性问题（联合国世界旅游组织，2012）。①

其一，旅游业是经济社会发展的重要工具。当代社会文化旅游增长持续，如果管理得当，旅游业可为文化资源及其主体提供可持续发展机会。从早期的民族文化旅游到新近的非遗主题旅游，诸多案例表明：非遗相关主体借助旅游业获得可观收益并实现了对非遗的反哺保护，在增加就业机会、减轻贫困、遏制人员外流、增强身份认同和自觉意识、增强发展潜力等方面受益匪浅。

其二，非遗与旅游融合发展的现实意义已不再局限于商品化带来的经济利益，更重要的是关注旅游者主体与文化旅游的客体（旅游目的地、吸引物等）之间互动关系的价值，在互动中确认非遗在身份认同、精神效益层面的重要价值，旅游所形成的互动关系赋予文旅消费行为以特殊的意义。比如，非遗与旅游融合发展中的一项重要任务是维系传统公共文化空间、建构新型公共文化空间。作为"共同体象征"的公共文化空间，对于在地居民具有重要的文化认同、情感维系功能。城乡结构及生活方式的变迁使得原有的一些传统公共文化空间逐步退出历史舞台，借助旅游业，这些传统公共空间可以重获存续动力。也可以建构更多新型公共空间，兼顾外来游客和本地居民的现实需求，让人们感受到共同在场以及对所在城市、乡村的情感认同。

三、非遗与旅游业关系研究中的三对关系

"非遗与旅游融合发展"作为适用于当前国情和行业政策的提法，从学术层面来说主要是厘清非遗与旅游业的关系，从不同理论视角和分析层次归纳非遗旅游化利用的积极和消极因素，并寻求可有效解决现有问题的理论依据和管理工具。旅游人类学、旅游文化学等相关学科领域从历史回顾、个案分析等角度对非遗与旅游业的关系开展了一定的基础理论研究，不少相关学科学者也从区域个案角度进行了现实问题的探索。其中涉及的核心问题主要包括三个方面：

---

① Tomas Lopez-Guzman and Francisco Gonzalez Santa-Cruz, "International tourism and the UNESCO category of intangible cultural heritage", International Journal of Culture, Tourism and Hospitality Research, 2016 (10): 310-322.

（一）非遗保护与商业使用的关系

非遗保护与商业使用之间可能存在某种紧张关系。大量前序研究强调应注意旅游业及商品化对社会文化的负面影响，在全球化和地方性的互动过程中，非遗相关文化事项与艺术表现形式可能面临商品化和符号化，以及"去上下文化"或所有权等问题。如商业开发过程中可能存在的文化挪用以及"外来者"对本地非遗利用的影响等问题（Wanda George，2010；Walter，2009；Brown，2009；Silverman，2015）。[1] 在商品化过程中本土文化被转化和重构为消费产品，消费者价值体系代替长期存在的社区价值体系，这种消费者价值体系有可能带来营销叙述的不真实及文化资源的不当使用，从而导致本土文化的扭曲，破坏了社区文化的真实性（Wanda George，2010）。[2] 有不少学者开始寻求该矛盾的解决之道，如从非遗在旅游中运用的可适度、非遗旅游产品在旅游市场中的可及性两类影响因素着手，充分考虑哪类非遗适宜进行旅游开发以及旅游业和文化遗产保护之间可能存在的冲突，提出整合旅游规划和遗产保护规划以满足共创价值的利益相关者需求。同时也强调了社区参与旅游和文化遗产保护规划的重要性，居民感知是规划成功的重要因素，因此需提高社区居民等利益相关者的参与度，加强不同层次利益相关者（国家、区域组织、社区）之间的沟通，整合利益相关者意见（Esfehani&Albrecht，2019）。[3]

（二）非遗保护与旅游发展的关系

非遗保护与旅游业两者之间可建立互惠互利的关系。不少区域个案研究在试图证明遗产的资本化可促进其增值、振兴和保存（González，2008等），包括可带来可观的外汇和投资重振传统手工业（Hué，Viet Nam，2007），提高人们对其社会文化价值的认识，并为本地自豪感和

---

[1] Maria Katelieva, Andreas Muhar and Marianne Penker, "Nature-related knowledge as intangible cultural heritage: safeguarding and tourism utilization in Austria", Journal of Tourism and Cultural Change, 2020 (18): 673-689.

[2] E. Wanda George, "Intangible cultural heritage, ownership, copyrights, and tourism", International Journal of Culture, Tourism and Hospitality Research, 2010, 4 (4): 376-388.

[3] Esfehani M H and Albrecht J N, "Planning for Intangible Cultural Heritage in Tourism: Challenges and Implications", Journal of Hospitality & Tourism Research, 2019, 43(7): 109634801984078.

地方特色做出贡献（Ursache，2015），对国家、地区身份维系都至关重要（Palmer，1999）。① 同时不少学者也指出非遗与旅游融合是快速将遗产地转变为旅游目的地的重要方式之一，非遗对旅游业的发展有着多方面的积极影响。第一，丰富旅游目的地产品，吸引具有不同旅游动机的游客，为旅游利益相关者创造经济利益；第二，非遗当中包含着约定俗成的文化规则和社会规范，通过非遗对游客行为进行引导从而减少旅游活动对环境的负面影响，实现旅游的可持续发展（Esfehani & Albrecht，2018）。②

学者 Bob Mckercher 和 Hilary du Cros 认为缺乏长期规划和管理的旅游活动可能导致文化资源被过度使用、地方对旅游经济的过度依赖、旅游者行为不当引起文化冲突、旅游基础设施建设改变当地环境舒适性、受益者有限引发社区分裂、对文化财产失去控制、文化资产的实质性恶化七大风险，但发展旅游业也能够带来提供经济发展机遇、振兴当地传统文化、改善当地基础设施、提高旅游者对文化遗产的保护意识、加强当地的文化交流、实现文化资产的可持续发展六大好处。③ 虽然文化资产的旅游开发具有一定的风险，但建立在遏制过度商业化、合理规划旅游开发基础上的非遗与旅游融合发展则可持续地给当地带来就业机会和可观收益，减少人员外流，增强当地人的文化自信和身份认同，并通过旅游收入再度投资于非遗管理事业，从而助力国家及地区的非遗保护，促使非遗保护和旅游业两者之间形成互惠互利的关系。

（三）不同非遗门类及个案与旅游业的关系

依据不同非遗门类的特点，非遗与旅游业融合的切入点主要包括三个方面：其一，非遗融入与文化旅游相关的创意产业。传统手工艺类非遗与之相关度最高，对当地家庭经济水平提升明显，也是国家、外来企业等易于进行正向干预的非遗门类。如何将手工艺相关传统知识、材料

---

① Maria Katelieva, Andreas Muhar and Marianne Penker, "Nature-related knowledge as intangible cultural heritage: safeguarding and tourism utilization in Austria", Journal of Tourism and Cultural Change, 2020 (18): 673-689.

② Esfehani M H and Albrecht J N, "Roles of intangible cultural heritage in tourism in natural protected areas", Journal of heritage tourism, 2018, 13(1): 15-29.

③ [加] 鲍勃·麦克切尔，希拉里·迪克罗斯. 文化旅游与文化遗产管理 [M]. 朱路平，译. 天津：南开大学出版社，2005：67-68.

科学、审美观念等整合融入旅游体验项目，是有利于旅游可持续的重要类型。其二，文化旅游中的非遗相关表演艺术。表演艺术是非遗的重要类型，其中还包括口头传统等是当地社区发展旅游业的核心文化资源。非遗相关表演艺术融入旅游服务的具体方式（项目、活动等）表明了当地社区如何在掌握传统表演艺术知识的同时又适应不断变化的社会经济环境。其三，非遗成为专业文化旅游、生态旅游等不断增长的子行业。专门针对市场的专业文化旅游、农业旅游、生态旅游等细分行业为非遗提供充沛的发展潜力，如乡村生活体验、特定自然区域中的社区生活体验等，通过旅游去体验当地居民在该环境中世代相传的特殊遗产。

需从不同非遗门类和个案中寻求非遗与旅游业融合的合理策略。在国际层面，大量学者从个案或地区入手研究非遗与旅游的关系，归纳优势和瓶颈问题。如奥地利自然相关知识类非遗保护和旅游利用的案例揭示了旅游业如何利用当地知识类非遗，如让游客学习和体验当地的实践活动，通过体验活动跨越语言的障碍并让文化遗产更加"有形"，从而使当地非遗获得更多的关注，但也揭示了旅游活动会造成地区之间的竞争并引发所有权等问题，同时提出如非过度商品化且保持社区的主导和管理，则非遗的商品化被认为是积极的（Katelievat，Muhar，Penker，2019）。① 有学者在对西班牙科尔多瓦的非遗与可持续旅游进行个案研究后提出：应创建专用于非遗展览的景点或建筑设施，并结合不同的景点以吸引更多游客、创建与文化和娱乐相关的非遗类文化空间、利用原有旅游线路或创建新的路线、合理利用以促进节日和活动类非遗项目的振兴（Francisco & Tomás，2017）。② 此外，有学者以波兰博博瓦传统花边制作为例探讨旅游业与非遗尤其是传统手工艺之间的关系，分析其带来的积极和消极后果：认为旅游业在很大程度上剥夺了当地社区代表的代理权、决策权和创造力，即非遗的延续者被简化为表演者的角色，但更强调旅游业对促进传统手工业发展的积极作用，通过外界对传统花边制作技艺的关注和认同，提高传统手工艺者在社区当中的地位，营造社区传承的环境，从而形成传承手工艺的意识，这种意识不仅作用于保护体

---

① Maria Katelieva, Andreas Muhar and Marianne Penker, "Nature-related knowledge as intangible cultural heritage: safeguarding and tourism utilization in Austria", Journal of Tourism and Cultural Change, 2020 (18): 673-689.

② González Santa Cruz, F.; López-Guzmán, "Intangible Cultural Heritage and Sustainable Tourism in Córdoba, Spain", Preprints, 2017: 2017030063.

制的建设上,还作用于代际传承上(Machowska,2016)①;有学者对马六甲地区、中国等不同地区旅游与非遗关系的过往研究进行综述,根据过往的研究结果显示"文化遗产景点"比"一般景点"更具有吸引力,旅游和非遗之间形成了相互依赖的关系,并提出针对非遗的特性在旅游活动过程中应遵循以人为本和动态保护两项原则(Izzati,Rodzi & Zaki,2013)。②

需要注意的是,不少国外研究将非遗旅游纳入创意遗产旅游范畴,有学者专门研究非物质文化遗产可持续性的文化创意框架,通过构建5As(actor,artifact,action,audience,and affordance)文化创造力互动模型识别有助于维持非遗创造力的元素,并研究如何发挥创造力在维系世界遗产地非遗存续的工具作用,从而为行业从业者、政策制定者以及公众提供指导(Tan & Lim,2019)③,为非遗与旅游融合发展这一命题提供了新的思考角度。

四、国外处理非遗与旅游业关系的主要经验

依据上文中非遗与旅游业融合的三个切入点:以传统手工艺为主的非遗融入与文化旅游相关的创意产业、以表演艺术为主的非遗融入文化旅游,以及知识实践等地方非遗综合形成旅游新兴子行业等,笔者对国际上一些实践理论与案例进行如下梳理:

(一)非遗融入与文化旅游相关的创意产业

以传统手工艺为主的非遗项目通常以制成品售卖、衍生品开发、工艺体验等方式融入地方旅游及相关产业。例如,美国西南部新墨西哥州的圣达菲拥有丰富的手工艺和民间艺术资源,其中编织、陶器、珠宝等美洲原住民的手工艺,稻草贴花、锡制品等西班牙殖民时期的艺术以及

---

① Marta Machowska, "Tourism and Intangible Cultural Heritage: A Review of Opportunities and Threats. The Case of Traditional Crafts and Handicrafts", Łódzkie Studia Etnograficzne, 2016, 55.

② Rodzi N, Zaki S A, Subli S, "Between Tourism and Intangible Cultural Heritage", Procedia — Social and Behavioral Sciences, 2013, 85: 411-420.

③ Siow-Kian Tan, Hui-Hui Lim, Siow-Hooi Tan, Yon-Sin Kok, "A Cultural Creativity Framework for the Sustainability of Intangible Cultural Heritage", Journal of Hospitality & Tourism Research, 2020, 44 (3): 439-471.

当代艺术共同促进了该地创意经济的发展，使其拥有 250 多家画廊以及众多的艺术社区和民间艺术博物馆，并形成了圣达菲国际民间艺术市场、传统西班牙市场等多个民间艺术交易集散地。①在此基础上，圣达菲市艺术委员会设立了"圣达菲创意旅游"项目，吸引游客前来体验圣达菲独特的艺术和文化。②游客既可在圣达菲历史广场的小商店购买传统美洲原住民的手工艺品，又可在国际民间艺术市场浏览工艺大师独一无二的手工制品，还可在传统西班牙市场欣赏西班牙裔艺术家创作的传统手工艺术品，也可在各类手工艺作坊中参与玻璃吹制、制陶、手工编制等体验。③

国外学者及相关案例十分关注遗产的旅游产品属性及旅游者的体验感受。如理查德兹就认为：遗产旅游可以被定义为一种过程，或者作为一种产品。例如，葡萄牙阿连特茹（Alentejo）在传统手工艺领域开展了一系列名为 Saídas de Mestre 的旅游体验活动，以促进农村地区非遗的可持续实践。比如，制作袜子玩偶（Sock Dolls Activity）活动以传统的阿连特茹玩偶为灵感，采用天然填充物（如羊毛、香草）为制作材料，游客在手工艺人的指导下通过观看（故事性的演示视频）、触摸（材料和纹理）、闻气味（自然材料的香味）、听声音（手工艺人的指导）等感官教育，学习并制作自己的袜子玩偶。④有学者提出可通过感官（Sense）、情感（Feel）、认知（Think）、行为（Act）、关系（Relate）5 个层面的规划来提升整体体验。⑤下面从这 5 个方面来进一步分析这个案例：在情感体验方面，项目引导游客在制作中回忆童年经历，从而和游客建立起情感联结；在认知体验方面，游客通过对自然材料、回收材料的触摸和使用，认知循环经济和生态概念；在行为体验方面，不区别性别的游客参与，有助于解构纺织活动与女性性别之间的刻板印象；在关系体验方面，通过学习制作传统玩偶，加强游客对当地文化的认同感。（见表 7.1.1）

---

① "Creative Cities Network: Santa Fe"，UNESCO, accessed May 9, 2022, https: //en.unesco.org/creative-cities/santa-fe.

② "The Origin of Santa Fe Creative Tourism"，Santa Fe Creative Tourism, accessed May 9, 2022, https://www.santafecreativetourism.org/creative-tourism/.

③ "MUST-SEE EVENTS"，visiting-santa-fe, accessed May 9, 2022, https://www.santafe.org/visiting-santa-fe/must-see-events/.

④ Marujo N, Borges MdR, Serra J, Coelho R, "Strategies for Creative Tourism Activities in Pandemic Contexts: The Case of the 'Saídas de Mestre' Project"，Sustainability, 2021, 13(19): 10654.

⑤ Bernd Schmitt, "Experiential Marketing"，Journal of Marketing Management, 1999, 15: 1-3, 53-67.

表 7.1.1　葡萄牙阿连特茹的制作袜子玩偶（Sock Dolls Activity）活动：
经验和策略[1]

体验的类型	体验的描述
感官（Sense）	观看：观察创意工作坊中使用的香料和羊毛；通过观看演示视频了解制作过程。 触摸：材料及其纹理。 气味：闻自然元素的香味（例如香料和羊毛的气味）。 声音：用讲故事的技巧解释制作袜子玩偶的过程，与其他参与者和社区成员分享经验。
情感（Feel）	与当地和历史的联系。 参照对比过去以及现在的家庭经历。 制作袜子玩偶帮助回忆美好的童年经历。
认知（Think）	了解该活动对循环经济和生态的贡献，即通过使用材料/物品（利用旧的袜子）和使用周围环境中的自然材料。 了解材料和技术并运用到其他环境/活动中。
行为（Act）	解构基于性别问题的刻板印象，因为活动可以由所有人进行，不分性别。 解构纺织活动与女性性别之间的关系。
关系（Relate）	根据当地环境和社会背景以及阿连特茹的艺术实践，对活动进行语境化。 结合传统技术的学习和未使用材料（如袜子）的使用，构成活动的基础。

单一或多个门类传统手工艺集聚的地方，已然形成传统手工艺旅游目的地、旅游线路等。例如，拥有 22 种传统手工艺的日本金泽 2009 年被 UNESCO 授予"手工艺与民间艺术之都"称号。金泽依托各类工匠作坊和博物馆，将传统手工艺与其他创意领域建立协同效应，为游客提供"工艺之旅"。[2] 其中，游客在安江金箔博物馆可了解金箔的历史、制作金箔的过程以及所涉及的工具，欣赏江户时代的金箔艺术品和工艺品；[3] 在加贺友禅和服中心可观看加贺友禅染色工艺（见图 7.1.1、图 7.1.2），并体验"和服试穿""和服漫步""手帕染色"等；[4] 在石川本土产品中心可了解并购买来自石川县七十多家老店的传统产品，如手

---

[1] Marujo N, Borges MdR, Serra J, Coelho R, "Strategies for Creative Tourism Activities in Pandemic Contexts: The Case of the 'Saídas de Mestre' Project", Sustainability, 2021, 13(19): 10654.

[2] "Creative Cities Network: Kanazawa", UNESCO, accessed May 9, 2022, https://en.unesco.org/creative-cities/kanazawa.

[3] "About the Museum", Kanazawa Yasue Gold Leaf Museum, accessed May 9, 2022, https://www.kanazawa-museum.jp/kinpaku/english/index.htm.

[4] "Experience", Kagayuzen, accessed May 9, 2022, http://www.kagayuzen.or.jp/experience/.

工艺品、手工甜品、清酒等，还可报名参与"日式点心制作体验""加贺娃娃绘画体验""金箔装饰体验""喷砂玻璃体验""日本小鼓制作体验""抹茶制作体验"等各类体验活动。①该地围绕传统手工艺，提供了丰富的参观、体验、购物等活动，这些活动已然成为该地的主要旅游亮点，可独立构成特色的旅游线路。

图 7.1.1　加贺友禅染色②

图 7.1.2　加贺友禅和服中心的染色体验③

---

① "Home", Ishikawa Local Products Center, accessed May 9, 2022, https://kanazawa-kankou.jp/en/.
② 图片来源：http://www.kagayuzen.or.jp/experience/.
③ 图片来源：http://www.kagayuzen.or.jp/experience/.

（二）表演艺术类非遗融入文化旅游

表演艺术历来是重要的地方旅游吸引元素，在民族文化旅游中不仅是经常出现的观光环节，也是国内外学者经常提及的旅游负面影响的案例类型。比如，UNESCO 就认为："虽然旅游业有助于复兴传统表演艺术，并为非遗带来市场价值。但它也可能产生扭曲效应，为了满足游客需求，表演往往被简化。传统艺术形式以娱乐的名义变成了商品，失去了重要的社区表达形式。因此，传统表演艺术的保护措施应主要侧重于知识和技术的传播，保护演奏和制作乐器，以及加强师徒之间的联系。歌曲的微妙之处、舞蹈的动作和戏剧的解读都应得到加强。"①

同时，传统表演艺术需要当代观众才能存续，且大多数都不涉及信仰、禁忌及隐私等问题，允许游客观看，因而需要寻求较好处理其间矛盾的解决之道。例如，日本歌舞伎是起源于江户时代的传统戏剧形式，并被 UNESCO 列入人类非物质文化遗产代表作名录，它也是日本东京、京都、大阪、福冈等地旅游的重要吸引物，这些地方都有歌舞伎表演场馆，且歌舞伎的传统表演方式在当地得到了完整保护。为调和表演需求与游客体验之间的矛盾，每场歌舞伎表演大约为两小时并以日语进行表演，但大部分场馆都会提供英语字幕、英语翻译等设备，以便游客可以更好地欣赏表演。②良好的观看体验使得歌舞伎表演可持续开展，比如东京的歌舞伎座几乎每天都有演出，还设有歌舞伎画廊、商店、餐厅等配套设施，在歌舞伎网站上也可便捷查询各地场馆歌舞伎演出的时间信息，便于计划观看表演的游客合理安排旅游时间。③

在表演艺术类非遗融入旅游的过程中，应当鼓励非遗的适度商品化，以及有利于游客体验的适度转型。有学者就认为，需要允许非遗与现代性交叉融合，从而实现自身的可持续性。根据文化进化论的原则，这种可持续的方法并不是对文化遗产的破坏，而是通过适应现有的情况、条

---

① "Performing arts（such as traditional music, dance and theatre）", UNESCO, accessed May 9, 2022, https://ich.unesco.org/en/performing-arts-00054?msclkid=69502de4cf7a11ec9e514747454a5925.

② "Theater in Japan", Official guide for traveling Japan-Travel Japan, accessed May 9, 2022, https://www.japan.travel/en/guide/theater/?msclkid=e718d824cf8a11ecb9e46e0f526adfda.

③ "Kabuki performance schedule", KABUKI Official Website, accessed May 9, 2022, https://www.kabukiweb.net/schedule/.

件和品位来实现存续（Phillips & Steiner, 1999）。[1] 包括缩短表演时间、将非遗与其他现代表演相结合（如现当代音乐和传统舞蹈结合、现代材料和传统工艺结合）、修改歌词和手势以增加与观众的互动等。[2] 例如，迪基尔·巴力（Dikir Barat）是一种在马来西亚、新加坡等地区流传的传统表演艺术，集歌唱、运动、诗歌和音乐于一体，通常在婚礼、宗教节日和收获季节等场合表演，表演者盘腿坐在台上唱歌，并伴随着有节奏的鼓掌声而舞动身体。为保护并推广这一表演艺术，迪基尔·巴力歌曲融入了印尼民间音乐元素和马来舞蹈形式，甚至与流行音乐、摇滚音乐和电子音乐相结合；迪基尔·巴力的传统歌曲和流行歌曲也经常被混音，以吸引更广泛的观众和不断变化的观众口味。[3] 近年来，通过广播电视、互联网、音乐专辑的宣传，迪基尔·巴力的受众群体得以扩大；[4] 迪基尔·巴力的音频、视频、专辑等已成为一种可销售的文化产品，在马来西亚、新加坡等地区广为销售；[5] 迪基尔·巴力也在各类现场活动中表演，不仅以马来语进行，也有以英语进行表演的，吸引了大批海外游客。[6]

　　传统表演艺术也成为博物馆，特别是露天博物馆面向游客的重要展示与体验内容。学者 Stefanie Samid 指出，露天博物馆的传统表演作为一场"时间旅行"，将感官体验作为穿越过去的媒介，观众通过自己的感官与历史进行互动；许多博物馆依靠这些表演或"博物馆戏剧活动"来吸引更多游客；这种体验方式也具有教育意义，博物馆游客可以将体验内化于心，学习并吸收"时间旅行"中所蕴含的知识。[7] 例如，在斯坎森

---

[1] Ruth B. Phillips and Christopher B. Steiner, Unpacking culture: Art and commodity in colonial and postcolonial worlds, (Berkeley: Univ of California Press, 1999).

[2] Kim S, Whitford M, Arcodia C, "Development of intangible cultural heritage as a sustainable tourism resource: the intangible cultural heritage practitioners' perspectives", Journal of Heritage Tourism, 2019, 14 (5-6):422-435.

[3] "Dikir barat", A Singapore Government Agency Website, accessed May 14, 2022, https://eresources.nlb.gov.sg/infopedia/articles/SIP_2015-02-12_101207.html.

[4] Halid R I R, "Modernizing tradition: the media and dikir barat of Kelantan", 2011, accessed May 14, 2022, https://www.semanticscholar.org/paper/Modernizing-tradition-%3A-the-media-and-dikir-barat-Halid/abf2771a515fe070a4c1ed50bc4e3a92a8206f91.

[5] Olalere F E, "Intangible cultural heritage as tourism product: The Malaysia experience", African Journal of Hospitality, Tourism, and Leisure, 2019, 8 (3): 1-10.

[6] "Malay Culture – Dikir Barat", The NEL Curriculum of the Ministry of Education, Singapore, accessed May 14, 2022, https://www.nel.moe.edu.sg/resources/activity-ideas/art-and-music/malay-culture-dikir-barat.

[7] Samida S, "Performing the past: Time travels in archaeological open-air museums", The Archaeology of Time Travel, Experiencing the Past in the 21st Century, 2017: 135-155.

（Skansen）露天博物馆里，舞蹈和音乐就是重要的展示内容，包括仲夏节的民间舞蹈和音乐会、冬季的圣诞节颂歌合唱团、塞格洛拉教堂的音乐会、马戏团表演、沃尔普吉斯之夜（Walpurgis Night）的篝火舞蹈和合唱等，由斯坎森民间音乐家演奏音乐，舞者穿着来自瑞典不同地区的民族服装，和游客一同庆祝。① 又如，在挪威民俗博物馆里，口头传统也被融入全年的各类体验活动中，每到周末中午，儿童们可以在壁炉前享受童话故事带来的温馨时刻。②

（三）知识实践等地方非遗综合形成旅游新兴子行业

随着旅游需求的日益多样化，深度文化体验旅游、研学旅游、乡村旅游、生态旅游、美食旅游等子行业方兴未艾，文化实践、知识体系等非遗门类成为支撑特定地区开发这类专业旅游产品的核心资源。Katelieva等学者就认为，本地人与游客之间的社会关系是文化旅游活动最重要的组成部分。对于游客和参观者来说，学习和参与当地的实践活动比实践本身的起源或者"真实性"更重要。③ 例如，奥地利的乡村旅游就把与农业有关的传统知识融入了旅游体验之中。在奥地利，不同的村庄和地区围绕农作物设计了各自的旅游目的地形象，传统农业知识成为奥地利不同地区旅游和休闲产品的基础。并且传授知识的旅游体验能够延长乡村旅游季，在不同地区农业旅游中，葡萄酒、苹果酒酿造、树脂提取等传统知识被积极利用。比如，下奥地利州的酿酒商提供了租借部分葡萄园的机会，游客可以参与葡萄酒种植和酿造的所有阶段。这项涉及全年多次参与的服务，主要是为附近的游客量身定制的，这些体验能增强人们对农业实践和乡村生活的兴趣，也有助于创造场所依恋感，培养游客对当地的关怀之心并成为拥有责任感的"忠诚客户"。④

---

① "A year at Skansen", Skansen Museum, accessed May 14, 2022, https://www.skansen.se/en/a-year-at-skansen.

② "Daily Program", Norsk Folkemuseum, accessed May 15, 2022, https://norskfolkemuseum.no/en/experience.

③ Katelieva M, Muhar A, Penker M, "Nature-related knowledge as intangible cultural heritage: Safeguarding and tourism utilisation in Austria", Journal of Tourism and Cultural Change, 2020, 18 (6): 673-689.

④ Katelieva M, Muhar A, Penker M, "Nature-related knowledge as intangible cultural heritage: Safeguarding and tourism utilisation in Austria", Journal of Tourism and Cultural Change, 2020, 18(6): 673-689.

以美食旅游为例。根据联合国世界旅游组织的定义，美食旅游是一种旅游活动，其特点是游客在旅行中与食物及相关产品、活动建立起深厚联系和体验，包括真实、传统和创新的烹饪方式的体验。① Min-Pei Lin 等学者认为，美食遗产包括文化和身份元素，可以唤起形象、记忆和自豪感，或者可以激发习惯性消费。因此，美食遗产符合美食旅游的相关实践。② 例如，地中海饮食已入选 UNESCO 人类非物质文化遗产代表作名录，且被认为是一种有益于健康的饮食模式。对于地中海地区的人们来说，食物不仅仅是营养，还与社会生活息息相关，与饮食有关的聚会加强了社会关系，在社会活动中发挥着核心作用；地中海饮食不仅是一套饮食习惯，而且构成了一个复杂的文化体系，包括人与自然的关系、饮食健康的管理，与饮食相关的习俗、歌曲、口头传统，以及关于农作物种植、食物品质的传统知识。③ 其中，希腊的克里特岛饮食节就是一个将地中海饮食与旅游相结合的典型案例。克里特岛饮食节始于1958年，是一项以地中海饮食为特色的社交娱乐活动，也是一个"当地产品和文化活动的展览"。在每年7月的第一周，来自全岛的优质产品生产商和民间工匠都集聚于雷瑟姆诺的公共花园里，展示克里特岛的农产品和本土产品，包括克里特岛的葡萄、橄榄、柑橘、乳制品、克里特厨师的食谱和著名厨师的烹饪课程等。游客和当地人一起参与克里特岛民间音乐、舞蹈表演等活动，并与厨师们交谈、学习，熟悉当地的种植传统、烹饪传统以及社会生活的其他方面。④

在美食旅游兴起的背景下，提供设施和活动场所的食品市场也成为世界各地重要的旅游景点。Dimitrovski D 等学者指出：参观食品市场可以看作是一种抗压疗法，游客从日常工作中逃脱出来，享受市场的人群和噪声。露天市场提供一个对话、交流的场所，也是游客接触当地文化、与生产者建立联系的一种方式。对食物的新奇感也会促使游客去探索在

---

① "UNWTO Tourism Definitions", UNWTO, accessed May 14, 2022, https://www.e-unwto.org/doi/book/10.18111/9789284420858.

② Lin M P, Marine-Roig E, Llonch-Molina N, "Gastronomy as a sign of the identity and cultural heritage of tourist destinations: A bibliometric analysis 2001–2020", Sustainability, 2021, 13(22).

③ "Mediterranean diet in Greece", The Mediterranean Diet of UNESCO, accessed May 14, 2022, https://mediterraneandietunesco.org/communities/greece/greece-stories/.

④ Sotiriadis M, "Pairing intangible cultural heritage with tourism: The case of Mediterranean diet", EuroMed Journal of Business, 2017.

文化上有距离的目的地美食。①例如，位于西班牙巴塞罗那的博克利亚市场是巴塞罗那最大的新鲜食品市场，也是世界上最著名的市场之一，在旅游网站、导游手册中都是高度推荐的景点。博克利亚市场起源于12世纪的露天市场，19世纪建造的拱廊也一直使用至今。②博克利亚市场的摊位同时面向本地居民和游客开放，大多提供便于游客在参观期间可以轻松消费的产品，如新鲜果汁、切块水果、糖果、试吃品和外卖；市场也为游客提供有关摊位、周边餐饮等信息的免费手册，并出售食谱、纪念品等；市场三楼设有配备齐全的体验教室，游客可以参与与烹饪相关的课程、研讨会等全套美食活动；当地厨师也会带游客参观市场，指导游客购买所需食材并烹饪。③

五、旅游业可在遗产保护中发挥多种正向作用

在"文化旅游"的研究视域之下，国外学者对非遗与旅游业关系的研究相关成果相对丰富，并已然成为近年研究的一个重点；而国内在政策导向与行业需求的双重影响下，相关学科对非遗与旅游业融合的学理及应用研究也在不断增加。

旅游业在遗产保护中所发挥的多种正向作用已得到确认，非遗与旅游业的融合可更多着眼于旅游的文化传播和文化认同功能，其可能产生的真实性、利益分配、可持续性等负面影响需要在前期规划阶段予以重视；不同非遗门类及个案在旅游业中的切入点也各不相同，如以传统手工艺为主的非遗融入与文化旅游相关的创意产业，以表演艺术为主的非遗融入文化旅游，以及知识实践等地方非遗综合形成旅游新兴子行业等，国际上涌现了不少典型案例可供参考；不少国外研究将非遗旅游纳入创意遗产旅游范畴，值得进一步研究并借鉴。

---

① Dimitrovski D, Crespi-Vallbona M, "Role of food neophilia in food market tourists' motivational construct: The case of La Boqueria in Barcelona, Spain", Journal of Travel & Tourism Marketing, 2017, 34(4): 475-487.

② "Hisroty", La Boqueria Market, accessed May 15, 2022, http://www.boqueria.barcelona/history.

③ "Market Services", La Boqueria Market, accessed May 15, 2022, http://www.boqueria.barcelona/services.

第三节　非遗与旅游融合的五大类型

随着我国文化事业、文化产业和旅游业融合发展的深入推进，旅游项目对非物质文化遗产资源的开发利用不断增加，非遗相关的实践活动也已催生出一定规模的游客需求，成为文化旅游的重要组成部分。在探索非遗和旅游融合发展路径的过程中，作者通过对国内大量案例实践的分类梳理，提出了当前非遗与旅游融合的五种主要类型并加以分析。

2018年6月，时任文化和旅游部部长雒树刚在全国非物质文化遗产保护工作先进集体、先进个人和第五批国家级非遗代表性项目代表性传承人座谈活动上提出，要推动非遗与旅游融合发展，充分发挥旅游业的独特优势，为非遗保护传承和发展振兴注入新的更大的内生动力。①2019年6月，首批10个非遗与旅游融合的优秀案例发布。②这些案例能够从各省推荐及自荐的150个候选案例中脱颖而出，在非遗与旅游融合实践中具有较强的代表性。其中有的是家喻户晓的地方传统节庆民俗活动，可周期性地吸引周边及外来游客，已然成为带动当地旅游及相关产业的核心要素；有的则全域范围推进"非遗进景区"，通过活态遗产与建成遗产紧密组合、乡土文化与自然景观有机融合，极大地丰富与提升了旅游体验，推动了当地旅游产业的高质量发展。

通过对这些典型案例及各地相关实践的调研分析，当前非遗与旅游的融合主要呈现以下五大类型：

一、非遗节事旅游："错过等一年"

节事旅游，或称事件型旅游，是指以节日、盛事等的庆祝和举办为核心吸引力的一类旅游形式，可分为传统节事与现代节事两大类。而其中的传统节事多半隶属于非物质文化遗产范畴。在我国，与节事相关的民俗类非遗资源非常丰富。据不完全统计，在国家级非物质文化遗产名录项目中，各地传统节日、民族节日、祭典仪式、庙会书会、灯会花会等民俗活动就有197项，③而省、市、县三级非遗名录中节日民俗类项目

---

① 王学思.全国非遗保护工作先进代表和传承人座谈活动举行[N].中国文化报，2018-6-9（2）.
② 陈熠瑶.非遗与旅游融合十大优秀案例发布[N].中国旅游报，2019-6-10（2）.
③ 统计数据来源：中国艺术研究院、中国非物质文化遗产保护中心.中国非物质文化遗产网（www.ihchina.cn）.2019-8-26查询.

的数量更大。春节、元宵节、清明节、端午节、七夕节、重阳节等中华传统节日在大江南北都有形式多样、内容丰富的民俗活动，京族哈节、傣族泼水节、彝族火把节、黎族三月三、苗族跳花节等少数民族节日各具特色、风情浓郁，天津皇会、厂甸庙会、秦淮灯会、马街书会、洛阳牡丹花会等民间文化活动源远流长而又为民众喜闻乐见。

在评选出的优秀案例中就包括江苏南京的秦淮灯会、四川凉山的彝族火把节、湖北郧西的七夕节等非遗节事旅游类案例。例如，秦淮灯会是首批国家级非物质文化遗产名录项目，其历史可追溯到六朝初期，元宵夜游观灯的风俗延绵千年，花灯似海、人涌如潮，记述灯会繁盛场景的历代诗词、民间故事比比皆是。[①] 自1986年秦淮灯会恢复以来，至2019年已连续举办33届，累计吸引游客1.5亿人次；2019年灯会期间，灯彩销售额超过1000万元，老城南区域旅游综合收入达100多亿元，占秦淮区当年旅游总收入的近20%。[②]

实际上，大多数节事民俗活动都是民间盛行、能够聚合人气、促进交流的群众性文化活动，适于扩大参与范围、让全民共欢共度。推广这些节日也可促进该项节事及相关文化事项在当代的活态传承，也符合非遗保护的初衷。与此同时，节事旅游又具有时空限制、资源排他等突出特点，易于转化为地方特色旅游资源，许多非遗节事活动已然在特定地区形成了周期性的旅游热点。与其凭空"造节"，不如将本乡本土世代相沿的节日民俗充分挖掘、有序传承、合理拓展，营造一种本地人认同、外来者共享的节日文化。

二、非遗进驻景区：提升体验"金钥匙"

景区作为旅游生态系统的重要组成部分，直接决定了旅游目的地的吸引力。特别是观光型旅游，以参观、欣赏自然景观和民俗风情为其主要目的和游览内容，[③] 往往以旅游景区作为核心的观光活动区域。但截至

---

① 中共南京市委宣传部. 1700岁的秦淮灯会，南京人的仪式感[EB]. 南京市委市政府新媒体平台"南京发布"，2019-1-16.

② 张江信，袁婷婷. 秦淮灯会：立足传统巧创新 活态传承促发展[N]. 中国旅游报，2019-7-4.

③ 国家旅游局. 旅游服务基础术语（GB/T16766—1997）[S]. 北京：中国标准出版社，1997：3.

2018年底，全国仅A级景区就达到了11924个，[①] 邻近地区、类型相同的景区间竞争不断加剧。旅游者对景区的资源禀赋和消费体验同等看重，两者共同决定了景区的首次吸引程度和游客的复游率；与此同时，游客消费习惯日益理性化，从过去的"扎堆"热门景点变为更加注重旅途体验，对景区观览内容和服务品质都提出了更高要求。

在这一行业发展背景下，越来越多的旅游景区将当地非物质文化遗产列入特色资源目录、纳入主干景点线路，并将其作为增添感官享受、提升互动乐趣、加深文化体验、扩展求知收获的主要举措。例如，各地都有地域代表性的民乐民歌、舞蹈杂技、戏曲曲艺等传统表演艺术，这些大多隶属于非物质文化遗产范畴，是外来者感受风土人情、欣赏多元文化的生动载体，也是旅游演艺及景区景点演出项目的核心内容。非遗展示体验项目的入驻，实现了人文资源与无形服务的同步提升，使得游客从单纯性的观光游行为升级为多元化的休闲体验游。

在评出的优秀案例中，江西省婺源县全域4A级以上景区均有非遗项目常驻展示，福建省龙岩市"非遗进土楼"将世界遗产永定土楼打造为不同主题非遗展示体验场所，陕西省韩城市依托司马迁祠景区"民祭史圣"活动传承国家级非遗项目"徐村司马迁祭祀"都隶属于此类型，全域性推进非遗资源与景区景点的有机结合，以期实现非遗保护与旅游开发、社会效益与经济效益的双赢局面。

日益常态化的"非遗进景区"，使得静态观光型景点与动态体验型展项相串联，欣赏型的自然人文景观和参与型生产生活场景相衔接，全面升级景区游览线路，满足旅游消费者对于感官体验、认知探索等深层次需求；也为非遗传承人及从业者增添了展演平台，增加了他们的谋生和传艺渠道、扩大了项目的知名度，因而这一类型也是非遗与旅游融合最为常见的一种形式，易实施、易见效。

三、建成遗产+活态遗产：传统聚落"活起来"

人类聚居的地方称为聚落，而传统聚落则是历史上人类结合自然地理条件聚居而成的生产生活区域，已然形成本土化特色鲜明的建筑风貌

[①] 文化和旅游部财务司.中华人民共和国文化和旅游部2018年文化和旅游发展统计公报[EB].文化和旅游部网站，2019-5-30.

和景观环境,成为宝贵的建成遗产;而那些仍旧保留有人群居住和活动的传统聚落,通常又是乡土知识、民间艺术、传统风俗等活态遗产密集的地区。有学者就认为,传统聚落是中国社会结构的基本细胞,也是社会人群聚居、生息、生产活动的载体。[1] 保护这些传统聚落,就是保护人类居住地及文化传统的多样性;而这些承载文明记忆与人类智慧、极富地方特色和生活气息的区域,又是"文化深度游"的最佳目的地。

传统聚落可分为传统城市和传统村落两大体系,[2] 具体包括有古城、古镇、历史文化街区、传统村落等。在本次评出的优秀案例中,浙江舟山的东沙镇、贵州凯里的麻塘寨都隶属于这一类型,承载鲜活生产生活实践的古村镇,让游客完全沉浸于当地特有的文化场景之中。例如,东沙是个古渔镇,渔民世代相沿袭"谢洋节",到了每年的休渔期,家家户户都会置办"谢龙水酒"祭海谢龙王,并和全村同庆。如今,这一当地民俗在旅游的带动下得到更为广泛的延续,并形成了"东沙弄堂千人宴"这一旅游文化品牌。

古城、古镇、古村不仅要保存风貌与肌理,更要延续文脉与生机,巧妙利用旅游人气维系当地非遗资源的存续、促进地方乡土文化的流传,从而使得传统聚落"活起来",继续具备承载活态文化的能力。

四、非遗主题场馆、景区:"非遗C位出道"

近年来,各地建成了不少非遗主题展示场馆、演艺剧场、旅游小镇、旅游景区、文化园区、街区市集等,有的以当地代表性的非遗项目、门类为主题;有的则以特定民族、文化圈等为主题,对地区主要非遗资源予以汇聚。这些非遗主题场馆、景区的开发模式主要有两种:一是以产业开发项目的形式进行规划、建设和运营,在实现经营性目的的同时兼顾地方文化的弘扬。二是以社会公益项目的形式存在,主要承担文化宣传及公共服务职能,通过社会化运营等手段提升效益。

其中有一类非遗主题旅游景点,福建省、台湾地区等称之为"观光工厂",是非遗传习场所扩展旅游观光功能的重要方式。一些具备基础

---

[1] 业祖润. 传统聚落环境空间结构探析 [J]. 建筑学报, 2001 (12): 21-24.
[2] 马航. 中国传统村落的延续与演变——传统聚落规划的再思考 [J]. 城市规划学刊, 2006 (1): 102-107.

条件的传统技艺类、中医药类、传统美术类非遗项目保护单位将制作工坊、生产场所等升级为兼具制作生产、观光体验、展示售卖功能的非遗主题观光工厂。这一类景点让非物质文化遗产的生产性保护与"体验经济"紧密结合，将非遗的独特工艺流程、手工制作场景、特色生产风貌等转化为新型旅游吸引物，用家喻户晓的老字号品牌、耳熟能详的地方特产品类等吸引兴趣人群，通过观光工厂实现文化传播和产品营销的有机整合。

在评出的优秀案例中，江西景德镇的古窑民俗博览区、湖南长沙的雨花非遗馆等都隶属于这一类型，它们将非遗项目或其场所、要素等转化为旅游产业、文化产业资源予以聚合、包装和运营。例如，雨花非遗馆是非遗主题的城市文化消费场馆，一方面为非遗传承人建立工作室、传习所，为非遗项目积累更为广泛的兴趣人群；另一方面为本地及外来游客提供非遗相关的制成品、文创衍生品及手工体验类、研学服务类文化产品，已然形成了非遗体验经济带动城市周边文旅及相关产业增长的正效应。

随着门票经济向产业经济、景点旅游向全域旅游的转型，各地都进入了新一轮的旅游资源挖掘与整合，以期适应旅游方式的升级和游客需求的迭代。因而，不少旅游目的地都已然发现非遗资源的特有禀赋，从节庆活动、演艺、娱乐，到餐饮、住宿、购物，都可从当地非遗资源中找到差异化、人本化的解决方案，这也是近年来国内旅行中越来越多见到"非遗"的原因。例如，具有吸引力的旅游商品往往具有一大特点——"过了这村没这店"，错过就较难在别处买到。而非物质文化遗产就具有地域性、独特性、稀缺性等特征，使其制成品具有"该地特有、区别其他"的材质、工艺、外观及文化内涵，比如特色手工艺品、地方特产食品等。因而，开发好非遗旅游商品，就可达到游客购物体验提升、地方文化得以推广的双重作用。

五、非遗主题旅游线路："不走寻常路"

近年来，随着面向游客开放的非遗主题景区景点、展示场馆、体验场所的增加，旅行社、旅游网站等专业服务平台在热门旅游目的地线路规划中增设了不少非遗景点观览、演出观看、手工体验项目，并作为行程亮点予以强调；在非遗资源密集且特色明显、交通区位优势兼备的地区，非遗保护部门还与这些旅游服务平台开展合作，共同推出了一系列的非遗主题旅游线路。例如，2019年"文化和自然遗产日"期间，广东省、河南省、四川省、上海市等多个省市都推出了系列非遗主题旅游线路，依据游客兴趣分类、项目地理位置等要素，用旅游线路导览和串联当地各类非遗展示体验及生产观光场所。

伴随着全域旅游、乡村旅游的全面铺开，文化深度游、乡村体验游、手工艺体验游等的消费群体不断扩大。非遗主题旅游线路提供的本土化、个性化、多元化的特色线路可引导游客探索独特而鲜活的旅游目的地文化，体验地道而有趣的原住民社区生活，或将成为当代旅游人群的新潮流。在这一趋势带动下，近年来，从事乡村旅游服务的民俗户、农家乐、乡村民宿、度假村等也主动加入"非遗体验点"行列，升级休闲娱乐服务项目，为游客提供节气农事体验、传统饮食制作体验、传统手工艺制作体验等具有本土文化特色的服务类产品。

此外，有一类新兴旅游方式与非遗传承与弘扬的初衷结合紧密，这就是非遗主题研学旅行，为非遗与青少年群体架设了亲密接触的桥梁。非遗作为一类与传统文化弘扬、古人智慧传习、文化自信培养息息相关的教育资源，通过研学旅行将教育与娱乐、文化与旅游、观光与体验、认知与创造融为一体，引导青少年走进非遗传习环境中来，促进地方文化认同的养成及多元文化间的交流互鉴。例如，浙江省绍兴市在2019年7月推出了首批16家非遗研学游基地，将适于青少年参观、体验的非遗传习实践、展示演出场所进行统一包装推介。在推出不到一个月的时间里，这些基地就接待了研学游团队266批次，吸引了11450人次参与，获得了意想不到的效果。①

综上所述，非遗与旅游在时间和空间两个维度上进行融合，可呈现以上五种类型，旅游活动为非物质文化遗产提供了重要的文化传播渠道，可为非遗的传承与振兴提供不可忽视的正向能量。但在融合过程中需要遵循一些基本原则：一是文化尊重原则，并不是所有的非遗项目都可以与旅游活动相结合，特别是具有隐秘性、神圣性的特定习俗，不可作为旅游资源进行开发利用；二是可持续原则，确保在旅游开发过程中对非

---

① 数据来源：绍兴市非物质文化遗产保护中心汇总统计。

遗资源的利用不会对遗产的存续力造成威胁，要警惕过度商业化，杜绝对遗产资源的碎片化利用、歪曲性改编，造成遗产内涵的曲解、丢失；三是保障受益原则，要切实保护非遗传承人及相关社区的知识与技能不被盗用，以及防止因经济利益等原因对非遗传承秩序的人为破坏，保障非遗传承人、技艺持有者、手艺人、表演者及相关社区从旅游开发活动中切实受益。如果忽视了这些原则，也就违背了非遗与旅游融合促进遗产保护的初衷。

第四节 遗产保护与文旅融合：关于露天博物馆模式的探讨

文化遗产作为文化资源的重要组成部分，因其巨大且独特的价值和意义，历史上就是一类重要的旅游吸引物。文化遗产的旅游化利用可在维系文化认同、增进文明对话、防范逆全球化影响等方面发挥核心作用，但也应警惕旅游业对遗产本身可能造成的诸多影响。在国家"文旅融合"政策背景下，更大范围、更多类型的文化遗产将与旅游业产生更深层次的关联，谋求互惠状态下的可持续发展。较之于旅游景区、旅游街区、旅游小镇式的常见开发模式，在旅游业发展更为成熟、对文化遗产更早实施整体性保护的欧洲国家，是否存在其他可借鉴的模式，贴合文化生态保护、全域旅游发展、可持续旅游等理念，并已然发展成型并实现良性运营？基于此，本节将就露天博物馆这一外来模式进行探讨。

一、"露天博物馆"及相关研究

露天博物馆又称为"户外博物馆"，产生于19世纪末的欧洲，尤其是在北欧地区，以"露天博物馆"命名的文化场所、旅游景点较为普遍，经常是当地重要的市民休闲地和旅游目的地。回顾其历史，早期主要是阿图尔·哈塞柳斯（Artur Hazelius）在瑞典创立的"斯卡森露天博物馆"模式，后又传至世界其他地区；到20世纪70年代"新博物馆学运动"期间，又出现了与之相关又有所区别的"生态博物馆"（Eco-museum）模式[①]。在

---

① 杨红. 非物质文化遗产展示与传播前沿 [M]. 北京：清华大学出版社，2017，83.

欧洲露天博物馆协会章程中，"露天博物馆"的定义是一种在户外科学收藏各种类型建筑物，用于说明人类定居方式、住所、经济和技术的博物馆。① 可见，露天博物馆作为博物馆的一种形态，其主要藏品是建筑物，但它的功能不止于保管、展示和研究建筑，还包括提供人类居住及相关生产、生活知识与技术的展示和公众教育。

在我国，直接以"露天博物馆"命名的文化机构或旅游点并不多见，主要是一些相似或相关的空间形态。比如20世纪90年代出现的民族园、民俗村等文化旅游景区。21世纪初，一些传统村落、历史街区、博物馆形态的文化园区等也与露天博物馆发生了交集，具有了一定的功能和外在形态的相似性，如山西的王家大院、常家庄园将周边零散的历史民居类建筑迁入宅院建筑群区域内，而后构成旅游景区。近年来，一些"文旅小镇"、历史建筑群等以露天博物馆作为定位和"卖点"的案例开始增多，如上海的思南露天博物馆等。

国内遗产保护、旅游管理等方面专家对露天博物馆开展了一定数量的研究，对这种文化保存、展示与旅游功能兼具的文化遗产保护利用模式进行了归纳。如冯骥才归纳："露天博物馆是把散落乡野的零散又珍贵的民居收集起来，集中保护与展示，它的意义是将最难保存的人类遗产——历史民居及生活细节保存下来。"② 从传统村落保护的视角来看，他认为露天博物馆是一种可取的方式，在集中保护和利用民居类历史建筑的同时，还可保存和展示特定地区的特有生活方式。又如一些城市规划、旅游管理领域的学者借鉴露天博物馆及相关理念，探索城市历史街区、传统村落的保护与发展路径，期望在高速更新的城乡地区最大限度地保护各类历史文化遗产，实现文化生态保护与城乡功能拓展的调和。

基于以上综述，下面将从露天博物馆的形态和特征入手，通过对欧洲露天博物馆协会（AEOM）、考古露天博物馆与实验考古组织（EXARC）等国外相关机构新近学术研讨成果的译介，对照国内文旅融合过程中已然显现的难点问题，探讨露天博物馆模式在整体保存文化生态、保护当地居民的文化主体地位、开发遗产的旅游价值等方面的主要优势，以及在国内具体应用时的策略要点。

---

① 考古露天博物馆与实验考古组织（EXARC）网站：EXARC《Open-Air Museum》，http://exarc.net/glossary/open-air-museum，发表时间不详，浏览时间2021年8月20日。
② 冯骥才.传统村落保护的两种新方式[J].决策探索（下半月），2015（8）：65.

二、露天博物馆的形态与特征

基于国内外露天博物馆历史的回顾及相关研究的综述可知，露天博物馆作为博物馆的一种特殊形态，可从三个方面简要概括其特殊性：其一，露天博物馆保护和展示的主要藏品为建筑物以及建筑物所在地区的人居环境及生产生活方式，而非可移动文物、艺术品等博物馆常规的馆藏类型；其二，露天博物馆的空间形态由以建筑内部空间为主扩展到一定地域的户外综合空间，呈现为成片建筑及其周边自然人文环境；其三，露天博物馆的功能是藏品保护、展示及公众教育，这与博物馆惯常的职能相同，但因其通常占地面积较大、室外空间较为充裕等原因，增添了一定的休憩功能。

在博物馆不断更新自身定位和形态的当代，露天博物馆强化了博物馆与所在地区的紧密联系，并在保存建筑等建成遗产之外，增加了以建筑为载体展示当地无形文化（包括非物质文化遗产）的功能形态。下面将从露天博物馆的主要展示内容——历史建筑及相关无形文化出发，归纳露天博物馆的两个主要特征。

（一）露天博物馆适度集中同一文化生态中的历史建筑

露天博物馆通过适当集中周边建筑促进了建筑的保护和利用。露天博物馆诞生于北欧地区，很重要的原因是当地多为木结构建筑，易于搬迁且不影响其性状。这些建造于各个时代的人居、生产、商业及社会空间类建筑与世代居住于此的居民关联密切，即使有的已经不再发挥使用功能，也是当地社区集体记忆的重要组成部分。在当代，露天博物馆沿用这一做法，允许对周边地区历史建筑、乡土建筑进行适当集中，以便于建筑的保护与利用。需要补充的是，依据国内文物保护相关规定，历史建筑应以合理利用为目的，可以适当移动、集中；而文物建筑要求尽可能原址保护，不属于以建设露天博物馆为目的实施迁移和集中的类型。①

---

① 因涉及建筑可否移动的问题，此处需要厘清国内"文物建筑"和"历史建筑"概念的差异：文物建筑是已纳入文物保护范围的古建筑、近现代代表性建筑，属于不可移动文物，要求尽可能实施原址保护，只有当建设工程选址因特殊情况不能避开时才能报批申请迁移异地保护；历史建筑则是未公布为文物保护单位，也未登记为不可移动文物的建筑物、构筑物，是城市发展演变历程中留存下来的重要历史载体，要求采取区别于文物建筑的保护方式，在保持历史建筑的外观、风貌等特征基础上，合理利用、丰富业态、活化功能，实现保护与利用的统一，充分发挥历史建筑的文化展示和文化传承价值。

露天博物馆中历史建筑在地理分布上的集中应遵循适度原则，将搬迁建筑的来源限定在一定地域范围内、同一文化生态区域内，保持特定地区的建筑与该地区特定的自然人文环境、特有的人类居住习惯等相匹配。反之，建筑与所处自然人文环境关联的断裂，使得历史建筑内在的历史价值、社会价值等非使用价值削弱；脱离原生环境后加以不当利用，比如历史建筑在当代的表现形式和原有文化意义的完全分离①将进一步造成历史建筑的使用价值降低，沦为完全丧失文化附加值的旧建筑；甚至导致该区域整个记忆空间真实性的丧失，造成所在地区对博物馆认同的降低甚至消失，与博物馆的情感联系中断。这一点也侧面印证了"缩微景观型""世界大观园型"民俗村、民族园屡受争议的原因，由于缺乏与所在地区的直接关联，这类旅游景区在当代也日益失去旅游市场，甚至成为旅游特色缺乏的代表形态。

（二）露天博物馆以建筑为载体传承当地的无形文化

当代，博物馆的一个重要发展方向就是拓展博物馆与当地社区、所在地区之间的联系，而露天博物馆在空间（户外片状区域，而非建筑内部）、藏品（建筑及周边环境，而非文物、艺术品）等方面的特殊性决定了它与所在地区的外在联系更为紧密，且与当地的联系不仅限于空间的连接，还有一类极其重要的关联要素——当地社区的无形文化，其中既包括非物质文化遗产（简称"非遗"），也包括创造并活跃于现当代的文化艺术形态，这些无形文化是露天博物馆生命力和活力的重要来源，这也使得露天博物馆的部分固有价值直接来源于其所在地区。

露天博物馆传承当地无形文化，表达个人与群体的文化身份。琳达·赫科姆（Linda Hurcombe）在论述考古露天博物馆在有形和无形知识方面的独特贡献时谈道：社会和文化生活中最有趣的方面，比如，人类行为、性别角色、社会组织、仪式和信仰、音乐和表演等，在当代留下的具体证据并不多，而这些无形文化正是用于表达个人和群体身份的。② 露天博物馆以建筑及其环境为载体，对当地无形文化予以保存、传

---

① 此处参照阮仪三对文化遗产"原真性"的定义，即文化遗产的"原真性"是衡量文化遗产的表现形式和文化意义的内在统一程度。

② Linda Hurcombe, "Tangible and Intangible Knowledge: The Unique Contribution of Archaeological Open-Air Museums", http://exarc.net/ark:/88735/10218，发表时间 2015 年 4 月 1 日，浏览时间 2020 年 5 月 20 日。

承和保护，促进其活态的存续、在当代的弘扬，也使得其自身成为当地人确认、重温和延续文化身份的特殊空间。

三、露天博物馆模式的主要优势

（一）实现文化生态的区域整体性保存

当前，国内外已然形成文化生态整体性保护的共识。城市中的历史街区、乡村里的古村镇在文物保护体系中侧重对民居建筑等物质文化遗产进行保护，并在整体性保护的理念下保存和维系着该区域的文化生态；基于整体性保护理念，我国还制定了文化生态保护区制度，侧重于加强非物质文化遗产的区域性整体保护，维护和培育文化生态。比如，国家级文化生态保护区是指"以保护非物质文化遗产为核心，对历史文化积淀丰厚、存续状态良好，具有重要价值和鲜明特色的文化形态进行整体性保护，并经文化和旅游部同意设立的特定区域"。[①] 露天博物馆模式与整体保护理念相吻合，兼顾物质和非物质文化遗产的保护与利用，实现一定地域文化生态的整体性保存。

首先，露天博物馆中的建筑建成时间存在一定时序，而通常又会错落地呈现于整片区域之中，记录该地区近百年甚至数百年的城乡变迁。例如上海思南露天博物馆，定位于上海各居住建筑类型的汇集和各种近代建筑风格的荟萃之地，囊括了联排式花园住宅、独立式花园住宅、新式里弄住宅、花园里弄、现代公寓式住宅等各种住宅类型。[②] 其次，露天博物馆汇聚了当地从人类定居形态到生产生活方式的完整收藏，承载着该地区多代居住者的集体记忆。以露天博物馆为载体，无形的活态文化通过"有形化"得到了保存和展示。琳达·赫科姆认为：有形和无形知识之间的关系是露天博物馆的一个基本问题，而露天博物馆的价值和独特地位使它们更侧重展现无形的知识，致力于面向已知和未知的事物，使无形"有形化"。

---

① 中华人民共和国文化和旅游部网站：文化和旅游部《国家级文化生态保护区管理办法》，http://zwgk.mct.gov.cn/zfxxgkml/zcfg/bmgz/202012/t20201204_905345.html，发表时间 2018 年 12 月 10 日，浏览时间 2021 年 8 月 22 日。

② 思南露天博物馆网站：思南露天博物馆《博物馆简介》，http://www.sinanmansions.com/about/open-air-museum.html，发表时间不详，浏览时间 2020 年 6 月 15 日。

（二）保护当地社会的文化主体性

从文旅融合角度，区别于一般性的遗产保护和旅游开发，露天博物馆旨在将历史建筑群落及周边人居环境的文化主体性重新"唤回"。彭兆荣在《"遗产旅游"与"家园遗产"：一种后现代的讨论》一文中就提及了遗产旅游中主体性倒置问题：游客与居民在观光和展示行为中，应是客体与主体的关系；如果资本等以"中介"身份介入，对遗产主体性影响更大。[①] 无论是城市还是乡村，建筑及环境风貌作为人类记忆和乡愁的重要承载物需要被保留，而露天博物馆合理利用历史建筑，使其发挥文化展示、参观游览、经营服务等功能，在让建成遗产"活起来"的同时，鼓励参与建筑保护与利用的各类主体发挥自身作用，恢复和加深了所在社区、群体和个人从文化遗产中获得的归属感和使命感。因而，保护文化主体性即是保护文化遗产的内在价值，也是维系经济价值等使用价值可再生、可衍生的重要保障。

露天博物馆以一个完整的本地文化生态保护区域示人，承载文化主体的家园记忆，继而可发挥维系地方文化认同的重要作用。其中，与非物质文化遗产等当地无形文化相关的传习展示场所及其所展示的内容在露天博物馆中扮演重要的角色，可唤起博物馆所在地区居民对自身保有的文化艺术的再认知，继而确认这种文化主体性背后的责任意识。这与《保护非物质文化遗产伦理原则》中确认的原则相吻合：相关社区、群体和个人在保护其所持有的非物质文化遗产过程中应发挥主要作用。[②] 对照《实施〈保护非物质文化遗产公约〉操作指南》第 108 项条款，露天博物馆可用于提升对非物质文化遗产及其重要性的认识，并帮助广大公众了解这些遗产对社区[③]的重要性。发挥社区即文化主体在露天博物馆中的作用，即是保护当地人的自主管理权和自主发展权，有利于文化生态获得相对稳定的存续。

---

① 彭兆荣."遗产旅游"与"家园遗产"：一种后现代的讨论[J].中南民族大学学报：人文社会科学版，2007（5）：19.

② 联合国教科文组织.保护非物质文化遗产伦理原则[J].巴莫曲布嫫，张玲，译.民族文学研究，2016（3）：5.

③ 这里的"社区"是指"一个任意大小的社会单位，其拥有共同的价值观，或者坐落在特定的地理区域（一个村或镇）；这是一群依靠持久的关系相连接并延伸至超越直接的系谱关系，并且经常定义这种关系对他们的社会身份和实践非常重要"。转引自杨红：《非物质文化遗产展示与传播前沿》，清华大学出版社，2017年，第88页。

（三）促进遗产旅游价值的开发

以露天博物馆形态发挥文化遗产的旅游价值、经济价值时，通常以保护与展示特定地区建筑类物质文化遗产、非物质文化遗产等为主题，是文化旅游的目的地，但与旅游行业中一般性的主题公园又存在区别。①建设露天博物馆的核心目的不是营利，而是文化保护与公众教育；露天博物馆为吸引本地和外来游客，发挥旅游休憩功能，通常会营造为承载本土怀旧主题的"家园"形态主题公园、市民公园，但针对历史建筑等藏品的保护、开展各类公众教育属性的活动也是露天博物馆的核心业务。彭兆荣也谈道：后现代的消费主义时尚在"遗产旅游"中"发现"了更多符合现代游客口味的遗产地和遗产景观，而这样的消费趋势又会在"新遗产"中附加更多"人工"的元素和元件。②因而，露天博物馆兼具遗产旅游功能，但又强调文化保护与公众教育这两个核心职能，或许是缓解消费趋势对遗产产生负面影响的一类可行做法。

露天博物馆为外来游客提供当地历史文化和风土人情的集合空间，历史建筑、自然和人居环境以及生产生活场景成为该类旅游产品的核心元素。关于文化遗产与旅游之间的关系，古迹遗址国际理事会（ICOMOS）于1999年10月在墨西哥通过的《国际文化旅游宪章》中这样表述"旅游和文化遗产动态的互相作用"。国内和国际旅游作为文化交流的最重要的工具之一，为我们提供了解经历岁月沧桑和社会洗涤的有个性的生活经历的机会。它日益成为自然和文化保护的一支积极的力量。旅游可以为文化遗产创造经济利益，并通过创造资金、教育社区和影响政策来实现以保护为目的的管理。它是许多国家和地区经济的主要部分，如果成功管理，可以成为发展中的重要因素。③可见，遗产旅游在促进文化交流的同时，实现经济价值和教育目的，与所在地区的社会经

---

① 主题公园是指"以营利为目的兴建的，占地、投资达到一定规模，实行封闭管理，具有一个或多个特定文化旅游主题，为游客有偿提供休闲体验、文化娱乐产品或服务的园区"。转引自中华人民共和国中央人民政府网站：国家发展改革委《关于规范主题公园建设发展的指导意见》，http：//www.gov.cn/xinwen/2018-04/09/content_5281149.htm，发表时间2018年4月9日，浏览时间2020年6月25日。

② 彭兆荣."遗产旅游"与"家园遗产"：一种后现代的讨论[J].中南民族大学学报：人文社会科学版，2007（5）：17.

③ 古迹遗址国际理事会网站：国际文化旅游委员会《国际文化旅游宪章》，http：//www.whitr-ap.org/themes/73/userfiles/download/2013/2/28/xxam58f9sgqwhqb.pdf，发表时间2002年12月1日，浏览时间2020年6月2日。

济发展关系紧密。

露天博物馆也符合当代旅游产品多元化的发展趋势,博物馆、文化遗产地不仅是外来者的旅游目的地,也是当地人日常短途旅行、假日亲子活动的聚集地。欧美不少露天博物馆也是本地居民假日休憩、家庭休闲的目的地,尤其是传统节日、地方节庆、农事节日期间,露天博物馆还被营造成为当地节日气氛浓郁的社会活动空间。这类案例很多,比如瑞士巴伦伯格露天博物馆就以家庭休闲首选地(Family Destination)定位,① 提供自然人文综合体形态的成片户外空间,以及适合儿童和老年人友好型场所和活动,满足旅游休闲功能的同时实现公众教育、文化交流的目的。该露天博物馆在官网中表述:在这里可以发现曾祖父母过着怎样的生活,观看迷人的手工艺品展示,并在"家中手工"空间随意触摸自己喜欢的东西。欢迎来到巴伦伯格获得完整的"家庭体验"。②

四、露天博物馆模式应用于文旅融合的策略要点

(一)"有形化"展示建筑和无形文化的复杂性

露天博物馆所保存的相对真实、完整的文化生态,使其承载了当地社区和居民的乡土记忆,而这种情感联系的维系一定程度上也决定了露天博物馆的价值和生命力。在规划、建立和运营露天博物馆过程中,文化生态、地缘关系的维护一定程度上决定了这一场所空间的文化认同价值是否得以延续。

露天博物馆对建筑的展示应给予多角度的阐释,应致力于向参观者传达过去生活的复杂性,将人们对舒适度等的追求予以解读。③ 展示建筑如果只呈现有形的建筑本身,那就只提供了对历史上的、复杂的人居环境最低层次的展示。参观者需要了解与建筑相关的传统习俗和工艺、人们如何使用建筑的空间、哪些材料和工具会在其中存储或使用、不同类

---

① 瑞士巴伦伯格露天博物馆网站:巴伦伯格露天博物馆《博物馆简介》,http://www.ballenberg.ch/en,发表时间不详,浏览时间2020年6月5日。

② 瑞士巴伦伯格露天博物馆网站:巴伦伯格露天博物馆《儿童与亲子》,http://www.ballenberg.ch/en/joining-in/children-and-families,发表时间不详,浏览时间2020年6月20日。

③ Linda Hurcombe, "Tangible and Intangible Knowledge: The Unique Contribution of Archaeological Open-Air Museums", http://exarc.net/ark:/88735/10218,发表时间2015年4月1日,浏览时间2020年5月20日。

型的建筑通常分布于哪里，哪些地域或民族的人住在这样的房子里等。除了居住及生活形态的展示，各地特有的生产劳作和谋生手段也是重要的展示内容。比如，芬兰的图尔坎萨里露天博物馆（Turkansaari Open-Air Museum）共有40座建筑物，主要展出的是奥卢河沿岸的农家文化以及该地区的传统谋生手段。①

露天博物馆对无形文化进行"有形化"展示时应尊重事实的复杂性，提供多层解释、完善参观者认知。琳达·赫科姆认为：博物馆在将无形"有形化"展示过程中，实际上存在着多层解释，但博物馆通常只能有形地表达其中一种较为熟悉的方式、特征等。从参观者角度来说，看到的无形知识是有形的，并且看到的是真实的，因此就会认为在博物馆中看到的现实（展品）与过去一样，而实际上又存在着多层解释。因而，露天博物馆还应建立进一步的对话，比如提供信息面板或现场讲解等形式，告知其中所包含的已知信息和合理假设，提供参观者更为真实客观的多层解释。②总而言之，无形知识的"有形化"基于已知事实，但又必须面向部分的未知；"有形化"虽存在人为取舍，但又可以通过其他解读手段予以告知，完善公众的认知。比如，与信仰相关的仪式过程是无形的，且展示民俗文物等证据（展品）并不能揭示更多无形的内容，但露天博物馆可以提供演示甚至是包含体验性的内容，这种适度的"有形化"并不是要抹去仪式过程的多层解释，而是为了帮助参观者加深了解，并对所处地域文化产生更多思考。

（二）鼓励博物馆、参观者和原住民的"三向互动"

露天博物馆对无形文化的展示时需要具备相关知识和技能的人来演示，这一环节可由当地居民通过专职、兼职或志愿服务等形式承担。琳达·赫科姆通过将露天博物馆与传统博物馆进行对比，说明它们对有形和无形知识的展示方式是不同的，需要人的参与：传统博物馆致力于展示有形的制成品，并且附加讲解、图像等解释性内容，有时会通过展

---

① 图尔坎萨里露天博物馆网站：图尔坎萨里露天博物馆《博物馆简介》，http://www.ouka.fi/oulu/luuppi-english/turkansaari-open-air-museum，发表时间不详，浏览时间2020年6月20日。

② Linda Hurcombe, "Tangible and Intangible Knowledge: The Unique Contribution of Archaeological Open-Air Museums", http://exarc.net/ark:/88735/10218，发表时间2015年4月1日，浏览时间2020年5月20日。

示展品拆解后的复合结构、重建背景性质的场景等方式进一步提供对有形证据（展品）的解读；而露天博物馆致力于展示基于事实证据的无形知识以及相关的解释性素材，且这些证据（展品）原本可能并不存在于展示现场，因而露天博物馆对无形知识的展示是其独特贡献，也是核心难题，通常会采取对人类经验、技能等进行演示的方式，让过去的有形和无形知识交织在一起。① 可见，这些无形文化相关实践的演示需要投入人力，相关工艺技术需要在特定时间和地点、通过具备该项技艺的人的参与和协作来完成，因而，露天博物馆离不开人的实际参与。

鼓励参观者参与和探索当地社会生活的过程，比如手工艺体验，将其作为露天博物馆与参观者互动对话的一部分。露天博物馆提供了文化遗产与所在社会及相关实践者更多的互动机会，与此同时，也提供了参观者欣赏人类过去的实践活动及所具备专业知识的机会。当参观者面对建筑及其中的手工艺品、装饰品时，他们可以较为容易地"想象"建筑仍旧是"活着的"；加之工作人员在建筑内扮演角色，充当展示空间与参观者互动的背景甚至是"舞台"；如果允许当地人仍旧居住在建筑中，就可以进一步促进这种对话的形成、丰富人们的理解。博物馆、参观者和原住民形成了三向互动，许多需要被解读的知识就可以由当地居民来解答了。② 可见，当历史建筑不同程度地恢复或保持使用功能，露天博物馆与文化主体间的关联度越大，也越能够保障原住民对本文化的展示和解释权。例如，笔者在新疆维吾尔自治区伊犁州调研期间，走访了建成于20世纪30年代的六星街，街区展示着现代田园城市的规划格局，被称为新疆的"露天建筑博物馆"；而其独特的历史人文价值在于一直延续至今的多民族集居、文化交流融合的社会生活面貌，每扇窗户后面都是百姓生活，他们是这片历史文化街区的主人。

（三）运用"历史再现"方法，营造"积极空间"

露天博物馆虽拥有相对集中的历史建筑等文化资源，但并不等同

---

① Linda Hurcombe, "Tangible and Intangible Knowledge: The Unique Contribution of Archaeological Open-Air Museums", http://exarc.net/ark:/88735/10218，发表时间2015年4月1日，浏览时间2020年5月20日。

② Linda Hurcombe, "Tangible and Intangible Knowledge: The Unique Contribution of Archaeological Open-Air Museums", http://exarc.net/ark:/88735/10218，发表时间2015年4月1日，浏览时间2020年5月20日。

于具备充足的旅游资源。在聚合建筑之后，露天博物馆如何持续运营、提高参观者的反复光顾率是核心问题。露天博物馆提供非物质文化遗产等无形文化的展示与体验，是一种谋求多元类型旅游资源互补的手段。

"历史再现"等做法让露天博物馆的文化展示更具真实性、体验性和吸引力。比如，德国考古露天博物馆广泛使用"历史再现"（Living History）这一热门做法，通过专业的"历史再现"帮助参观者体验非物质文化遗产，从而促进相关实践的保护。[1] 这种体验为参观者提供了在日常生活中不易获得的实践机会，而视觉、听觉、嗅觉等多感官体验可以唤起人们对文化传统的记忆。比如，以饮食类非遗项目为例，触发参观者的嗅觉不失为一种很好的展示方式，这使人们获得了对这类地方生活传统直观化的解读。尤其是青少年儿童，有机会融入技能体验和学习过程，可以帮助他们了解这些技能的重要性及必要性，读懂人类过往的真实需求和生产生活状况。在一项有关"德国考古露天博物馆利用'历史再现'这一博物馆教育工具开展历史和非物质文化遗产教育现状"的调查中，受访博物馆都使用了"历史再现"的方法，用于展示各种工艺技术和历史上的生活方式；一些博物馆还提供了传统手工艺品体验课程。从该项调查的目标人群分析中看到，考古露天博物馆经常为学校，尤其是中小学提供特定的"再现历史"项目；此外，家庭也是最重要的目标群体，博物馆使用"再现历史"手法为家庭提供量身定制的项目。[2]

露天博物馆在展示本地区历史面貌的同时还可将时间坐标延展至当代，兼顾当代文化的展示。笔者认为，这样有利于露天博物馆展现其作为"积极空间"的姿态，让其拥有适时融入当代社会的可能性。例如，近年来国内兴起的"原乡旅游"，不仅展现了富有地方特色且相对真实的自然人文面貌，还通过当地手艺人等原住民提供的各类体验项目让游

---

[1] Tatjana Meder, Jana Seipelt, Sabrina Slanitz, "Living History as an Instrument for Historical and Cultural Exchange in German Archaeological Open-Air Museums: An Online Survey Defines Present Status", http://exarc.net/ark:/88735/10266, 发表时间2016年4月1日, 浏览时间2020年5月22日。

[2] Tatjana Meder, Jana Seipelt, Sabrina Slanitz, "Living History as an Instrument for Historical and Cultural Exchange in German Archaeological Open-Air Museums: An Online Survey Defines Present Status", http://exarc.net/ark:/88735/10266, 发表时间2016年4月1日, 浏览时间2020年5月22日。

客感受到乡土气息浓郁且淳朴的民风，且并不强调历史景观，而更为突出本土特质。琳达·赫科姆的论述也与这一做法吻合，她认为：熟练的手工艺者在职或部分参与露天博物馆展示活动，这些在当代仍旧拥有相关工艺技艺的人们可以分享知识和技能，并在此进行商品交易。①在当代依旧活态存在的本土生活文化，为遗产旅游提供了活力和新的发展维度。

基于以上探讨，文旅融合的露天博物馆模式可以概括为：以特定地域适度集中的历史建筑和人居环境为载体，基于事实证据对该地区无形文化进行"有形化"展示，使其成为一种遗产保护与展示、旅游观光与体验功能兼具的融合发展模式。露天博物馆可引发外来游客对文化多样性的思考与对话，触发本地居民对本土文化的确认及情感责任，从而使历史建筑、无形文化在当代及未来发挥更大的作用，为文化遗产的保护与利用提供了一种可供参考的解决方案。

第五节　传统手工艺类非遗的节事旅游发展路径

克罗地亚蕾丝制作技艺是2009年入选人类非物质文化遗产代表作名录的传统手工艺类非遗项目。一个世代传承这项手工技艺的小镇，如何以此形成一个具有很高国际知名度的节日，并且一办就是二十多届呢？

一、个案克罗地亚国际蕾丝节概述

克罗地亚国际蕾丝节举办地点通常选在其北部城镇勒波格拉瓦以及亚得里亚海的帕格镇，已经举办了二十多届。随着蕾丝节影响力的不断扩大，如今已不是克罗地亚一国举办，联合举办的国家还有意大利、德国等，另外也有许多参与国家，包括波兰、斯洛文尼亚、爱沙尼亚、匈牙利等。几年前，蕾丝节还获得了由欧洲节日协会（EFA）颁发的"2017/2018年度卓越节"的荣誉称号。

每届国际蕾丝节都有不同的主题，如"蕾丝与设计""蕾丝与首饰"等。届时蕾丝节会举办一系列文娱活动，比如研讨会议、展览展示、娱

---

① Linda Hurcombe, "Tangible and Intangible Knowledge: The Unique Contribution of Archaeological Open-Air Museums", http://exarc.net/ark:/88735/10218, 发表时间2015年4月1日，浏览时间2020年5月20日。

乐节目等，多个国家同台展示蕾丝制作技艺，包括荷兰、捷克共和国、法国、英国、意大利等，当然也包括克罗地亚，参观者们可在此亲眼看到传统的蕾丝制作过程。主展览、蕾丝制作体验坊、当地美食展、服饰秀、音乐演出等形式动静结合、互为补充，丰富了参观者的节事旅游体验。

以第六届帕格国际蕾丝节为例。蕾丝节共举办两天，白天有主展览和"我的第一针"（My First Stitch）蕾丝制作体验坊，傍晚有"帕格佳肴"美食展（"Pag's Cuisine"），晚上则有帕格婚纱秀和音乐演出。第二天晚上还会举行颁奖礼、闭幕式和晚宴。主展览内容十分丰富，包括"家中蕾丝：帕格嫁妆"展览（"Lace in the Home, Pag Dowry"），由弗兰·布达克帕格蕾丝协会（Fran Budak Pag Lace Society）和帕格蕾丝美术馆联合举办的帕格蕾丝展，由圣玛格丽特本笃会修道院（The Benedictine Monastery of St. Margaret）举办的帕格蕾丝展，圣母玛利亚升天教堂（Church of the Assumption of the Blessed Virgin Mary）举办的教会法衣展（Ecclesiastical Vestments Exhibition），以及圣三一教堂（Holy Trinity Church）的"中世纪帕格镇"展。

二、节事的主角是蕾丝制作技艺

蕾丝节的主角是蕾丝制作技艺。多年来，克罗地亚的蕾丝制品以其独特的图案和设计而享誉世界。2009年，联合国教科文组织将克罗地亚蕾丝制作技艺列入"人类非物质文化遗产代表作名录"。

在克罗地亚，蕾丝制作技艺是一项历史悠久的传统手工艺，可以追溯到文艺复兴时期，当时蕾丝制作技艺开始在地中海沿岸及整个欧洲大陆遍布开来。

如今，克罗地亚仍留存三个保有蕾丝制作传统的地区，分别以亚得里亚海的帕格镇、克罗地亚北部的勒波格拉瓦镇和同名的达尔马提亚岛上的赫瓦尔镇为中心。

帕格针尖蕾丝制作技艺（Pag needle-point lace）始于15世纪晚期，起源于迈锡尼城（the city of Mycenae），由本笃会修道院（the Benedictine convent）的培训学校担任教授任务。帕格蕾丝通常在主体的蜘蛛网状图案周围，还会编织一些几何图案加以装饰，最初用于制作教会法衣。在过去，帕格的妇女曾入宫，专门为玛丽亚·特蕾莎女王（Maria Theresa）制作蕾丝。如今，一些年长的妇女往往会开设为期一年的蕾丝制作课程，这项技艺因此得以传承和传播。

勒波格拉瓦梭织蕾丝（Lepoglava bobbin lace）是由缠绕在主轴或线轴上的编织线制成的，用于制作民间服饰的蕾丝缎带，常常在乡村集市上出售。芦荟蕾丝（Aloe lace）则由赫瓦尔镇的本笃会修女（Benedictine nuns）亲手制作。修女们从新鲜芦荟叶的果心中提取白色细线，先把纸板作为背景，再将这些细线编织成网状或其他图案，由此产生的蕾丝制品往往被视为赫瓦尔的象征。

长期以来，克罗地亚的农村妇女制作了各种各样的蕾丝，并以此获得了额外收入，同时也在该地区的文化中留存了永久的印记。这种工艺既是克罗地亚传统服装的重要组成部分，也是当地文化和传统习俗的生动见证。

三、地方传统手工艺如何发展节事旅游？

（一）合理利用文化资源营造浸润人心的节日

每个地方都有自己珍贵而独特的文化资源，经历了时间的洗礼与沉淀，凝结了当地人民经由实践而创造出的智慧结晶。从克罗地亚传统蕾丝制作技艺的当代保护实践中，我们看到了尊重传统与促进交流的姿态，以及对这类资源进行合理而有效的利用。

一旦节日得以确立，就会成为当地甚至更大范围人民普遍认同的文化盛事，全民关心、主动传承的社会氛围就自然而然形成了。如今，蕾丝节已成为当地当代民俗文化的重要因子，具有了天然的稳定性、传承性和仪式感，通过节日氛围营造手工艺与人们情感的联系，手工艺就不再停留于欣赏层面，已成为文化认同生成与放大的要素。

蕾丝节的成功之处还在于契合了当代人对节日文化的心理需求。现代语境下的节日已然不同于过往，人们关注的重心从秩序和礼仪转为了交际和互动。因而，传统手工艺的展示与体验、售卖与消费、社区参与与国际交流，参与感、互动性和趣味性兼备，恰好契合了当代人对节日内容与形式的需求。

在传承与发展克罗地亚传统蕾丝制作技艺之路上，当地人很早就选择了节事传播这一路径，让古老的手工艺巧妙融入现代节事，使蕾丝的节日变成当地人与外来游客"主客共享"的盛会。

（二）以活动为中心的事件型旅游吸引物

克罗地亚国际蕾丝节不仅是当地人的文化盛会，也是外来者热衷的旅游吸引物。有学者将旅游吸引物分为两类，一是以客体为中心的观光型旅游吸引物，二是以活动为中心的事件型旅游吸引物。旅游者为获得非日常的旅游体验，会选择前往周期性的节事活动、体育赛事等，就是以活动为中心的事件型旅游。

在当代，节事旅游已然成为文化旅游的重要类型，它以地区文化的良好传承为前提，以符合当代文化的创意衍生为特色，在特定的文化空间放大了文化多样性，淋漓尽致地展现了文化的碰撞与互动。节事旅游也更加强调旅游者的参与感，不再是单向度的观光行为，而是通过参与节日的整个过程，获得深刻而独特的文化体验。而蕾丝节又可大量激发参与者活动的审美情趣，传递与强化了人类所共通的情感。

蕾丝节在传播蕾丝文化之外，还将各类民间工艺、地方特色饮食、当地表演艺术等文化资源提供给参与者。可以说，"帕格佳肴"美食展与蕾丝制作技艺的巧妙邂逅，产生了十分奇妙的化学反应。参与者不仅能获得视觉享受，还能动手体验，甚至可以用嘴品尝，获得了更加多样和立体的节日感受。

此外，蕾丝节也十分重视相邻文化的一脉相通，通过多地联动的方式，打破人为划分的地域界限，促进国家间文化传统的包容、交流与共享。文艺复兴时期，蕾丝制作技艺开始在地中海沿岸及整个欧洲大陆遍布开来。由于这个历史渊源，克罗地亚在举办蕾丝节[①]的过程中，就会邀请许多相关国家前来展示传统蕾丝制作技艺，包括荷兰、捷克共和国、法国、英国、意大利等，也会以开放的姿态吸纳联合举办的国家共同参与。[②]

[①] 国际蕾丝节网页，"克罗地亚周"网站，https://www.croatiaweek.com/?s=International+Lace+Festival.

[②] 人类非物质文化遗产代表作清单克罗地亚蕾丝制作技艺介绍网页，联合国教科文组织网站，https://ich.unesco.org/en/RL/lacemaking-in-croatia-00245

非遗在我国被确认为中华优秀传统文化的重要组成部分，非遗保护已然成为国家重视、社会广泛关注的文化事业，在系统性保护的基础上，正在着力加强创造性转化与创新性发展。非遗的生产性保护和产业化发展、与现代知识产权保护体系相衔接、与文化和旅游产业融合发展等，都是增进非遗生命力和活力的重要保护实践，也都属于交叉性命题，需要相关学科共同研究指导实践。

第八章　非物质文化遗产的跨界传播

第一节　品牌：传递非遗的当代价值

当代社会，品牌的力量无时无刻不在影响着人们的生活。非遗品牌传播的效果，不仅反映了大众对非遗的知晓度和对非遗保护与传承的认可度，更是当代非遗保护实践成果的重要体现。尤其是对于具有商品性的非遗项目而言，品牌价值可在一定程度上反映非遗资源的当代价值。在学术研究领域，虽然老字号的品牌营销传播的研究较多，但以非遗为品牌传播研究对象仍是一个新命题，那么当代与非遗相关的品牌形态有哪些呢？

一、专业品牌：巩固跨越百年的信赖

在我国大江南北，许多非遗项目的制成品都自带"流量"，有许多是数百年来人们生产生活细分领域中的公认品牌，其背后是世代相承的智慧、经验凝聚而成的核心工艺技艺。这类品牌的长盛不衰关键在于品牌所对应的产品、服务以及生产者、经营者的专业性，也是品牌专业化发展路径的体现。

许多"中华老字号"品牌就拥有"人无我有，人有我精"的特有品牌形象。比如，一说中医药，北京有同仁堂，苏州有雷允上，杭州有胡庆余堂，武汉有马应龙，广州有潘高寿、陈李济、西关正骨，家喻户晓。但这类抱着老祖宗留下的"金饭碗"的老字号品牌，也不可避免地面临品牌衰退期的危机。尤其在当代社会，任何"金字招牌"都需要不断维护形象，巩固目标市场消费者对品牌的认同和信赖程度，从而保持品牌可持续发展的态势。

二、工匠品牌：抓住振兴传统的良机

在我国大力弘扬"工匠精神"，实施"传统工艺振兴计划"的大背景下，"工匠"已不再是某种职业类型，而是对工艺技艺具有更高精神追求的外化符号。在经过多年的舆论环境积累之后，这种共识已然在消费者头脑中形成，那么，这个时期也就成为"工匠品牌"孕育和成长的最佳时期。

当前，各地传承状况好、民间口碑佳的工艺品、日用品、食用品等迎来了打造"工匠品牌"的良机。例如，《舌尖上的中国》第三季播出，"章丘铁锅"一夜成名。实际上，这一事件并非偶发，背后是社会整体认知和消费习惯的支撑，是当代人对"手工锻打"这样的"工匠品质"的认同与信赖。

笔者认为，非遗领域"工匠品牌"的孕育应具备两个特点：一是品牌产品与特色传统工艺技艺相关联，通常在其工艺流程中还包含有手工制作环节；二是具有高于普通同类产品的质量和功效，能够让目标市场消费者得出"品牌即是品质的保证"这样的价值认同和消费体验。纯手工、好手艺等建立和运营自有品牌，就是一个将原本地方性、区域性的工匠精神"符号"传播推广开来的过程，最终实现品牌化发展之路。

三、时尚品牌：助力传承汇聚成潮流

非遗也时尚。一方面，要依靠更大范围的消费者接触和感知到非遗技艺的独特性，通过亲身体验、购买使用、确立认同、形成潮流等发展过程，最终打造出以非遗资源为核心要素的时尚品牌；另一方面，要依靠多种形式的跨界合作，形成非遗元素与当代文化结合后的时尚卖点、流行趋势，从而吸引一批与非遗从业者建立合作关系，所研发产品、子系列、子品牌及所传递的概念可达到影响当代流行文化的知名时尚品牌，打造一批以非遗资源为主要创新要素的新兴时尚品牌。

需要注意的是，这类跨界是实体资源和业态之间的跨界。与非遗的跨界，是时尚品牌提升价值的良方。大量处于品牌成熟期前后的时尚品牌需要借助人文情感元素的添加等手段，实现品牌形象的巩固与提升。而对于非遗保护而言，能够让传承成为潮流的举措同样也是一剂良方。

四、公益品牌：结成社会力量保护链

保护仍旧活态存世的非物质文化遗产是当代人的一项责任，因此，非遗保护需要全民参与，尤其需要吸纳更多社会力量，连结和带动全民参与。随着非遗保护工作的深入开展，与非遗传承、传播和转化相关的社会公益品牌将不断涌现，其规模和影响力不断扩大。例如，建立起云锦织造技艺、金箔锻造技艺等一批非遗项目并与星巴克、玛莎拉蒂等一批知名品牌合作的专业机构"稀捍行动"，其运营模式的基础是对非遗资源的有效梳理与合理利用，主要采取借力国内外知名品牌实现非遗价值传播的方式，同时也有从市场角度扶持非遗项目发展的目的。

目前，这类以公益性目的为主的第三方机构主要做的是渠道品牌和服务品牌的打造，符合社会分工精细化的发展趋势，有利于非遗项目借力价值传播、实现传统再造，也有利于凝聚社会保护力量、扩宽传播推广的渠道。

五、电商品牌：网络市场也传播文化

近年来，一批与非遗有或多或少关联的电商微商品牌应运而生，它们通常以手艺手作、工匠品质等作为品牌传播和平台营销的核心卖点，以非遗相关制成品、衍生品等为主要销售产品，是基于互联网和移动互联网运营的线上品牌。特别是以社交媒体内容推送、兴趣社群线上运营、线上线下互动活动等方式传播非遗价值，并以此增加和巩固平台目标消费人群，促进相关产品销售的社交电商，其品牌成长的过程与发展现状值得关注。

我们在对与非遗、传统工艺相关的电商（基于第三方平台类和自建平台类）调研中看到，这些电商微商平台建立时间都不长，但已然经历过一轮市场的检验。其一，由于自建平台需要从零流量做起，对产品吸引力、平台易用性、持续运营力、品牌可信度等的要求都很高，大多数这类平台面临巨大的生存压力已然销声匿迹；其二，有些平台一味追求"大而全"，以各地非遗产品"一网打尽"作为定位，但实际运营中产品门类繁杂、代销门槛不一、营销推介乏力等问题层出不穷，反而是一些立足地方文化传统、专注于单一非遗门类、线下实体机构打造的特色线上品牌能够占据一席之地；其三，平台要警惕将非遗、手工艺的价值传播停留于"概念"层面，调查中看到，有的微商搭建了体现文化传播功能的内容板块，但推送文章、主打产品等都与非遗、传统工艺等关系不大，与品牌初衷渐行渐远。

从非遗项目自带的实体品牌、助力非遗创意转化和元素再造的跨界实体品牌，到市场、技术赋能的非遗相关渠道品牌、线上品牌，"品牌"的力量能够为具有商品性的非遗项目增加吸引力和知名度，拓展其认知范围和产品市场，帮助项目走进寻常百姓家、走向世界，因此，品牌化发展也是提高非遗传承水平、确保非遗生命力、激活非遗自身造血功能的重要保护措施。而促进非遗当代价值的传递、实现和增值，是品牌视角保护传承非遗的核心要义。

第二节　潮玩也非遗：非遗流行指数再升级

古代的乐高玩具是怎么样的？怎样用积木自己搭建一个天坛祈年殿？这是传统榫卯技艺在现代的新玩法。据某跨境电商 B2B 平台数据，榫卯积木在 2021 年上半年的订单数同比增长 500%，中国传统工匠文化通过积木已经传递到了海外。[①] 如小米众筹的"天坛纪念版千年榫营造积木"，让玩家在搭建过程中体验到中国建筑营造的乐趣。

与此同时，"阿木爷爷""山村小木匠安旭"等木作手艺人账号近年来在国内外短视频社交网站迅速走红，这一现象背后是遍布全国各地的传统家具制作、木构建筑营造等非遗技艺的"复潮"，这些"指尖上的技艺"借助网络视频浓缩性、奇观化的展示受到当代人追捧。

非遗技艺的潮玩化，让现代人见识了先辈的智慧。

一、非遗商品消费趋势分析

当前，越来越多的非遗商品从地方特产走向大众品牌，消费增量的背后是价值认同与文化认同。

非遗通过电商走向大众的趋势越来越明显。据阿里巴巴集团发布的

---

① 中国网科技.中国榫卯积木走红海外，阿里国际站推出玩具出海专线[EB/OL].（2021-6-1）[2022-05-30].http://tech.china.com.cn/roll/20210601/377767.shtml.

《非物质文化遗产消费趋势报告》显示，过亿用户曾在淘宝平台购买非遗商品，且超过 2/3 消费者为"八零后""九零后"。[①] 头部带货主播对非遗产品的推介已然常态化，"非遗"成为品质、特色的代名词，每当新品上架即一抢而空；2021 年"双十一"天猫首次为非遗设立专属会场，"零零后"消费者购买非遗商品的人数和金额均有一倍以上的增长；与此同时，天猫"非遗焕新夜"、逛"老字号神奇街市"已成为热门网络风景。

越来越多的非遗不再停留于"传统"这一标签，通过创造性转化和创新性发展成为高频消费品、新锐消费品，甚至升级为当代年轻人表明文化身份认同的符号与方式，其潮流属性正在被激活。

在年轻人尤其是 Z 世代热衷的潮玩领域，越来越多地看到了非遗技艺的加盟，成为文化附加值的重要来源。潮玩正在从小众走向大众，据艾媒咨询相关报告显示，2020 年中国潮玩市场规模达到 294.8 亿元。盲盒、手办、娃衣等潮玩品类在风口期即与非遗、文物等传统文化资源结缘，表现出一定的消费潜力，彰显了社会公众及各类市场主体在主动承担文化传承的使命，同时也表明了年轻人对中华文化的认同感和归属感。

二、非遗与潮玩结合的必然性

非遗与潮玩的结合，脱胎于非遗焕新的必然要求。非遗来源于传统而又活态存续于当代，回顾每一项非遗的传承脉络，都会发现其与所处时代、地域的互动，与当时当地的社会生产生活、审美风尚需求相互协调，从而得以历久弥新。因而在当代，非遗也需要谋求与现代社会的同步发展，得到当代大众的认知认可，其中包括非遗在传承基础上的合理创新，也包括与现代商业模式、文化消费模式的充分结合，以激活非遗的当代价值。比如，河北曲阳定瓷技艺传承人庞永辉就曾面临国营瓷器厂倒闭、工人工资发不出的艰难岁月，光凭对非遗的坚守与执着无法实现他传承定瓷的使命。为此，他结合现代科技与当代审美对定瓷产品进行创意设计，并联手年轻设计师将潮流元素融入定瓷，使其成为流行的手办潮玩，实现了一年线上销售额占比达到 20%。[②]

[①] 非遗传播研究平台．文化和自然遗产日|阿里巴巴发布非遗消费趋势报告 [EB/OL]．(2021-6-14) [2022-05-30].https://mp.weixin.qq.com/s/ZZwenMvuoFdRjrkuKuI2HA.

[②] 孙冰．以非遗的妙成就国货的潮，非遗"潮"起来 [J]．中国经济周刊，2021（21）：88-89.

非遗与潮玩的结合，脱胎于潮玩深化的必要追求。受消费者文化追求、审美导向的影响，商业行为自然而然地需要附着文化附加值，这一点在以"潮玩文化"为主体的"潮经济"中表现尤为明显。但近年来的"潮经济"风口下，众多投资者追着风向入行售卖潮玩，却往往只得到了昙花一现的经济效益便从此沉寂。中国社会科学院国情调查与大数据中心发布的《2021中国潮流玩具市场发展报告》指出，潮玩盲盒发展的持续性面临着不小的挑战，其中之一就是如何维系用户黏性。[①] 究其原因，受众对新消费的热情持续时间有限，潮流文化受众兴趣的变迁、潮流时尚的高速更迭，造就了潮流行业的高淘汰率。只有稳定的、可挖掘的IP输出，依靠深远的文化内涵所富有的庞大生命力和吸引力，才能打破受众对潮玩的"三分钟热度"。非遗正是具有丰富文化内涵的资源宝库，包括非遗在内的内容化营销已成为激发年轻人消费的重要手段。

此外，在越来越多资本入局之后，商品的同质化也越来越明显，需要以非遗等资源要素作为产品的独特性标签，打破同质化格局。不少品牌开始在商品中加入非遗元素，如恒越推出了一款印有皮影戏图案的马克杯，伊肤泉在产品外包装中引入苏绣，GXG男装推出了印有各类非遗图案的卫衣盲盒等，他们都试图用非遗作为产品创意，打造国潮新品。

三、非遗与潮玩结合的可能性

非遗与潮玩的结合，让中华优秀传统文化借助商业逻辑得以传承弘扬。在中国社会科学院舆情实验室、中国旅游报联合阿里巴巴发布的《2021非遗电商发展报告》中显示，2021年，14个非遗产业带在淘宝天猫年成交过亿，非遗产业开始呈现规模效应，超过67%的受访淘宝非遗店主在店铺经营中找到了手艺传承人。[②] 非遗的"潮"让非遗真正鲜活起来，使得其融入当代生活之中，拉近了非遗与消费者之间的距离，进一步扩大了年轻人与非遗的接触面，激发了年轻人参与非遗传承的积极性。在天猫国潮的引导下，电商平台开始关注非遗及非遗手艺人，帮助非遗

[①] 经济观察网.社科院发布潮玩市场发展报告：预计2022年潮玩市场规模将达478亿元[EB/OL].（2021-12-24）[2022-05-30].http://www.eeo.com.cn/2021/1224/516314.shtml.

[②] 文旅产业指数实验室：2021非物质文化遗产电商发展报告[N].中国旅游报，2021-9-28（3）.

商家提升线上运营能力，增强在消费市场的曝光度。以王晓璐这位"非遗二代"为例，她的母亲是成都银花丝指定代表性传承人，加入了淘宝手艺人平台后，银花丝货品不断贴近Z世代的喜好，其作品销量开始增加，工作室也有了新的年轻人加入。可见，以潮玩、电商模式为载体，在资本的推动下对融入了非遗元素的商品进行营销推广，在商品更为大众所知、获得更好的销售利润的同时，间接使得非遗更加融入年轻人的心中。

非遗与潮玩的结合，可使中国式审美在年轻人中进一步"破圈"，由"古风圈""汉服文化圈"等渗透到更多小众甚至舶来文化之中。比如，传统刺绣纹样与新兴消费品类相结合，孕育出属于当代年轻人的刺绣潮流文化。在潮玩领域的BJD娃娃（球形关节娃娃）、棉花娃娃等"娃圈"中，近年来出现了满绣、蜡染、织锦等非遗属性的"娃衣"。在东华大学与玩偶品牌"Rua娃吧"举办的棉花娃娃服装设计比赛中，猫耳卫衣、小礼服、纱裙等娃衣样式全部由云贵地区少数民族的非遗工艺完成，这种结合不仅为棉花娃娃增添了民族特色和文化意涵，也让娃衣本身有了传承之感。浏览相关页面可以看到，网友纷纷发出了诸如"娃衣变得更有意义""希望能量产"等评论。用非遗绣"娃衣"，潮玩的把玩性拉近了文化艺术与公众的距离，再用非遗属性娃娃在年轻人中传播非遗等中华传统文化，潮玩成为文化传承弘扬的新载体。

非遗与潮玩的结合，让中国式工艺的价值标准在年轻人中得到普及，帮助更多传统手工艺重塑手工价值。许多潮玩的消费过程附带着手作、DIY、众筹、共创等环节，可使公众获得深度体验、参与文化传习。比如，杭州、广州、成都等越来越多城市在热门商业街区推出潮玩手作场馆、集市等，其中包含大量与传统手工艺相关的手作项目，亲手制作的过程使得手工价值得到传递。2021年11月10日，国内第一家以"非遗文化体验"为卖点的星巴克门店在北京正式开业，相关评论认为"非遗"概念成为传统文化与新消费趋势结合的一个抓手，背后正是当代年轻人对本土文化审美的认同。体验经济、个性化定制经济、互动经济等产消模式的更新，推动了手工的增值和匠人精神的传扬。

四、非遗与潮玩结合还处于萌芽阶段

应该看到，非遗与潮玩结合还处于萌芽阶段，当代的创意还未完全打开中华非遗宝库，目前主要停留在易结合转化的传统手工艺类，方式也以简单的"结合"而非深层逻辑的"融合"为主。比如在2021年"双十一"中，苏绣、徽墨、凤翔木版年画等以联名款方式在淘宝平台上曝光发布，但都是传统手工艺类非遗；有些互联网企业推出的非遗限定游戏皮肤、国潮非遗限定App皮肤等，也都只处在对传统美术进行视觉推广的阶段。实际上，非遗门类极其丰富，民间文学、民歌、传统舞蹈、戏曲、民俗活动……这些门类的非遗也都诞生于祖祖辈辈的创造与流行中，许多都是过去时代的潮流文化、古人的"潮玩"。并且它们还活态存在于当下生活里，等待着通过创新发展、创意转化实现与当代社会的默契接轨，可为新时代的潮流深化内涵、积蓄潜力、提供创意。

可以肯定的是，"非遗热"持续升温，人民群众对非遗的广泛认知、对非遗价值的普遍认可，使得这类中华优秀传统文化渐成"国潮"焦点，也为非遗的发展迎来了发展振兴和价值转化的大好机遇。

第三节　网络游戏：非遗植入网游现状

我国游戏行业在提升健康规范水平过程中，借助中华优秀传统文化深化游戏内涵，借助"游戏+"模式发挥正向价值，是其最为重要的两点发展趋势。[1]游戏如何真正成为文化载体？由浅入深用好文化资源是一方面，借助游戏及其附属功能实现文化在数字虚拟空间的有效传承可能更为有效。基于此，本节对非物质文化遗产这类传统文化资源在各类网络游戏（简称"网游"）中的植入现状进行分类梳理，对近年来出现的典型案例进行观察与分析，并从功能、意义、价值三个维度对"网游+非遗"的现存问题与发展方向进行探索。

一、网络游戏成为传统文化内容呈现的新载体

（一）网络游戏正向价值的探寻

据CNNIC公布的数据显示，截至2022年6月，我国网络游戏用户

---

[1] 中国音数协游戏工委，中国游戏产业研究院.2022年中国游戏产业报告[R/OL].（2023-2-14）[2023-3-7].

规模达 5.52 亿，占网民整体的 52.6%。①可见，网络游戏作为当前文化娱乐产业的重要领域，具有庞大的用户群体规模，在自身具有较高经济价值的同时，其衍生、融合、联动的相关产业也呈现出欣欣向荣的发展局面。与此同时，网游行业被贴上了"网游成瘾影响玩家身心""品位低俗""价值混乱"等负面标签，娱乐泛化与行业乱象丛生，当前正处于提升健康规范水平的过程之中。因此，社会价值表现已然成为网络游戏核心的评价尺度，发挥"游戏+"的平台作用，加强与传统文化的跨界合作成为网游正向价值的重要探索方向。

网络游戏作为一种新的传播媒介，天然具有开放性、交互性、跨时空性等传播优势，②在信息与知识传播中可扮演重要角色。其中，网络游戏开始成为数字化趋势下传统文化内容呈现的新载体，③值得深入研究。非物质文化遗产作为中华优秀传统文化的重要组成部分，加之其人本性、活态性等特征，已然成为传统文化植入网游的重要类型。非遗中包含的艺术要素、文化内核等成为网游鲜活的素材，丰富游戏内涵的同时也借助游戏实现了展示传播；"非遗"还成为网络游戏市场的热门关键词，成为网游企业赢得良好口碑的营销方式；以非遗资源为卖点、创新元素所创作的网游新产品层出不穷，比如《原神》《逆水寒》等热门网游，以传统文化架构自身完整的文化生态，从而形成对公众的强大吸引力。

游戏范式有助于理解和建构以参与、沉浸和反馈为特征的有效传播，④基于游戏独特的传播效果，近年来网游的艺术与传播属性被日益认可，⑤网游以形象、立体、动态的方式聚合、传播着传统文化符号。游戏者沉浸于场景化的虚拟空间，在娱乐的同时可真切感受到传统文化的深邃内涵。从网游角度出发，利用非遗等文化资源可丰富与深化游戏内涵；从非遗角度出发，网游为非遗提供了数字化呈现的场景，开辟了非遗传播的新渠道，并有望通过虚拟社区的持续互动实现一定程度的文化传

---

① 中国互联网络信息中心. 第 50 次中国互联网络发展状况统计报告 [R/OL].（2022-5-1）[2023-2-10].http: // www.cnnic.net.cn/NMediaFile/2022/0916/MAIN1663313008837KWI782STQL.pdf.

② 何威. 数字游戏批评理论与实践的八个维度 [J]. 艺术评论, 2018, 180（11）: 26-37.

③ 胡钰, 朱戈奇. 网络游戏与中华优秀传统文化的当代传播 [J]. 南京社会科学, 2022, 417（7）: 155-162.

④ 喻国明, 杨颖兮. 参与、沉浸、反馈: 盈余时代有效传播三要素——关于游戏范式作为未来传播主流范式的理论探讨 [J]. 中国出版, 2018, 433（8）: 16-22.

⑤ 李大鋆. 中国网络游戏的传播功能研究 [D]. 电子科技大学, 2007: 14.

承目的，使非遗在现代生活的重要场景——虚拟空间中维系存在感与生命力。

（二）文化传承与文化创新

传承与弘扬中华优秀传统文化已然成为提高国家文化软实力的重要内容，而创造性转化与创新性发展是其核心路径。如在《关于实施中华优秀传统文化传承发展工程意见》中，明确提及要实施网络文艺创作传播计划，推动网络文学、网络音乐、网络剧、微电影等传承发展中华优秀传统文化；要实施中华文化新媒体传播工程等。[①] 又如在《关于进一步加强非物质文化遗产保护工作的意见》中，也提到要加大非物质文化遗产传播普及力度，促进广泛传播……鼓励各类新媒体平台做好相关传播工作。[②] 可见，文化需要依靠创新实现传承，而数字传播、网络创作是传承文化、普及传统的重要渠道。

随着数字技术的迭代更新，网络公共空间属性和商业空间属性的新媒体平台为非遗提供了变革性的传播场景，以传播为目的的数字化创作逐渐成为趋势性的发展方向。近年来，国内外纷纷开始运用新技术与新平台对非遗进行阐释与应用，在密切非遗与现代社会、当代人类关联度的同时，这种交叉融合也为非遗的创造性转化、创新性发展找到了新的思路。

二、非遗植入网游的相关研究

（一）国内研究情况

目前，国内对非遗植入网游的相关研究还较少，下面主要对非遗数字化、网络游戏的正向价值及网游虚拟社区等进行文献综述。

非物质文化遗产是指各族人民世代相传并视为其文化遗产组成部分的各种传统文化表现形式，以及与传统文化表现形式相关的实物和场

---

① 中华人民共和国中央人民政府. 中共中央办公厅 国务院办公厅印发《关于实施中华优秀传统文化传承发展工程的意见》[EB/OL].（2017-1-25）[2023.3.1]. http://www.gov.cn/zhengce/2017-1/25/content_5163472.htm.

② 中华人民共和国中央人民政府. 中共中央办公厅 国务院办公厅印发《关于进一步加强非物质文化遗产保护工作的意见》[EB/OL].（2021-8-12）[2023.03.01]. http://www.gov.cn/zhengce/2021-08/12/content_5630974.htm.

所。① 学界对于非遗数字化的界定与研究可追溯到王耀希（2009）对于"文化遗产数字化"的定义，② 杨红（2014）出版的《非物质文化遗产数字化研究》一书提出了非遗保护数字化基础领域的一系列关键问题。③ 谭必勇、张莹（2011）④ 和宋俊华、王明月（2015）⑤ 梳理了非遗数字化发展状况以及非遗在数字空间保护和传承的重要性，周亚、许鑫（2017）对于国内外非遗数字化的研究进展作出梳理，并提出游戏将成为发展热点，⑥ 马晓娜、图拉、徐迎庆（2019）的研究认为非遗数字化已逐步分离为独立的研究实践领域，其中对于非遗数字化形态涉及游戏方面内容的研究主要集中于严肃类游戏。⑦

近年来，我国网络游戏行业发展迅速，网络游戏（Online Game）是区别于单机游戏而言的依赖连接互联网进行娱乐的在线游戏，囊括连接网络的移动端、客户端游戏等。王萌（2009）对于网络游戏作为数字化精神产品进行了研究分析，为正确认识网络游戏提供了依据。⑧ 何威、曹书乐（2018）分析了社会主流意识形态对于游戏态度变迁，⑨ 胡一峰（2018）梳理网络游戏研究发展变化，指出网游研究的艺术学转向趋势，启发对于网游文化层面的深入研究。⑩ 其中，严肃类游戏又称应用游戏、功能游戏，指以非娱乐目标而设计的、带有教育目的的游戏。喻国明、林焕新、钱绯璠等（2018）指出功能游戏发挥出正向价值探索潜力，⑪ 李海石（2019）⑫

---

① 中华人民共和国非物质文化遗产法 [J]. 中华人民共和国全国人民代表大会常务委员会公报，2011（2）：145-149.
② 王耀希. 民族文化遗产数字化 [M]. 北京：人民出版社，2009：8.
③ 杨红. 非物质文化遗产数字化研究 [M]. 北京：社会科学文献出版社，2014.
④ 谭必勇，张莹. 中外非物质文化遗产数字化保护研究 [J]. 图书与情报，2011（4）：7-11.
⑤ 宋俊华，王明月. 我国非物质文化遗产数字化保护的现状与问题分析 [J]. 文化遗产，2015（6）：1-9.
⑥ 周亚，许鑫. 非物质文化遗产数字化研究述评 [J]. 图书情报工作，2017，61（2）：6-15.
⑦ 马晓娜，图拉，徐迎庆. 非物质文化遗产数字化发展现状 [J]. 中国科学：信息科学，2019，49（2）：121-142.
⑧ 王萌. 数字化精神产品的消费者参与行为研究 [D]. 南京航空航天大学，2009.
⑨ 何威，曹书乐. 从"电子海洛因"到"中国创造"：《人民日报》游戏报道（1981-2017）的话语变迁 [J]. 国际新闻界，2018，40（5）：57-81.
⑩ 胡一峰. 廿年面壁图破壁：我国网络游戏研究（1998-2018）的轨迹、范式与趋向 [J]. 艺术评论，2018，179（10）：22-30.
⑪ 喻国明，林焕新，钱绯璠等. 从网络游戏到功能游戏：正向社会价值的开启 [J]. 青年记者，2018，599（15）：25-27.
⑫ 李海石. 非遗文化类功能游戏的设计研究 [D]. 重庆大学，2019.

和汤金羽、朱学芳（2020）①有关非遗通过严肃游戏进行传播与传承的研究，对于本书具有一定的借鉴意义。

网络游戏是现实交往的延伸，②构成天然的、具有极高认同感和归属感的虚拟社区。虚拟社区实质上是将分散的个体以某种方式组成一个社群。孔少华（2013）③指出网络游戏虚拟社区具有广阔的发展潜力，论证虚拟社区信息传递、知识共享与内容创造的内容特点。网游虚拟社区可为非遗等文化资源提供全新的传播途径，已有学者对于游戏传播功能进行了相关研究，胡钰、朱戈奇（2022）④和许媛萍（2022）⑤都认同网络游戏对于传统文化传播的有效性，网络游戏与传统文化相结合的研究为本书提供了一些思路。但总体而言，对于非遗植入网游的现状研究还存在空白，主要还停留于理念阶段，本书正基于此期望通过对现有案例的系统梳理与分析，细化与深化该角度的研究。

（二）国外研究情况

网络游戏业是世界上增长最快的产业之一，尽管网络游戏也包含休闲类游戏、教育类游戏、严肃类游戏、艺术类游戏等类型，但娱乐类游戏仍旧是其最主要的类型，⑥因而国外学者的研究更多集中于网游的负面问题，所属行业也在致力于网络游戏治理，采取了分级标签等举措。比如 Heineman（2015）认为"虽然电脑游戏文化自信地成长并变得更加主流，它仍未能完全自信地将其作为具有内在价值的'消遣'的合法性……"。⑦

---

① 汤金羽，朱学芳. 数字非遗传承中严肃游戏项目开发与应用探讨[J]. 图书情报工作，2020，64（10）：35-45.

② 邓天颖. 想象的共同体：网络游戏虚拟社区与高校亚文化群体的建构[J]. 湖北社会科学，2010，278（2）：173-175.

③ 孔少华. 大型多人在线网络游戏虚拟社区用户信息行为研究——以网易大型多人在线网络游戏梦幻西游为例[J]. 情报科学，2013，31（1）：123-128.

④ 胡钰，朱戈奇. 网络游戏与中华优秀传统文化的当代传播[J]. 南京社会科学，2022，417（7）：155-162.

⑤ 许媛萍. 移植与重构：游戏空间中的传统节日文化再生产及作用[J]. 四川戏剧，2022，262（6）：130-135.

⑥ De Prato G, Feijóo C, Nepelski D, et al. Born digital/grown digital: Assessing the future competitiveness of the EU video games software industry[J]. JRC Scientific and Technical Report, 2010.

⑦ Heineman D S. Thinking about video games: interviews with the experts[M]. Indiana University Press, 2015: 232.

随着计算机游戏在 21 世纪的爆炸式增长，学者和行业专业人士都认识到应从社会、经济、美学等多个角度分析游戏这一当代文化产物，而不是仅仅把它看作一种娱乐。从本书所探讨的网络游戏正向功能角度出发，游戏的文化功能是重要的研究角度。如 Jon Dovey 和 Helen W. Kennedy（2006）提出消费电脑游戏的过程也可能带给我们意义与文化的生产，认为游戏包含新媒体参与式文化的核心特征。① 有学者则关注游戏的艺术功能，如 Martin Picard（2012）认为艺术与游戏的关系源远流长、不断壮大，电子游戏可以作为艺术的主题或题材，这种活动被称为游戏艺术（受游戏文化启发的艺术），因而许多游戏艺术展在博物馆和美术馆举办。② 有学者从文化体验的背景描述游戏的功能：人们可能想要通过严肃类游戏学习新知识，但也希望通过简单的娱乐类游戏获得乐趣，通过休闲类游戏度过他们的空闲时间，通过社交或多人游戏实现社交目的，或者通过协同创作游戏实现创意。③ 此外，从网络游戏与现实世界的关联角度出发的研究成果也较为丰富，④Jesper Juul（2005）认为网络游戏隐喻着现实世界，具有真实的规则系统，⑤Alexander R. Galloway（2004）进一步认为网游与社会现实直接同步；⑥ 有学者则从交互的角度指出游戏中玩家的行为无法与现实世界完全切割，⑦ 网游的激励反馈机制是游戏吸引玩家的关键，⑧ 网络游戏构建的虚拟空间是社会现实的折射，两者的互动影响为本研究提供了重要依据。

国外将游戏与文化艺术教育、文化遗产保护相结合的实践已有十余年历史。比如，文化机构不仅要传授知识，还要通过激励或广告类游戏

---

① Dovey J, Kennedy H. Game cultures[M]. Open University Press, 2006: 20.

② Wolf. Encyclopedia of Video Games: The Culture, Technology, and Art of Gaming[M]. Greenwood, 2012: 39.

③ Lepouras G, Lykourentzou I, Liapis A. Introduction to the Special Issue on "Culture Games" [J]. Journal on Computing and Cultural Heritage (JOCCH), 2021, 14(2): 1-3.

④ 周逵. 作为传播的游戏：游戏研究的历史源流、理论路径与核心议题 [J]. 现代传播（中国传媒大学学报），2016, 38（7）：25-31.

⑤ JUUL J. Half-Real: Video Games between Real Rules and Fictional Worlds[M]. Cambridge, Massachusetts & amp; London: The MIT Press, 2005.

⑥ Alexander R. Galloway. Social Realism in Gaming[J]. Game Studies, 2004.

⑦ Dmitri Williams, Tracy L.M. Kennedy, Robert J. Moore. Behind the Avatar: The patterns, practices, and the functions of role playing in MMOs. [J]. Games and Culture, 2011: 171-200.

⑧ PAUL C. A. The toxic meritocracy of video games: Why gaming culture is the worst[M]. Univ of Minnesota Press, 2018.

吸引更多的参观者；各类行业、利益相关者和公众出于各种目的接触有形和无形文化，而数字游戏可以通过不同的方式对这些目的提供向导。①此外，国外也有不少网络游戏以历史文化遗产为背景，并且在游戏迭代中实现了这部分精神内容的传承，比如维京人的形象在当代电影、电子游戏中经常出现。超级任天堂开发过一款名为"失落的维京人"的 2D 电脑端游戏，而在 20 年后暴雪推出的"风暴英雄"网游人物中加入了与超级任天堂"失落的维京人"一模一样的维京人形象，视觉美学和人物个性都得到了传承。②

三、非遗植入网游的现状分析

Jesse Schell 在经典论著《游戏设计艺术》中提出了"美学""故事""机制""技术"四个元素维度构建起的游戏本体认知框架。③本书在梳理非遗植入网络游戏的现有案例时借鉴了这一"游戏四元法"分析框架，但鉴于目前非遗植入网游的具体形式在"技术"层面没有具有典型意义的案例，本书将"技术"维度替换为"游戏衍生"维度，从网游的"美学""故事""机制""游戏衍生"四个维度对非遗植入网游现状进行分类研究。

（一）非遗在美学维度植入网游

画面、音乐等富有感官冲击力的美学形式是游戏作品最鲜明、直观的呈现层面，也是网络游戏利用文化资源最基础的一类表现形态。不论是单一的美学植入还是多维度的游戏设计，都需要对植入的非遗元素进行可视性、可听性转化，在美工、声乐等艺术设计方面予以应用。实际上，游戏美学植入不仅贯穿游戏体验始终，也贯穿非遗植入网游的全过程。

例如，2009 年发行的 3D 武侠 MMORPG（大型多人在线角色扮演）端游《剑网三》以国风为游戏背景，融入众多具有中国传统文化特色的

---

① Lepouras G, Lykourentzou I, Liapis A. Introduction to the Special Issue on "Culture Games"[J]. Journal on Computing and Cultural Heritage (JOCCH), 2021, 14(2): 1-3.
② Ben Kuchera.The Lost Vikings have come to Heroes of the Storm, and things are getting weird[Z/OL]. (2015-2-16)[2023-3-7].https：//www.polygon.com/2015/2/16/8012141/heroes-of-the-storm-lost-vikings.
③ [美]杰西·谢尔.游戏设计艺术（第 3 版）[M].北京：电子工业出版社，2021：57.

元素，将江湖元素与非遗元素融合推广。其中，游戏在背景创作时将"长歌门"设定为以古琴与剑作为武器的门派，玩家在游戏过程中可以释放包含"宫商角徵羽"古琴五声调式元素的长歌门技能，聆听富有古韵的音乐，在潜移默化中收获对古琴艺术的视听享受。因此，人类非遗代表作古琴艺术的美学特征被生动地植入到《剑网三》的视听与交互之中，同时非遗还在该游戏的剧情、玩法等多维度中有所体现。又如，RPG（角色扮演游戏）手游《忘川风华录》将国风音乐植入手游，古琴艺术、琵琶艺术等多种非遗技艺都在游戏音乐中出现。再如，英雄竞技手游《王者荣耀》与非遗项目围棋、峨眉武术传承人合作共创国风英雄弈星、云缨，在技能机制、美学特效等方面都体现了非遗内容；游戏还联动潍坊风筝、昆曲、越剧、苏绣等众多非遗项目制作了相关的英雄皮肤，邀请非遗传承人参与指导设计与配音等，非遗包含的中华美学融入网游人物皮肤创作，业已成为非遗植入网游的重要类型。

目前，许多网游对非遗元素的挖掘利用主要停留于视听美学符号的移植层面，比如休闲类跑酷手游《天天酷跑》将非遗舞狮元素整合到游戏道具当中，主要在表层造型元素上对非遗相关的表现形式进行简单复制。显然，较之深度提炼之后的美学呈现与文化输出，在游戏中简单复制所传递的文化内容是有限的，也无法完整展现该项非遗的独特魅力；将非遗融入游戏美学，植入的不应只有纹饰、器型、旋律、曲调等浅层符码，应多维度用好非遗元素，营造网游浓郁的文化氛围。

（二）非遗在故事维度植入网游

影视等传播媒介具有完整叙事的特点，而网游以玩家的参与、互动及探索完成整个叙事过程，因此游戏文本也需要强调叙事能力，通常以故事背景营造为基础，网游的辅线剧情则更为庞杂，因而故事维度成为了吸引玩家的重要因素。通过观察可知，多数热门网游都具有完整的故事背景营造，善用"叙述"是游戏的重要发展契机。[①] 可以说，美学维度能够以强大的视听艺术构建网游的独特感官体验，而故事维度则作为游戏传递信息、知识与体验氛围的抽象工具，能够建立情感共鸣，带来思维层面的激荡。

---

① 宗争. 游戏能否"讲故事"——游戏符号叙述学基本问题探索 [J]. 当代文坛，2012，(6)：58-61.

例如，MMORPG 网游《古剑奇谭网络版》以中国神话《山海经》等为故事背景设定，其中 2019 年该游戏设置了联动非遗项目北京绢人的剧情任务，玩家需帮助 NPC 收集制作绢人的材料，探索绢人的制作工艺及其背后的传承故事，玩家在通关剧情过程中完成了对北京绢人的了解。又如，热门网游《原神》作为一款开放世界冒险游戏，在全球具有庞大的用户群体，该游戏在 1.3 版本《明霄升海平》中从公众记忆出发，以传统春节为核心设置活动剧情，展现出了浓浓的节日气氛，将传统节日风俗传递给海内外玩家。

综上，在网游的背景营造、故事情节中植入非遗项目相关制作工艺、实践过程等元素，能让玩家在游戏氛围中较为深入地认识非遗，并产生比感官层面接触更深层次的思维甚至情感共鸣。

（三）非遗在机制维度植入网游

所谓网络游戏的机制，即是游戏规则，具体包括游戏玩法、任务关卡、激励反馈等环节内容。游戏机制是促使玩家在成就感驱动下持续投入该游戏的关键要素，因此在玩法和交互设计上通常更注重与玩家之间的互动性及反馈性。非遗的植入能够为网游建立文化基底，将非遗的技艺、技能、技法转化为游戏的玩法，在游戏中了解或部分掌握非遗独特的技艺技能，继而让玩家获取切实的成就感。在机制维度下，非遗植入通常需要游戏制作方投入更多的精力和巧思，但非遗传播的收效也会更加突出，使得这类文化资源得到了深层次的活化利用，这既是有趣的游戏过程，也是充满生命力的学习过程，[①] 玩家得以生动体验游戏中蕴含的智慧与文化。

例如，国风解谜手游《匠木》以榫卯为核心玩法，有效科普了中国传统榫卯结构所涵盖的文化与知识。游戏还专门设置了"切磋"板块作为玩家交流的虚拟社区空间，玩家能够在游戏平台交流学艺心得、展示自主创新成果，这种寓教于乐的方式为榫卯的传承、传播注入了新的活力。又如，悬疑解谜题材游戏《纸嫁衣 2》、MMORPG 武侠题材手游《逆水寒》《一梦江湖》等也都在网游的机制维度上联动非遗，通过设置皮影戏解谜关卡、设定观看豫剧表演解锁成就、推出游戏世界内的非遗主题

---

① 陈国强. 也谈网络游戏于网络教育中的作用 [J]. 电化教育研究，2004（10）：64-66.

街区等形式,对非遗进行了独特的数字艺术诠释。

综合上述案例,将非遗加入巧思,转化为网游的机制设计能为非遗提供新颖而深度的传播途径,且非遗在与游戏机制的融合中还一定程度上完成了自身的创新与转化。

(四)非遗在游戏衍生维度植入网游

网游主题影视作品、线下活动等衍生领域也是非遗植入的重要维度。比如网游与非遗剧团、传承人等共同推出线下活动、纪录片等,都充分体现了网游制作方、网游玩家对非遗资源正向价值的认知与认同。

例如,网易推出的ABA(非对称对抗竞技)手游《第五人格》联动国家级非遗项目保护单位北京皮影剧团推出了皮影戏纪录片,呈现非遗手艺人制作皮影的匠心与传承皮影的决心。又如,以《西游记》为背景故事的MMORPG网游《梦幻西游》携手《舌尖上的中国》打造了一部表现匠人匠心与中国传统文化的游戏纪录片《指尖上的梦幻》,该纪录片第四集就展现了昆曲与游戏影音制作的相融之道。再如,《王者荣耀》与潍坊风筝会展开合作,推出了"王者踏青日"活动,带动潍坊世界风筝博物馆的线下文旅发展,实现了线上传播价值的线下衍生与变现。

综上,越来越多的网游开始深耕非遗资源的挖掘利用,通过数字技术推动非遗以不同维度融入游戏场景,并服务于非遗的活态性、实践性特点,将线上传播的流量转化为线下的探访、旅游、消费,为非遗增添传承与发展的活力。

四、非遗植入网游的现存问题与发展方向

网游向非遗敞开大门,鼓励其从美学、故事、机制及衍生等各个维度植入网游构建起的数字虚拟世界,可助力网络游戏IP的深度开发,为网游提供不落窠臼的文化内核与艺术思路。但同时,这种技术赋权在当前阶段也存在诸多问题:网游在利用非遗等文化资源时存在较大的局限性,这就造成了各类非遗无法得到普惠性的普及传播,加剧了社会对不同非遗项目关注程度冷热不均的状况;部分网游片面化地呈现非遗,模糊甚至误导了非遗的实际内涵,文化资源存在沦为游戏实现商业价值附

庸的风险；因网游聚合起的非遗兴趣人群向线下转化的比例不高，网络空间甚至在表象上消解了非遗在现实空间的实践等。

（一）功能：从转变到转化

根据联合国教科文组织《公约》，非物质文化遗产主要分为表演艺术、传统手工艺等五大类，不少非遗门类在当代社会中已然面临原有功能的维系困境，而这些非遗作为某一维度的要素植入网游时则会失去更多原有功能。比如，非遗在现实中具有人际交流功能，但这一功能在其作为美学等维度的要素植入网游虚拟空间时就被消解了。因而，网游将非遗作为单一维度要素植入的做法，往往会造成非遗原有功能的消解或折损，实际上表现为非遗在从现实世界植入到虚拟世界之后功能发生了转变。以《王者荣耀》早期推出的春节专属皮肤为例，实际上仅将传统节日的表层符号附着在游戏人物美术设计上，并未将节日的文化内涵、意蕴等予以提炼，表现为仅有"皮囊"而缺失"灵魂"。随着非遗与网游融合往纵深发展，非遗在游戏中的原有功能开始得到体现，甚至开始有所拓展。例如，MMORPG武侠题材端游《天涯明月刀》与苏州桃花坞木版年画技艺的传承人跨界合作开发相关游戏衍生品，非遗为游戏IP增添了传统文化底蕴的同时，原有功能也得到了一定程度的延续，并借助游戏衍生品让更多公众所认知，拓展了桃花坞木版年画的兴趣人群。

许多网游还在网络世界搭建起贴近现实的虚拟空间，通过情感传播连接游戏与非游戏领域，[①] 将游戏参与者作为接口，形成庞大的虚拟社区网络，继而又可促成虚拟世界与现实世界的流动。在这类网游构建起的虚拟空间中，非遗就可不受时空束缚、完整植入场景，在游戏美学、故事、机制等多个维度中体现其功能，实现深层次的转化。这样的植入过程往往能够较为完整地保留非遗的核心特征及功能价值，并通过全新场域的构建为非遗在虚拟社区的存续及社会性的保留提供可能性。例如《原神》在"海灯节"活动中营造了以孔明灯为原型的完整节庆放灯场景，并在剧情玩法中嵌入趣味灯谜等环节，让玩家在游戏中较为完整地重温传统节日民俗氛围。可见，网游构造各个传统节日的虚拟场景，其营造的浓郁节日氛围也是现实节日功能的转化，成为当代人传统节日文

---

① 刘研. 电子游戏的情感传播研究 [D]. 浙江大学，2014：123.

化生活的组成部分。

民俗等门类的非遗项目与特定的文化空间相关联，只有在特定时间和特定地点才能看到这一民俗活动，这一方面是保护其正常实践秩序的措施，而又会在当代社会限制在外求学大学生、外出务工人员等参与家乡民俗生活的可能性。而当该类非遗融入网游之后，就会出现完全超越横向空间和纵向时间限制的情况，在充分加入人际社交、交互体验、共享共创等功能之后，该类非遗有望在虚拟空间吸引大量年轻人群并在其中实现文化表达、社会交流等功能，唤起大众在虚拟社区的自我身份认同。其中，不断迭代更新的数字化技术为非遗植入网游提供了逼真度、沉浸感越来越高的交互体验条件，为年轻人在游戏中结合非遗元素发挥创意、展示自我提供了越来越完善的空间。例如《逆水寒》与豫剧传承人跨界合作创新玩法，以全息演出的方式在网游中演绎豫剧名曲《花木兰》的选段，并运用动作捕捉技术高度还原非遗表演的真实感，将豫剧的表演精髓与网游的优质技术呈现相结合，使得网游在潜移默化中发挥了传承教育功能。

因此，网络游戏是非遗体验式传播的媒介，通过将非遗植入网游的美学、故事、剧情等维度，可实现非遗的沉浸式普及传播，并实现非遗部分功能在虚拟空间的延续，甚至转化为非遗自身的"造血功能"，[①] 建构传统文化在虚拟空间的新表征。

（二）意义：从异化到回归

网络游戏主要以娱乐、社交等为其核心功能，这使得其通常会通过降低认知与理解的门槛吸引各类公众进入，通过牺牲一定的内容深度满足公众休闲娱乐等网游消费需求，通过改编等手段使得内容匹配游戏性设计所需，这就使得非遗在植入网游时会发生内容简化、意义异化等情况。非遗具有无形性、复杂性、系统性等特殊性质，[②] 而网游出于自身需求的植入行为势必无法兼顾非遗内涵意义的完整解读，多数情况下都是简化、片断化的植入，既无法体现非遗的独特意义、独有价值，又容易让游戏用户对相关内容产生浅显、无趣等体验感受。因而，这是非遗信

---

① 陈少峰. 非物质文化遗产的动漫化传承与传播研究[D]. 山东大学，2014：135.
② 谈国新，孙传明. 信息空间理论下的非物质文化遗产数字化保护与传播[J]. 西南民族大学学报：人文社会科学版，2013，34（6）：179-184.

息在网游中传达过程的偏差造成的意义理解异化的问题，片面化传播不仅无法达到普及文化的初衷，还会造成特定人群对非遗认知的偏差，甚至因为意义误导造成负面影响；长此以往，非遗在虚拟空间中的形象将趋于扁平化、景观化，与鲜活、立体、动态、真实的非遗实践大相径庭。

由此可见，网游从利用文化资源的角度引入非遗内容，易于造成碎片化、表面化甚至异化非遗的内涵与意义。而在观察到的网游与非遗融合案例中，作者也看到了一些以深度挖掘、合理提取、巧妙构思实现非遗深层文化内涵植入网游的案例，在这些游戏中非遗更多地与游戏背景、剧情故事、玩法机制等实现了融合，让该项非遗的核心意义在虚拟空间得以延续，玩家在游戏中自主学习、深度体验之后产生了价值认同倾向，开始向线下转化流量，反哺传承实践。例如，中国游戏行业的长线 IP 多人卡片页游《三国杀 Online》通过与蜀绣代表性传承人合作推出蜀绣皮肤、方言配音、《蜀绣风华》工艺短片等系列跨界合作环节，成功让玩家在该趣味游戏中领略了蜀绣及其所在地域的独特文化魅力。这一案例即说明了深度联动、深层次植入的重要性。

网游虚拟社区具有帮助更多非遗重回大众视野的潜力。网游虚拟社区具有庞大流量，可为非遗提供优质的数字化传播场景；沉浸式的数字媒体技术增强了玩家对"虚拟自我"的情感投射，这使得玩家在游戏虚拟场景中的体验与现实的真情实感相互融合，其在游戏中得到的积极文化体验，可以促使其萌生对现实中的非遗及其产品的亲近和认同感。与此同时，在网游的趣味性吸引、文化性科普和沉浸式场景中，非遗可以在虚拟社区得到新的传承机会。玩家通过网游获取非遗相关信息与知识、领域其智慧或美感，就可能会虚拟社区形成兴趣圈层，吸引持续关注、讨论、参与，激活该项非遗在虚拟空间的生命力。

（三）价值：从附加到重塑

网游作为数字产品，在其价值逻辑中非遗等文化内容的植入，可以被理解为一种增加文化附加值的行为。实际上，在完全商业化的网游产业中，文化更多的是以经济价值作为衡量尺度，文化附加值的高低是取决于其市场反馈及经济效益表现的。与此同时，在传统文化复兴的热度不断升高的时代背景下，不少网游企业以非遗作为网游社会价值体现的噱头，以"微植入＋大宣传"的模式对待非遗，这种功利性追求社会效益的行为也较为多见。以上两种情况都会导致非遗相关游戏内容、游戏衍生产品呈现出表象粗制滥造、内核严重缺失的状况，文化资源沦为网游谋求经济价值、强取社会价值的附庸，功利色彩浓厚。当然，非遗与网游融合的案例中也存在一些超脱于纯功利目的的案例实践，游戏开发者保有文化情怀与创新精神，在游戏中体现了对非遗等传统文化的深度挖掘、创新转化，一定程度上实现了与非遗长期互利的双向同行。例如射击类型网游《生死狙击2》与京剧联袂共创，结合游戏产品特色进行非遗的创新演绎，让京剧元素在保留自身精髓的同时融入游戏内容之中，不仅为玩家打造了兼具历史厚重与时代特征的"匠心"体验，还以多元手段实现了该项非遗的价值传递。

　　网游与大众尤其是年轻人的零距离是其固有优势，通过发挥这一优势可快速实现大量年轻人与各类非遗的初次接触，极大地降低了传统文化的普及传播门槛，但在这一过程中实现公众对特定非遗的价值认同，甚至借助网游场景重塑起非遗的当代价值，是非遗植入网游的高阶追求。从网游的特质出发，其作为满足人们精神生活需要的精神产品，兼具大众性与个性、持续性与易变性等特点，在产品研发中又表现为应兼顾吸引力与长期黏度，因而网游企业已认识到只有将游戏产品的社会效益与经济效益相统一才能真正获得成功。基于此，网游在其虚拟社区中有意识建构与维系非遗等精神文化内容的圈层，可培养用户群体对该网游的多元期待、持续兴趣与情感链接，从而使游戏的信息分享、二次创作等良性互动呈指数型增长。尼葛洛庞帝曾提出："互联网络给人们提供了探索知识和意义的新媒介。互联网络也将变成一个人类交流知识与互助的网络"[①]，网游虚拟社区也可成为探索与交流非遗等人类历史文化创造的全新场域，在虚拟社区中唤醒人们对于非遗的共同记忆，使之活化并生发新的集体记忆；口头传统与民间文学、民俗等各门类非遗也可为网游提供全新、多元的故事架构，智慧、审美等多角度的创意资源，这些非遗要素也将在游戏高质量的视听设计、场景呈现中焕发新生，体现出增进文化体验、构建集体记忆、促进认知科普、激发创新创造等多重价值。

---

① [美]尼葛洛庞帝.数字化生存[M].胡泳,范海燕,译.海口：海南出版社.1997：21-24.

（四）结论：从利用到传承

通过对当前非遗植入网游的各类典型案例的梳理及整体现状的分析，可以得出以下结论：其一，网游头部企业及热门游戏都开始尝试通过鼓励非遗的植入，为非遗提供公益传播渠道等举措体现网游的社会价值；其二，非遗植入网游的案例日益增多，且出现了较为出圈的成功案例，网游确实已成为当代人尤其是年轻人接触、认知非遗，认同非遗价值的重要渠道；其三，非遗门类繁多、资源丰富且具有历史、社会、艺术、科学等各类价值，因而其在网游中植入的维度应是多元的，实际可发挥的正向价值也应更为广泛，当前还处于挖掘、开发的初始阶段。

麦克卢汉认为，游戏是社会自我的延伸，是社会网络构建或人际交往的媒介。[①] 网游作为虚拟空间媒介，搭建起现实个体与虚拟链接的数字化社区。当非遗元素融入网游剧情和机制设计中时，便在虚拟社区形成新的认同场域，非遗自然而然成为用户群体的集体文化潜意识，成为玩家"虚拟自我"生活的不可或缺的一部分。[②] 基于此，本书对非遗植入网络游戏这一命题进行深挖，从文化资源利用维度延伸到虚拟社区传承维度，尝试探究网游促进非遗在虚拟社区语境下生存甚至重构升级的可能性，网游是否可搭建起非遗与新生代的情感链接，继而反哺其在现实生活中的活态传承。

[①] [加拿大] 马歇尔·麦克卢汉. 理解媒介：论人的延伸 [M]. 何道宽，译. 南京：译林出版社，2011：265-277.

[②] 胡钰, 朱戈奇. 网络游戏与中华优秀传统文化的当代传播 [J]. 南京社会科学，2022，417（7）：155-162.

第九章　非物质文化遗产的教育传播

第一节　我国非遗教育相关研究背景

一、国际背景概述

21世纪以来，非物质文化遗产保护已成为世界性的议题[①]，教育为非遗传承提供新的参与者，创设出新的使用情境，是实现非遗活态传承的有效途径。2003年联合国教科文组织颁布《公约》，在第二条中明确指出"正规教育和非正规教育"是非遗传承的重要手段，并在第十四条中进一步提出各缔约国要"采取必要手段推进非遗在社会中得到确认、尊重与弘扬"[②]。2022年联合国教科文组织修订《实施〈保护非物质文化遗产公约〉业务指南》，明确指出非遗传承主要通过正规和非正规教育进行。[③] 总之，教育在向传承和传播非遗的过程中扮演着越来越重要的角色。

二、国内背景概述

2005年，国务院办公厅印发《关于加强我国非物质文化遗产保护工作的意见》，提到要"通过社会教育与学校教育，使非物质文化遗产后继有人"[④]。2017年，国务院印发《关于实施中华优秀传统文化传承发展工程的意见》，提出"要把中华优秀传统文化全方位融入文化知识教育、

[①]　李敏，王宇洁.联合国教科文组织非物质文化遗产保护述论[J].浙江工业大学学报：社会科学版，2020，19（1）：105-109.

[②]　联合国教科文组织.保护非物质文化遗产公约.2003年，中国非物质文化遗产网：https://www.ihchina.cn/zhengce_details/11668，访问时间：2023年9月29日.

[③]　联合国教科文组织.建立"活的人类财富"国家体系指南（2003）.2003年，中国非物质文化遗产网：https://www.ihchina.cn/zhengce_details/11668，访问时间：2023年9月29日.

[④]　国务院办公厅.关于加强我国非物质文化遗产保护工作的意见.2005年，中国非物质文化遗产网：https://www.ihchina.cn/zhengce_details/11571，访问时间：2023年9月29日.

思想道德教育、艺术体育教育、社会实践教育各环节"[①]。2021年,中共中央办公厅,国务院办公厅印发《关于进一步加强非物质文化遗产保护工作的意见》,强调要"引导社会力量参与非物质文化遗产教育培训,广泛开展社会实践和研学活动"[②]。近年来,众多非遗类社会教育课程及体验活动如雨后春笋般不断涌现,非遗教育工作受到社会的广泛关注。

三、非遗教育的内涵与外延

本书以联合国教科文组织对非遗教育的相关描述为基础,认为非物质文化遗产教育是以传承与弘扬非遗为教学目的,以传授非遗相关知识和技能为主要教学内容,对人进行培养的社会实践活动。非物质文化遗产教育主要包括三个方面外延属性:一是知识传递,将非物质文化遗产的知识和技艺通过教育的方式传递给学生,以保持文化的传承。二是保护与传承,借助教育的力量帮助更多年轻一代了解和尊重非遗,促进非遗传承,从而保护文化多样性。三是文化多元性,通过非遗教育帮助人们感知文化多元性,增强自有文化认同感的同时促进跨文化交流。

根据联合国教科文组织对教育的分类,一般教育分为正规教育与非正规教育两种。正规教育是指"由教育部门认可的教育机构(学校)所提供的有目的、有组织、有计划、由专职人员承担的、以影响入学者的身心发展为直接目标的全面系统的训练和培养活动,如学校教育机构等。非正规教育则是指在日常生活、生产劳动和各种教育活动的影响下,个体获取知识、思想、技能、信息和道德修养的过程,也叫作'非正式'教育,如家庭教育、社会教育、图书馆对人的教育、媒体教育等"[③]。非遗正规教育主要指学校教育,是针对非遗传承的通识性及专业化教育,主要面向学校学生,强调教材和课程的普及性、实用性,旨在通过教育加强学生对非物质文化遗产知识的认知和技能的传承;非正规教育主要是指非遗的知识普

[①] 中共中央办公厅 国务院办公厅印发.关于实施中华优秀传统文化传承发展工程的意见.2017年,中国政府网:https://www.gov.cn/gongbao/content/2017/content_5171322.htm,访问时间:2023年10月2日。

[②] 中共中央办公厅 国务院办公厅印发.关于进一步加强非物质文化遗产保护工作的意见.2021年,中国非物质文化遗产网:https://www.ihchina.cn/zhengce_details/23400,访问时间:2023年9月29日。

[③] 联合国教科文组织,联合国教科文组织统计研究所:国际教育标准分类法(*International Standard Classification of Education*)[S].2011:80,11.

及、价值及意义传递，其教育主体具有多元性，教学内容和课程安排更加灵活多样。另外，家族、师徒间的技艺传授又归于非正规教育。

本书研究案例广州市"非遗课来了"是由广州市文化馆（广州市非物质文化遗产保护中心）等公共文化机构组织的非遗社会教育，属于非正规教育行列。作为最早一批获得"非遗进校园全国优秀十佳案例"之一的社会教育项目，广州市"非遗课来了"具有一定的典型性和代表性，是我们开展此次研究的基础。

四、非遗教育相关文献综述

以往学者对于非遗教育的相关研究颇多。目前相关研究主要集中在以下几个方面：一是对非遗教育的意义和价值展开探讨，如马知遥、常国毅在《非物质文化遗产教育性保护的方法论与道路探究》一文中阐述了教育对于非遗传承的重要性，认为"教育是人类独特且高效的文化传递方式，要通过教育发挥主体性因素，塑造社会成员主动的文化认同"[1]。二是针对非遗教育实践路径展开相关研究，如谭宏在《构建非物质文化遗产教育传承体系的探讨》一文中，从"非物质文化遗产教育传承体系的建构角度出发，提出在教育各个阶段借助教育实现非遗的真正传承和发展"[2]。三是对非遗教育发展历程进行回顾，如谭天美、欧素菊在《近二十年我国非物质文化遗产教育研究的回顾与思考》一文中，对"近二十年的非物质文化遗产教育研究成果进行了系统性整理、总结，强调了非物质文化遗产教育的重要意义"[3]。

第二节 广州市"非遗课来了"案例分析

本章节的研究方法，一是文献研究法，通过阅读相关领域文献，了解目前该领域相关研究进程，为本书非物质文化遗产教育现状相关研究

---

[1] 马知遥，常国毅.非物质文化遗产教育性保护的方法论与道路探究[J].民族艺术研究，2019，32（6）：135-144.DOI：10.14003/j.cnki.mzysyj.2019.6.16.

[2] 谭宏.构建非物质文化遗产教育传承体系的探讨[J].重庆高教研究，2015，3（1）：80-88.DOI：10.15998/j.cnki.issn1673-8012.2015.1.16.

[3] 谭天美，欧素菊.近二十年我国非物质文化遗产教育研究的回顾与思考[J].重庆文理学院学报：社会科学版，2021，40（3）：22-34.DOI：10.19493/j.cnki.issn1673-8004.2021.03.003.

奠定理论基础。二是深度访谈法，通过与广州"非遗课来了"相关实践工作人员进行交流访谈，收集相关资料并展开综合分析。三是案例分析法，以广州"非遗课来了"为典型案例，针对教育内容、教育实施以及教育成果展开相关分析，为本节研究提供案例支撑。

一、非遗主题社会教育的内容

"非遗课来了"作为一项面向全社会的公益性非遗公开课，该课程以"依时而作"为题，依托岭南二十四节气及节庆，挖掘广东特色非物质文化遗产的魅力。借鉴"教育三要素"——教育者、受教育者、教育影响，[①]"非遗课来了"是一门极具多样性和包容性的非物质文化遗产社会教育课程。

"非遗课来了"的教育者具有多样性。"非遗课来了"不拘泥于传统的"非遗传承人—学徒"教学模式，非遗传承人、高校教师、新媒体主播、企业首席产品官都能成为非遗课程导师，进一步拓展了教育者的边界。如"采芝林女性养生体验课"邀请采芝林传统中药文化传承人吴志坚和广州中医药大学教授高洁作为课程导师，合作开展课程教学活动。多样化的导师团队打造出丰富的课程内容，以更多元的视角挖掘非遗的精髓，给予学员更好的课程体验。

"非遗课来了"的受教育者具有包容性。"非遗课来了"从不同非遗项目的特点出发，设计出面向不同群体的非遗课程，满足不同受众群体的需求，兼具垂直性和多样性。例如，传统舞蹈鳌鱼舞由年逾八十的老师傅担任教师，课程受众则是平均年龄10岁的小学生，老传人和小徒弟的碰撞极具张力与趣味性；"采芝林女性养生体验课"挖掘中华老字号采芝林在养颜美容方面的特色内容，选择女性群体作为课程受众，聚焦女性关怀。不同年龄、不同性别、不同圈层的群体都能在"非遗课来了"中找到适合自己的非遗课程。

"非遗课来了"的教育影响具有丰富性。教育影响主要包括三个方面：教育内容、教育方法、教育时空。在教育内容方面，"非遗课来了"包括传统手工艺、自然界知识与实践、表演艺术等五大类非遗项目（见

---

① 王莉.非正规教育视角下非物质文化遗产传承研究[D].西南大学，2016.

图 9.2.1），同时还克服了当前非遗教育普遍存在的重技艺轻精神的问题，在课程内容的设计方面做到了"形神兼备"。2023 年太极拳学习班的新年首课学习"抱拳礼"，向学员传达"以礼为先、以礼待人"的武术文化；课上，老师们以四季更替为导引，将太极的拳理融汇在一招一式的传授中，真正做到"武德""拳理""拳技"兼具。在教育方法方面，"非遗课来了"摆脱了死板的单向讲授法，主要采用新派演绎法、情境教学法和实践体验法，更加灵活生动，以趣味性激发受众参与的积极性。在教育时间方面，"非遗课来了"以二十四节气为线索，将时令特点和非遗特点相结合，让非遗课程与来临的节气融为一体，依时而作，自然而巧妙。

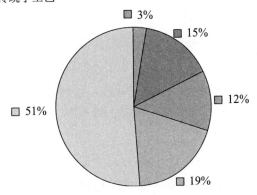

图 9.2.1 "非遗课来了"涉及非遗项目类型

综上，正是因为"非遗课来了"将这三要素都打磨得十分精良，并相互影响、相互促进，才让它拥有了源源不断的活力和可持续发展的生命力，在广州当地形成优良的口碑和深远的影响。

二、非遗主题社会教育的实施

（一）多方联动："非遗 +"跨界融合模式激活创新表达

"非遗课来了"负责人王天老师这样表述"非遗课来了"的理念："我们不是单打独斗，我们的理念就是要联合社会各界去共同设计这个非遗课程，所以非遗课来了可以延伸的内容就非常多了。"①"非遗课来了"创造性地采用"多方联动"的"非遗+"跨界融合模式，积极与外部的文化机构、企业开展合作，共创课程、资源共享、集思广益，从而拓宽课程设计的边界，激发更多创新表达。

"非遗+博物馆"是"非遗课来了"探索出的一种极具代表性的跨界融合模式。如2022年6月11日"非遗课来了"与广东省博物馆合作，走出传统课堂空间，走进广东省博物馆。在课堂上，广钟制作技艺传承人魏广文从制作工艺和人文历史的角度对粤博馆藏的广钟文物进行生动讲解；同时，红木宫灯制作技艺传承人罗敏欣、广式硬木家具制作技艺传承人梁俊威则带领学员们亲手实践广作工艺雕刻、图形绘制、非遗作品结构拼搭等过程。

"非遗+博物馆"模式实现文博界和非遗界跨界融合，同时也实现了"非物质文化遗产教育—博物馆"的双向赋能。从非遗教育的角度出发，博物馆为非遗教育提供陌生化的教学空间，既新颖又新奇的体验赋予非遗课独特的吸引力；馆藏文物是承载非遗技艺的载体，具象地展现非遗所蕴含的工匠精神，同时其独有的历史分量和文化价值增强了非遗课的冲击力，让学员们在历史的余韵中窥见文明的脉络；博物馆内的展厅导赏、互动体验设施则为非遗课的生动性和趣味性提供了保障。而从博物馆的角度出发，"非遗课来了"以非遗技艺营造的视角对馆藏文物进行了新颖的解读，通过非遗鲜活地展现文物所承载的历史文化；也拉近了大众与博物馆的距离，让文物走入大众视野当中，激发大众的保护意识。

（二）虚实结合：寓文化记忆于实践体验

根据学者们的研究，当前非物质文化遗产教育仍存在过分追求外在形式，缺乏内在精神传递，教学方法单一，教学形式静态化等问题。②而"非遗课来了"则探索出了合宜的解决方法，以"虚实结合"：寓文化记忆于实践体验的教学模式，做到了"形神兼备""虚实相生"。③

---

① 被访谈人：王天，男，39岁，广东湛江人，广州市非物质文化遗产保护中心"非遗课来了"项目负责人。访谈时间：2023年4月22日。
② 谭天美，欧素菊. 近二十年我国非物质文化遗产教育研究的回顾与思考 [J]. 重庆文理学院学报：社会科学版，2021, 40（3）：22-34.DOI：10.19493/j.cnki.issn1673-8004.2021.03.003.
③ 刘文良，张午言. 非遗传承与高校育人协同发展策略研究 [J]. 大学教育科学，2022, 192（2）：75-82.

所谓"实",是指将学员切身实践体验作为主要教学方式,亲手制作非遗技艺作品或亲身参与民俗活动,在"动手、动脑、动心"的过程中体悟非遗的精髓。学员在非遗课上获得多种多样的体验,制作疍家糕、学跳鳌鱼舞、书画装裱技艺体验……不仅如此,"非遗课来了"的实践形式并不只有单一的体验非遗技艺,它还通过实践情境营造、新派演绎等方法设计出了"实验验证""沙盘创制""运动会""庙会探索"等多元化的实践形式。实践体验的运用,一方面,为非遗创造了使用的情境,为非遗的活态传承创造了动态语境;另一方面,切身的体验能够增强学生对于非遗技艺的理解,也能够加深学员和非遗的情感连结。

而所谓"虚"则指的是通过故事线的保留、文化情境的营造、情感记忆的串联等方式让学员在实践体验的过程中感受非遗蕴含的工匠精神、传统美学和文化记忆。2023年3月24日,依托"波罗诞"千年庙会开展的"非遗课来了"巧妙地将"虚"的文化记忆融入了实践体验中。首先,本届"波罗诞"从历史背景出发,延续了"祈福赏花""龙船朝王""四乡会景—五子朝王""文人雅会"等传统活动,以高度还原的民俗情境形成沉浸式"穿越"体验,让学员更容易和古人共情,感受到民俗盛会体现的当地人民积极的人生态度,彰显地区独特的文化记忆。其次,"波罗诞"以民俗小故事、南庙大神讲故事的形式重现了历史场景,故事是具体的、生动的、富有情感的,更容易引起学员的情感共鸣。最后,每个参加庙会的学员都能拿到一本探索手册,内附8个体验任务,需要学员在庙会中自行探索与寻找。这种贯穿全程的互动性设计能够激发观众的主动参与,个性化探索的方式能够为学员创造独一无二的记忆体验,在双向互动的过程中感受非遗蕴含的精神脉络。

三、非遗主题社会教育的效果

(一)非遗主题社会教育主体:形成非遗传承发展趣缘群体

2022年"非遗课来了"学员满意度达97.9%,还有接近96%的学员表示会继续参加非遗活动,并会向家人朋友推介非遗活动。"非遗课来了"对学生能够产生三重影响,三重影响层层递进。

第一重是休憩与娱乐的影响。"非遗课来了"课程极具趣味性和互动参与感，寓教于乐。在快节奏生活的间隙，"非遗课来了"仿佛一块供人们休憩心灵的净土，学员们在一节课的时间里能够全身心地投入手工艺的制作、忘我的沉浸于历史的长河中，获得一种忘却压力、沉浸当下的快乐。

第二重是劳动和美学的影响。"非遗课来了"的课程内容中渗透了劳动教育和美学教育。非遗技艺大多需要手工操作，实践体验式的非遗教育能够锻炼学员的手脑协调能力和动手能力；非遗技艺具有浓郁的文化属性和中华美学基因，非遗教育是美育的重要形式，学员在欣赏非遗的过程中，能够提升艺术鉴赏能力和审美素养，进而培养文化自觉与文化自信。

第三重则是热爱与认同的影响。"2017年举办了一期广绣学习培训班之后，那批学员一直到现在都在那个群里，特别活跃啊。很多人真的转过来门投入广绣这个行业啊，他们自己也尝试开了一些培训班，想要让更多人学到。而且呢，很多人还去开发一些广绣的文创产品。"[1] 在学员充分感悟非遗所蕴含的传统美学、匠人精神、文化精髓与现代内涵之后，学员能够与非遗技艺建立更深刻的情感联结，发现自己对于这项非遗的热爱，从而投身于非遗的传承和保护事业当中。"我觉得'非遗课来了'带给我的最大的改变就是之前都是一个人自己做自己的，现在就是认识了一群小伙伴。就是知道，原来还有这么多人一直在从事这个行业，原来这条路上并不孤单，就是觉得还是有这么多人一起努力在干那个非遗，无论是传承的那部分，还是创新的那部分，就是不孤独。"[2] 分散的热爱在"非遗课来了"找到了凝结的支点，非遗爱好者们在此处找到了群体认同感，彼此陪伴彼此鼓励，从而将这份对非遗的热爱以更为多元的形式向外辐射与扩散，不断扩大非遗的影响力。

（二）非遗主题社会教育客体：浸润非遗传承社会文化氛围

对本土企业而言，"非遗课来了"与众多企业联动合作，在提升企业形象和知名度，帮助企业完成社会责任、实现社会效益等方面起到重

---

[1] 被访谈人：王天，男，39岁，广东湛江人，广州市非物质文化遗产保护中心"非遗课来了"项目负责人。访谈时间：2023年4月22日。
[2] 被访谈人：何慧婷，女，40岁，广州人，"慧·定"高端定制艺匠工作室创始人与主理人。访谈时间：2023年5月23日。

要的作用。对当地旅游业而言,"非遗课来了"强化了广州当地非遗的知名度,让非遗成为广州旅游场景中亮眼的文化符号,"以文强旅,以旅彰文",形成广州文化旅游的独特吸引力。对当地人而言,非遗作为民族文化记忆的承载者和区域文明的结晶,"非遗课来了"通过对当地非遗的传播和推广,能够强化当地人对于当地文化的认同和自豪感,增强民族凝聚力和向心力(见图9.2.2、图9.2.3)。

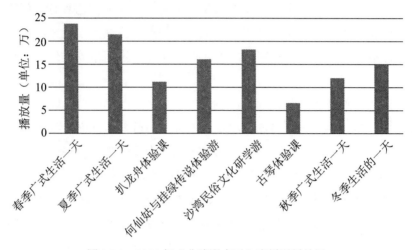

图 9.2.2　2021 年"非遗课来了"直播课播放量

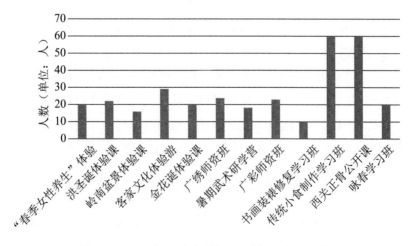

图 9.2.3　2021 年"非遗课来了"线下课参与人数

教育是实现非遗活态传承、推动非遗可持续发展的重要方式,非遗教育在个人价值观塑造和国民文化自信培育中发挥着重要作用。广州市"非遗课来了"是对非遗教育实施路径进行探索的典型代表,其内容形式多样，以多方联动"非遗+"跨界融合模式激发课程的创新性；通过"虚实结合：寓文化记忆于实践体验"的方式让非遗课"形神兼备"，具有借鉴性和先进性。随着非遗教育生态体系不断建构，非遗教育内容边界进一步拓展，非遗教育情感认同不断提升，是非遗教育发展的重要趋势。

第三节　非物质文化遗产教育特点

一、体系化建构：非遗教育生态体系不断构建

体系化建构是非物质文化遗产教育发展的重要特征。近年来，非遗正规教育的体系化建构主要体现在5个"长期"：一是校园内有长期传习的地方非遗项目，也就是所谓"在地性"；二是有长期授课的非遗传承老师，体现传承性、人本性；三是有长期固定用于非遗展示的场所设施，用于实现实践性、交流性；四是有长期活跃运行的非遗社团，维系传承性、辐射性；五是有长期辅助非遗课程开展的通识读本或校本课程辅导教材，强调科学性、可持续性。从非遗社会教育的内容、形式及研究等方面来看，由相关文化机构、企业、非遗传承人等多方联动、相互协调的非遗社会教育体系也正不断建构。非遗教育生态体系牵涉教育者、受教育者、教育内容、教育场所等多方面要素，包括课程体系打造、教育长效机制建设、非遗社会教育师资培训、非遗研习场所营造等多个方面。如广州市"非遗课来了"，在教学中采用"多方联动"的方式，积极与当地文化机构、相关企业开展合作，建立产学研一体化结构，是非遗教育生态体系建设的生动展现。未来，要进一步加强不同实践主体的合作，构建非遗社会教育从内容到实践的完善生态体系，是非遗社会教育发展的重要趋势。

二、体验式教育：非遗教育内容边界不断拓展

体验式教育是非遗教育的重要实践手段，非遗教育内容与边界正在不断拓展。教育内容是教育者与受教育者共同认识、掌握、运用的对

象。① 非遗教育内容广泛，既包括非遗相关知识与经验，又包括相关的技艺与实践。在现代社会传承发展语境下，教育作为社会发展源头性、引领性的重要指标，在适应非遗相关领域发展变化中具有独特优势。非遗教育从传统师徒传承、技艺学习模式逐渐向多维度传承、兴趣传承等方向拓展。如广州市"非遗课来了"，将文化记忆与实践传承相结合，通过对非遗故事线、非遗传承使用情景再现等方式，串联起非遗教育相关内容，在实践过程中向受教育者传递非遗知识、展现工匠精神，打造生活美学的新境界，形成深度文化记忆。在开展相关教育活动过程中，通过营造沉浸式体验空间、再现非遗技艺使用制作场景、开展非遗相关体验活动等方式，拓展教学内容、搭建教学场景，推进非遗教育自身及其关联要素的融合设计成为非遗教育发展的大势所趋。

三、趣缘性传承：非遗教育情感认同不断提升

趣缘性传承是非遗教育传承发展的重要向度，人们在接受非遗社会教育过程中对非遗的情感认同不断提升。趣缘群体主要指超越个体身份与社会地位，以"兴趣"为导向而形成的社会群体。社会学家布迪厄曾提出与经济资本相对的"文化资本"概念，并将文化资本分为内化的文化能力、客观化的文化商品以及体制化的身体符号三个部分。② 非遗作为重要文化资本，在传承与传播过程中具有一定的身份符号价值，是获得身份认同，形成趣缘群体的基础。非遗社会教育为非遗爱好者提供交流平台，受众在非遗教育过程中能够找到来自趣缘群体的身份认同，从而增强对非遗的情感连结。如广州"非遗课来了"项目为非遗相关爱好者提供了交流学习的平台，在开展教育活动的过程中借助实践体验等方式，使学员沉浸在非遗技艺的学习传承中，获得审美体验与情感互动，推动非遗的有效传承。当前，基于个人兴趣的非遗教育成为非遗传承的重要推动力，在非遗教育中帮助受教育者找到非遗兴趣点，培养学员对非遗的情感认同是非遗教育发展的重要向度。

---

① 叶澜.教育概论[M].北京：人民教育出版社，1999：16.
② [法]皮埃尔·布尔迪厄：文化资本与社会炼金术[M].包亚明，译.上海：上海人民出版社，1997：190.

第四节　高校非遗通识课程的开设意义与实施取向

近年来，随着非物质文化遗产保护日益深入人心，以非遗为载体的优秀传统文化传播与教育，得到快速的发展。从中小学的"非遗进校园"，到非遗讲座、纪录片、展会以及各类非遗体验类活动，非物质文化遗产正在以一种更具普及性、参与性和互动性的面貌回归大众生活，受到社会广泛认可。如何认识和梳理非物质文化遗产，是非遗学术研究的重要课题；但除了严谨的非遗学术研究，在高校开设具有通识课特点的非物质文化遗产课程，对于增强青年人对祖国优秀传统文化的自信和了解，培养非遗传承发展的兴趣人群和潜在从业人群，具有重要的作用。在一定程度上看，高校推广通识性质的非遗课程，相对于学术性的非遗研究，意义更为深远。

一、非遗通识课程的开设情况

2017年春季学期，笔者在中国传媒大学开设了校级公选课《非物质文化遗产概论》，全校各个专业的本科生都可在系统中选课、获得学分。期末，60名同学完成了32课时的学习任务、顺利结课，成为中国传媒大学非遗公选课的第一批结课学员。

在与这些"95后"大学生交流时，不少学生说，小时候他们曾见过的传统文化事项现在已经看不到了，觉得很遗憾；有的说，由于听不懂方言、审美习惯有差异，不懂得如何欣赏其他地方的传统表演艺术，但是对自己家乡的一些表演类非遗项目还是有兴趣的；有的说，虽然比较喜欢一些非遗项目的表演形式，但是觉得所表演的主题内容和我们身处的现代社会、当代文化的距离有些大，因而无法引起更多年轻人的关注……学生们的真实感受，或许可以对非遗通识课的开设意义和取向有些启发。

二、非遗通识课程的开设意义

传递非遗内在价值，启迪文化自觉意识。在大学生通识课中开设非物质文化遗产理论与实践类通识课程，使大学生群体较为系统地了解非遗、直观地接触非遗，认识非物质文化遗产的历时性、共时性和当代价值；并可结合自身兴趣萌生共鸣，从而启迪对中国优秀传统文化的自觉意识。有一位动画专业的林同学，从中学时代就对传统武术感兴趣，大学期间还参加了本校的武术社团。她在非遗通识课程学习期间，主动对在武术社团义务授课的太极拳师傅进行了口述史记录，形成了自己对社会热议的武术技击性问题的思考。她在结课论文中写道："我认为，一个从上古时期就开始流传而期间从未间断的东西，它一定是有自己的存在的价值，不管是传统武术、还是中国其他的传统文化。"

传承传统文化基因，培养青年传承人群。习近平总书记2014年在北京师范大学考察时就曾说过："应该把古代经典嵌在学生脑子里，成为中华民族文化的基因。"让大学生接触、关注、参与不同门类非物质文化遗产的保护与开发，既有利于传统文化在当代的传承发展，又为民族创新、文明发展提供了源源不竭的内在动力。有一位计算机专业的卢同学，她的家人就是从事刺绣的工艺美术大师，从小生活在传统手工艺传承环境中。她将家人收藏的民间刺绣图样带到课堂，与大家分享家人在现代市场环境中如何坚守手工制作的经历感染了课堂中的同龄人。暑期，她和几位同学正在如火如荼地"码"代码，致力于搭建一个该刺绣门类的数字博物馆。

激发家国情怀意识，内化乡情乡愁观念。非物质文化遗产通识课程离不开"乡愁教育"，引导学生感受各国各地文化多样性的同时，更应该让每个大学生"回到家乡"，培养"你是教室里最了解家乡非遗的人"的意识。在这一方面，地方院校更可有效结合当地学生在地方方言、本土知识、本地区民间生活体验方面的优势，通过地方非遗项目的实践类课程深化"乡愁教育"的效果。例如，地处浙江省温州市的一所高等职业院校就开设了温州地区特有非遗项目瓯绣、瓯塑、瓯窑和木活字的实践类课程，学生在完成这类动手课程后不仅对所学内容印象深刻，也更加关注家乡的历史文化和民间艺术。

三、非遗通识课程的目标定位

由传统文化中修身养性，培育学生良好品格。大学生具有很好的理解力和判断力，处于人生观、价值观培养的定型期，向这个年龄段人群传播口头民间文学故事、手艺人从业守业故事等生动案例，他们既能够领会基本内涵，又可以引发思考，产生正向的认识，培养出可能延续一生的品格与习惯。例如，在课堂中讨论各地春节的传统习俗和新民俗，引导学生思考这些习俗背后的精神内涵和家庭社会观念，期望年轻人成为日常生活中传统习俗的维护者、积极向上的新民俗的倡导者。有一位浙江省绍兴市的同学在课上分享了家里的一项春节新风俗，家人之间互留一个来年的期望给对方，并把它写在红纸上，比如，她对父亲的期望是"希望爸爸戒烟"。等到第二年除夕，大家都拿出这些红纸，看自己有没有达成家人们的期许，如果完成了，长辈就会给晚辈发一个大红包，晚辈就要完成长辈提出的一个要求。这一春节新民俗彰显了家庭成员间的深厚情感，又传达了一种积极向上的力量，而良好的家庭观念正是年轻人需要培养具备的。

吸引大学生群体关注，使其乐于参与非遗实践活动。从非遗保护的角度，大学开设非遗通识课，更加着眼于培育大学生这个数量庞大的非遗"粉丝"群体。非物质文化遗产的传承需要一定数量、稳定守业的工艺技艺持有者，更需要社会人群的普遍关注与积极参与。比如，传统表演类非遗项目，即使国家、社会投入人力物力财力进行扶持，使表演团体得以维系，但也同时需要"台下有看客"，特别是要改变观众群体的年龄断层问题，吸引年轻人群的关注。

以启发兴趣为开端，培养非遗相关行业未来从业者。大学生群体既具备一定的文化素养，又具有较强的动手能力，可成为许多门类非物质文化遗产传承发展的潜在从业人群。由通识课开端，如果学生的个性特点、兴趣爱好与某类或某项非物质文化遗产恰好契合，那么就有可能激发加深了解、主动学习的动力，发展为潜在的从业人群，改善一些非遗项目传承乏力、面临失传的局面。

四、非遗通识课程的实施取向

非遗通识课程的实施取向应当结合大学生的真实感受和实际需要，概括起来，可从以下四个方面设计实施课程：

认识培养。将中华传统文化中的忠孝仁义等价值观融入非遗通识课，比如，民间故事的教化内涵、传统节日的源流传说、非遗传承的质朴情感,以及通过课内讨论等形式发现和启发每个人生活中保留的良好传统观念与风俗习惯。

技能培养。结合大学所在地的"非遗"文化特色,邀请非遗传承人、工艺技艺持有者参与通识类课程教学或直接开设实践类课程。通过观摩和体验工艺技艺类非遗项目,让年轻人有机会沉下心来完成一件作品,发掘心性中安静、耐心的一面,获得过程体验和成就感,体会和培养"工匠精神"。

意识培养。培养"乡愁意识",带动大学生"反观"家乡历史文化,开展家乡非遗等传统文化调查。在这一过程中与家族宗族长者、乡土文化爱好者等形成对话,以此了解从小长大的这方土地与生长在这里的人们,生发更为清晰而具有深度的"乡愁"。

应用培养。结合当代各类应用性学科专业,启发年轻人以非物质文化遗产为内容或形式,从事非遗与当代社会、现代文化结合的创新创业实践,将非物质文化遗产以文化资源的形式"装进"大学生的口袋,在未来工作、学习中随时取用。

第十章 总结与展望

第一节 "非遗+科技"在当代中国

"非遗+科技"这一提法有伪命题之嫌。

因为在非遗这个概念之下包罗万象，有文化、艺术，比如表演艺术、传统手工艺，也有知识体系、社会实践，比如2016年入选人类非遗代表作名录的"二十四节气"，其实入选时后面跟着长长的副标题——"中国人通过观察太阳周年运动而形成的时间知识体系及其实践"。因而，非遗里也包含着科技，那是活态传承至今、持续造福人类的古人智慧、传统科技、本土知识……

但在当代，我们要提"非遗+科技"这个概念，是因为需要认识到：任何遗产的精神内核和物质载体都需要通过保护来保持价值，通过纵向传承和横向传播来积累价值，通过注入新内容来增值，通过投入再生产来实现价值转化……需要明确：非遗的系统性保护、创造性转化和创新性发展都需要当代科技的助力。

一、当代的非遗，全民的非遗

在中国，以非物质文化遗产保护命名的文化事业始于2004年，即我国正式加入联合国教科文组织《公约》之时。短短十数年，我国颁布了《非物质文化遗产法》，建立了国家级和省、地、市级四级代表性项目和代表性传承人名录体系，实施了传统工艺振兴计划等分类保护措施，设立了遍布全国的国家级文化生态保护区等，非遗保护体系已然建立。

"非物质文化遗产"这个舶来名词，以及人们更为频繁使用的简称"非遗"出人意料地达到了"破圈"程度。尽管公众对非遗的认知或深或浅，却"火"出了圈，以至于在热门视频弹幕中都可以看到这个名词，"非遗"被网民用于形容经典流传的、接地气的、"未必是非遗"的各类文化事项或文化产品……当然，较之于过去鲜有问津的情况，这是我们想看到的大好局面。

中国人对自有遗产的认知从文物、古建、典籍等"物质"层面上升到了"非物质"层面，遗产保护的意识从"静态保护"层面上升到了"活态保护"层面。非遗这类各国文明的载体不是束之高阁的、遥不可及的、久远空泛的，而是身边就有的、可浸入可传习的，公众参与遗产保护的门槛也就降低了，且参与非遗实践的过程就是共享保护成果的过程……这也加速了"非遗"的全民化认知。

党的十八大以来，习近平总书记在不同场合多次谈到非物质文化遗产的保护与传承。2021年8月，中办国办印发《关于进一步加强非物质文化遗产保护工作的意见》，这是继2005年国办印发《关于加强我国非物质文化遗产保护工作的意见》之后再度发文，体现了中央对非遗保护事业的高度重视，也标志着中国的非遗保护在"十四五"时期进入了一个注重系统性高质量发展、注重保护成果利用的新阶段。

科技要精确、有效助力非遗保护，应与国际、国内保护非遗的主要措施相匹配。国际上主张从确认、立档、研究、保存、保护、宣传、弘扬、传承和振兴九个方面保护非遗；我国则以立法的方式明确了采取传承、传播等措施予以保护；此外，非遗作为中华优秀传统文化的重要组成部分，还应坚持创造性转化和创新性发展原则，发挥非遗在延续和发展中华文明、促进人类文明进步中的重要作用。

二、非遗的传承伴随着创新

非遗是前人的创造，被更多前人所认同继而沿袭，也历经了不少前人的创新改良，经岁月沉淀得以存续至今。因而作为非遗保护基本措施的"传承"，从古至今也伴随着自主自发的"创新"，包括与生产力水平提升相对应的技术更新。工具的改良使得手工艺人劳动强度降低、效率提高，工艺的优化使得传统技艺制成品质量提升，比如电动工具在石雕、木雕甚至玉雕等工艺美术行业中的运用，使得初步加工和后期的精加工都更为省力、创作余地也更大了。

与此同时，现当代的技术更迭又对传统工艺造成了替代式的冲击，与手工技艺的保护形成了直接矛盾。比如，电脑编程控制的雕刻机械使得石雕、木雕转向批量化生产，只有人物面部刻画等工序还保留手工雕刻，对工艺价值、技艺传承都造成了巨大影响。又如，南京云锦木机妆花手工织造技艺是第一批国家级非遗代表性项目，还于2009年入选人类非遗代表作名录，民间流传着"寸锦寸金"的说法。实际上，云锦有织金、库锦、库缎和妆花等四大类品种，前三类已可用现代机器生产，唯有妆花的"挖花盘织""逐花异色"至今仍只能用手工完成。当代，丝织新品种不断研发，市场对云锦的需求量降低了，如不加干预，妆花手工织造技艺就会濒临失传。因而，不断有专家呼吁：如果不对传统工艺的手工性进行保护，任其被机械化所取代，最终将导致传统工艺美术走向消亡。

城乡社会结构、生产生活方式的改变，使得更多传统与当代人渐行渐远。中国传统家具榫卯结构、传统染织技术、传统酿造技术……这些流淌进中国人血液中的技艺，早已超越了满足现实需求本身，内化为中华文明延续的承载物。科技在其中能够扮演怎样的角色？不是替代取代式的创新，而是创造条件、创新模式来促进活态传承，让科技助力更多非遗发挥价值、回归日常、返潮当代。

"非遗+科技"可助中国故事开辟当代舞台。梁山伯与祝英台传说是我国四大民间传说之一，千百年来，正是以梁祝传说为内容的音乐、舞蹈、戏剧、曲艺等艺术表现形式使其成为中国民间文学艺术之林中的瑰宝。由梁祝传说改编的越剧《梁山伯与祝英台》、小提琴协奏曲《梁祝》、电影《梁山伯与祝英台》等构成了庞大的梁祝文化系统。从中可知，中国故事的讲述载体是随着时代更新的，当代科技催生的新兴艺术形态可为非遗叙事丰富表达方式、开辟当代舞台。

图 10.1.1　梁祝传说改编的艺术作品演出

"非遗+科技"可助中国艺术贴近现代审美。以意造境道法自然，余音绕梁三月不绝……中国式审美积淀了中国人千年的心灵世界，而这种独特品位的代际传承离不开与所在时代的默契接轨，实现民族个性的延续与传扬，审美风范的历久弥新。比如，自贡灯会是第二批国家级非遗代表性项目，传统制作技艺与现代科学技术相结合，制成的灯彩呈现出美轮美奂的面貌，将自贡灯会延续至符合当下的艺术境界。

图 10.1.2　自贡灯会举办现场

"非遗+科技"可助中国工艺重塑手工价值。手工的价值在于文化传统的厚度、工艺技艺的精度、蕴含情感的温度，科技可助力手工价值的确认、传递与增值，让手工制作的产品不被淹没、得到珍视。数字化转型推动新的生产和消费模式的产生，体验经济、个性化订制经济、互动经济等时代机遇如何惠及传统手工艺？互联网企业可在其中扮演平台角色，助中国工艺重塑手工价值，弘扬匠人精神。

三、非遗的传播因技术升级

"传播"是另一项重要的非遗保护措施，实质上可以上升到媒介与文明的关系问题。非遗是媒介，是从古至今文明传承、文化交流的媒介，从口耳传递的语言、心手传递的造型，到肢体传递的表演、群体传递的仪式……非遗是工业时代之前人类交流媒介的合集。在联合国教科文组织《保护非物质文化遗产公约》的序言部分就有以下表述："非物质文化遗产是密切人与人之间的关系以及他们之间进行交流和了解的要素,它的作用是不可估量的。"

与此同时,媒介是随时代而发展甚至更替的,印刷文本、摄影图像、广播音频、影视多媒体……当传承人类文明、促成文化交流的载体和工具不断更新之时,非遗的媒介属性势必弱化,需要借力其他媒介促成非遗可见度的提升,与当代社会重新建立连接;非遗的资源属性应当增强,通过与新载体、新媒介的结合实现价值延续与转化,投入新的文化创作与生产之中。

科技可助力非遗的全息科普。帮助公众理解文化遗产的内在和外在价值以及与个人的关系,这是一个遗产与当代人建立关联的过程,也是遗产知识个人化的过程。这个过程的实现需要借助公众常用的媒介和热衷的表达方式。比如,自媒体让公众自主发现和分享,遗产保护的自觉意识通过媒介化的过程得以实现;网络社交平台帮助不同圈层的公众接触并参与非遗相关实践,使得遗产被从公众角度重新发现;每项遗产的前世今生都是丰富的、拥有多重解释,科技以跨时空、多感官、可交互的方式解读遗产,可以帮助公众去延伸认知、探索更多。

科技可助力非遗资源的聚合。故宫、敦煌的文化资源是聚合的,无论是资源存在的物理空间,还是文化标签的标志性、符号化。但非遗是散点的,散布在几乎所有的人类聚居地,因而无论是保护还是利用,都需要对资源进行系统化梳理和整合。大约十多年前,我们开始非遗数字化保存的实践与研究时,即是从数据著录和数据库搭建开始。如今,非遗资源的聚合应当突破"数字人文"所指向的研究范畴,建构非遗保护利用的智能中枢,让用户可以"到达"每项非遗以及每项非遗所连接着的若干个相关社区、群体和个人,让保护利用需求的发布、匹配和协同都能在线实现,达到深度、动态、多效整合资源,激活这一宝库。

科技可助力非遗的创新转化。在全球化与本土化的博弈中,科技的角色至关重要,是大众文化的创造者、排头兵,也可以是传统文化回归的驱动者、民族文化复兴的原动力,让中华文化艺术与当代人的精神世界和物质生活相遇,与现代教育、娱乐、消费模式合拍。在科技的助力下,更多非遗可以将精神内核嵌入当代各类新兴载体之中,生成新的文化形态和文化消费;能够为"国风""国潮"持续供给养分,深化其内涵与潜力。即使在科技创造的虚拟世界里,流传下来的民间文化财富仍然是行之有效的，因为虚拟世界仍旧是人类文明延续、文化传承的实践之地。

第二节　共同性与时代性：增强中华文明传播力影响力

2023 年，哈佛大学校园中心原塞克勒博物馆开辟了一处专门展示中国古建筑等文化遗产的数字媒体空间 CAMLab Cave，这是由哈佛大学文理学院中国艺术实验室（CAMLab）搭建的文化遗产主题数字媒体艺术沉浸式剧场式展览，不同于文物藏品陈列展览。它融合了 VR、AR、全息投影、动作捕捉等前沿展示技术，聚合了教学、科研、展览等多种功能，在全球视野下讲述中国艺术、中国建筑，为来自世界各地的精英青年展示与解读中华文明的魅力。

在世界顶尖高校展示中华文化的意义是非凡的。实验室由哈佛大学洛克菲勒亚洲艺术终身教授汪悦进（Eugene. Y. Wang）于 2018 年创立，深厚的学术积淀是实验室的底色，而全球性跨学科合作、高科技艺术化呈现是实验室的两大特色。参访哈佛大学中国艺术实验室，引发笔者去思考如何借助艺术与科技展现中华文明的深厚底蕴，如何在当代"烹制"跨文化传播的时空盛宴。

一、着眼共同性，促进中华文化资源全球共享

在 CAMLab Cave 开幕式上，汪悦进教授娓娓道来"洞窟（Cave）"这一展览空间构想的来龙去脉。在我看来，他没有拘泥于向师生解释东方佛教、道教中的禅修洞窟、修行洞天等概念，而是采用西方知识体系中的"笛卡尔剧院"身心关系模型来引出空间的立意，并用调研中探访过的中国大陆及台湾地区石窟寺、山洞图片来直观呈现这个位于哈佛校园的展示空间与现实中的人类文明载体——洞窟之间的关联，帮助不同文化背景的观众建构对展览的时空认知。向来自世界各地的资深学者、青年学子阐释东方文化的精髓要义，这种深层次的跨文化交流绝非易事。但从开幕式现场的座无虚席以及台下师生的积极互动中，可以看到汪悦进教授及其中国艺术实验室已然掌握了跨文化传播的密码。

哈佛大学燕京学社悬挂着一副对联："文明新旧能相益，心理东西本

自同。"我想这就是第一组密码,在文化多元、多样之上寻求并演绎其中的共同与共通。这种"共同性"可以是自然与人类社会共同遵循的普遍秩序、伦理道德与终极思考,也可以是直击人类个体思想与情感的微观认同,比如技艺的精湛、美的体验、记忆的价值等。正是着眼于共同性,中国艺术实验室的各类项目吸引了来自世界各地各学科专业的优秀人才参与其中,从项目合作中贡献所有、汲取所需,这也使得项目成果拥有了全球化视野以及世界级水平,能够获得更广泛的认同与共鸣。

实验室的学术转化高度体现了全球跨学科人才创新协作平台的属性。比如,开始于2018年的"建筑之躯"项目,旨在从中国各地代表性古建筑中探究各时期中国建筑的设计思维与空间想象,横跨建筑史、艺术史、文学史等多个学科,将中国古建筑的结构、空间、雕塑、铭刻、绘画以及陈设等元素都予以采集、研究,并整合、转化、在数字媒体艺术作品之中予以展示、用于教学。目前已在 CAMLab Cave 展示的"建筑之躯:辽塔"(应县木塔)子项目,宏阔而精妙的视觉渲染、启迪心智的叙事结构、恰如其分的音乐音效……为何实验室的数字媒体艺术作品超脱于简单的"炫技"、每个视听元素及其组合都是如此美轮美奂而直击心灵,总能传递出深厚的思想与独特的意境?原因就在于这些作品的背后都有强大而多元的项目团队。该项目在学术探究阶段就是在实验室与清华大学建筑学院、内蒙古工业大学建筑学院等高校机构通力合作之下开展的,历经多轮国际会议、国际工作坊的智慧碰撞;而转化为沉浸式多媒体展览的过程更是全球协作的结果:在成果发布现场,从北美、欧洲到亚洲,分布于世界各地的专家、技术人员通过大屏幕介绍自己所在机构、从事专业以及项目分工时,让人尤其觉得震撼。

中华文化资源博大精深,应抱有怎样一种"资源观"更有利于发挥其当代价值、扩大其传播力影响力?实际上,文化资源不同于其他资源,挖掘与开发反而可以使文化资源增量、增值,开放与共享才能实现文化资源的价值输出、影响力扩大,鼓励协作、惠益他人才能使中华文化升格为全人类的精神财富、全世界的主流文化。实验室即是基于中华文化、东方艺术构筑起的共享共创的全球性平台,让中华文化资源的学术挖掘、内涵外化、表达活化成为全球跨学科人才创新协作的主题,让中华文明为世界所共享。

二、凸显时代性，讲述与体验方式同步当代化

讲故事，是国际传播的最佳方式。如何讲好中华文明的故事，是当代人文社科学者肩负的重要使命。东方古国的辉煌过往为讲故事提供了充足、独特且生动的素材，但仅有素材是不够的，怎么讲述往往决定了故事有没有听众。人类的思想在演进，时代的焦点与困惑也在改变，符合当代思维、易于感知体验、引发普世共情、激发参与创造的"新编故事"才能被广泛传播，这是第二组密码。

中国艺术实验室已然成功转译的古代文明"故事"既包括古建、园林、文献等物质文化遗产，也包括舞蹈、戏曲、陶艺等非物质文化遗产，将中华文化样本与想象力、创造力相结合是其共同的特点。需要强调的是，这种转译融会了当代研究者跨学科的学术思考、当代艺术家再创造的创意构思，更引入了激发公众想象力与创造力的讲述方式。比如实验室项目"Cave Dance（窟·舞）"对敦煌乐舞文化进行跨学科研究，将静态壁画和专业舞者的动作捕捉数据用于训练机器学习，最终生成动画动作序列的人机协作编排模型，以一组数字装置的形式进行展览，为参观者呈现了敦煌舞蹈的动态世界，并引导观者去思考敦煌乐舞所包含的丰富文化想象。

在 CAMLab Cave 中，参观者沉浸于情境之中，可以直观感受，可以步入探索，也可以互动交流，甚至可成为被展示的对象，呈现在屏幕之中。展览说明文字也是平等互动、开放探讨的语言，旨在促进参观者想象、思考、表达，从被动的观察者转变为积极的行动者。比如古建筑，要鼓励当代人去想象古人的设计意图与精神追求，如何引发这样的想象？实验室给出了一种参考，那就是在呈现古代文明时，脱离表象的直观展示，以可视化、多感官、交互式的讲述方式去传递文化意境与精神内涵，提供浸入想象的基点而又保留足够想象的空间。

与此同时，中国艺术实验室建立的"文化遗产体验剧场"模式，实现了从"讲故事"到"体验故事"的转变。剧场让文化遗产得到更为完整的展示、更为丰富的阐释，带领观众体验不同文化时空的物质遗存，并超越表象进入文化时空的精神世界。汪悦进教授就曾谈道：哈佛中国艺术实验室最核心的一种精神或者说关怀是塑造一种体验，让大家感受到进入特定体验之后所产生的新认知。CAMLab Cave 中正展出的项目即

在用数字媒体将文化遗产所包含的思想予以物质化、外化、体验化方式呈现，继而激发人们去想象与思考。

三、激发创新力，布局文明赓续的未来链接点

从纵向的历史轴线来看，文明的赓续在于后继有人、枝繁叶茂，要始终具有发展演进的动力、创新创造的活力；而从横向的时代轴线来看，文明的载体势必形态多样、与时俱进，前瞻性的布局将为中华文明链接未来、造福子孙积蓄更多力量。

（一）以中华传统文化的"新两创"作为链接点

衡量文化繁荣和可持续发展的重要指标就是人民群众尤其是青年参与文化的能力，而鼓励中华传统文化创造性转化、创新性发展正好给予了年轻人参与文化实践、锻炼创新能力的机会。其中，非物质文化遗产是中华优秀传统文化的重要组成部分，而近年来也成为备受年轻人关注与热爱的文化形态。究其原因，很重要的一点是人们在体验、学习、传播、传承等各类非遗实践中找到了乐趣、认同感及自我价值实现的途径，每个参与的个体都成为非遗蓬勃发展的生命力来源。

非遗也是国际文化交流的通用语汇，是全人类共同的宝贵财富。在联合国教科文组织《公约》中就提到：非物质文化遗产是密切人与人之间的关系以及他们之间进行交流和了解的要素，它的作用是不可估量的。以非遗为纽带，2023年笔者在哈佛大学塞维尔厅（Sever Hall）举办了一场"非遗里的当代中国"分享活动，通过讲述各地非遗传承人的创新实践展示当代中国人的文化生活与生活文化，在哈佛园营造了一个共享中华非遗独特魅力的文化空间。这次活动立足于让更多当代人分享和享受非遗带来的滋养与活力，也传递了海外华人与留学生对中华传统文化的普遍珍视与主动传承。

（二）以网络虚拟空间的"新传承"作为链接点

进入互联网时代之后，文化参与的方式与路径不断向网络虚拟空间拓展，基于网络媒介的新场景、新业态成为孕育文化、发展文化的新空间。比如，新媒体已然成为文化遗产价值弘扬的重要平台。文化遗产在

维系身份认同、慰藉人类心灵、促进社会可持续发展等方面具有不可替代的作用，这种作用可通过新媒体广泛传递；数字化的遗产资源可为文化创意、社会创新提供不竭素材，利用新媒体开源共创的潜力巨大；此外，文化遗产的丰富内涵也可助力网络治理，科技、数据、媒介本身无法守护"精神家园"，但当它们与文化内容相结合时，就可以生发出守护功能。

人工智能、虚拟现实、云计算等新兴技术正在改变信息与知识传播的方式，渗透影响着当代人的生活与思维方式，也将与人类文明走向密切相关。因此，人类过往文明产物在当代面临挑战与机遇并存的复杂局面，应以积极、超前的态度看待技术革新背景下的文化传承与创新，预见中华文化与新兴技术手段、传播渠道、消费业态相结合的巨大潜力，鼓励各门类文化艺术探索数字化生存、虚拟空间传承的崭新路径。

如何把我国文化遗产中蕴含的中华文明精神、有助于解决人类共同问题的思想智慧传递出去，首先是求同，促进中华文化资源的全球共享；其次是转译，用当代人热衷的讲述方式与体验方式播种中华文明；最后是创新，以中华传统文化的"新两创"、网络虚拟空间的"新传承"作为链接点。当中华文化真正在日常生活中惠益世界人民，全球人才将中华文化作为创新创造的资源要素时，文明的影响力才是空前的。

参 考 文 献

1. [美]蒂莫西（Dallen J.Timothy），文化遗产与旅游[M].孙业红，译.北京：中国旅游出版社，2014.
2. [美]斯蒂芬·李特约翰.人类传播理论[M].史安斌，译.北京：清华大学出版社，2004.
3. [美]斯坦利·巴兰，丹尼斯·戴维斯.大众传播理论：基础、争鸣与未来[M].曹书乐，译.北京：清华大学出版社，2004.
4. [美]特里·甘布尔，[美]迈克尔·甘布尔.有效传播（注释版）[M].苏政，译.海口：海南出版社，2013.
5. [美]威廉·J.穆尔塔夫.时光永驻：美国遗产保护的历史和原理（第3版）[M].谢靖，译.北京：电子工业出版社，2012.
6. [美]约瑟夫·德维托.人际传播[M].北京：北京大学出版社，2007.
7. [墨]豪尔赫·A.桑切斯·科尔德罗.文化遗产：文化与法律文集[C].常世儒 等，译.北京：文物出版社，2014.
8. [日]柳田国男.民间传承论与乡土生活研究法[M].王晓葵，王京，何彬，译.北京：学苑出版社，2010.
9. [西]萨尔瓦多·穆尼奥斯·比尼亚斯.当代保护理论[M].张鹏，张怡欣，吴霄婧，译.上海：同济大学出版社，2012.
10. [英]柏恩（C.S.Burne）.民俗学问题格[M].广州：国立中山大学语言历史学研究所，民国17年[1928].
11. [英]贾斯汀·奥康诺.艺术与创意产业[M].王斌，张良丛，译.北京：中央编译出版社，2013.
12. [英]希拉里·柯林斯.创意研究：创意产业理论与实践[M].欧静，李辉，译.长沙：湖南大学出版社，2012.
13. A.邓德斯.阐释民俗（Interpreting folklore）[M].布卢明顿（Alan Dundes）：印第安纳大学出版社，1980.
14. Bortolotto, Chiara, UNESCO, cultural heritage, and outstanding universal value:value-based analyses of the World Heritage and Intangible Cultural Heritage Conventions, INTERNATIONAL JOURNAL OF HERITAGE STUDIES, 2015, 21(5), 528-530.
15. Darko Babić, Experiences and (hidden) Values of Ecomuseums, 2009, 237-252.
16. Diamond, Heather A., American Aloha: Cultural Tourism and the Negotiation of Tradition, University of Hawaii Press, 2008.
17. Ott, Michela, Dagnino, Francesca Maria, Pozzi, Francesca, Intangible Cultural Heritage: Towards collaborative planning of educational interventions, COMPUTERS IN HUMAN BEHAVIOR, 2015, 51, 1314-1319.
18. UNESCO, A guided tour of our past, Museum International, 2001.12.
19. UNESCO, Convention on the Protection and Promotion of the Diversity of Cultural Expressions 2005[EB/OL], http://portal.unesco.org/en/ev.php-URL_ID=31038&URL_DO=DO_TOPIC&URL_SECTION=201.html.
20. UNESCO, Convention for the Safeguarding of the Intangible Cultural Heritage

2003[EB/OL]. http://portal.unesco.org/en/ev.php-URL_ID=17716&URL_DO=DO_TOPIC&URL_SECTION=201.html.
21. UNESCO, Recommendation on the Safeguarding of Traditional Culture and Folklore[EB/OL]. http://portal.unesco.org/en/ev.php-URL_ID=13141&URL_DO=DO_TOPIC&URL_SECTION=201.html.
22. 安德明. 非物质文化遗产保护：民俗学的两难选择 [J]. 河南社会科学，2008（1）.
23. 巴莫曲布嫫. 从语词层面理解非物质文化遗产——基于《公约》"两个中文本"的分析 [J]. 民族艺术，2015（6）.
24. 巴莫曲布嫫. 非物质文化遗产：从概念到实践 [J]. 民族艺术，2008（1）.
25. 蔡建国. 中华文化传播：任务与方法 [M]. 上海：上海人民出版社，2008.
26. 曹玲，薛春香. 农业历史文献数字化建设研究 [M]. 合肥：安徽师范大学出版社，2013.
27. 陈勤建，华东师范大学中国民俗保护开发研究中心，中国梁祝文化研究会. 东方的罗密欧与朱丽叶：梁祝口头遗产文化空间 [C]. 哈尔滨：黑龙江人民出版社，2005.
28. 陈韬文，黄煜，马杰伟，等. 与国际传播学大师对话 [C]. 北京：中国人民大学出版社，2011.
29. 陈卫星. 传播的观念 [M]. 北京：人民出版社，2004.
30. 陈喜乐. 网络时代知识创新与信息传播 [M]. 厦门：厦门大学出版社，2007.
31. 陈燕，陶丹，李广增，等. 传播学研究方法 [M]. 北京：科学出版社，2002.
32. 崔瑜珍. 中韩传统节俗文化内容的交互展示设计研究 [D]. 北京：清华大学，2010.
33. 董与思. 数字化视觉传达设计的创新 [D]. 北京：清华大学，2006.
34. 高鸣. 面向文化内容展示的数字娱乐设计方法研究 [D]. 北京：清华大学，2009.
35. 贵州省黔东南苗族侗族自治州人民政府. 黔东南：迷人的民族文化生态博物馆 [M]. 贵阳：贵州民族出版社，2006.
36. 郝凝辉. 中国传统文化遗产的数字化研究——明式家具的文化展现 [D]. 北京：清华大学，2006.
37. 何子明. 公共精神产品输出体制研究 [M]. 长沙：湖南人民出版社，2015.
38. 贾磊磊. 数字化时代文化遗产的保护和展现：中美文化论坛文集 [C]. 北京：文化艺术出版社，2010.
39. 姜东成. 文化遗产的数字化保护方法研究：以《营造法式》为例 [D]. 北京：清华大学，2009.
40. 蒋淑君. 记忆的重构与整合：文化遗产数字化展示与传播特性研究 [D]. 北京：清华大学，2004.
41. 卡尔文·汤姆金斯. 商人与收藏：大都会艺术博物馆创建记 [M]. 张建新，译. 北京：译林出版社，2014.
42. 梁昊光，兰晓. 文化资源数字化 [M]. 北京：人民出版社，2014.
43. 梁同福. 数字化时代中国民族传统体育的国际化研究 [D]. 北京：清华大学，2011.
44. 林惠祥. 民俗学 [M]. 商务印书馆，民国三十六年 [1947].
45. 林毓生. 中国传统的创造性转化 [M]. 北京：生活·读书·新知三联书店，2011.
46. 林志宏，伍江 主编. 世界文化遗产与城市 [M]. 上海：同济大学出版社，2012.
47. 刘琛. 全球化背景下的跨文化传播——印度电视传媒变迁研究 [M]. 北京：外语教

学与研究出版社，2007.
48. 柳田国男. 民间传承论与乡土生活研究法 [M]. 王晓葵，王京，等译. 北京：学苑出版社，2010.
49. 鲁东明，潘云鹤. 文化遗产的数字化保护：技术与应用 [M]. 杭州：浙江大学出版社，2009.
50. 美国新媒体联盟，中国科学技术协会科学技术普及部 编译. 新媒体联盟地平线报告（2013 年博物馆版）. 北京：中国科学技术出版社，2015.
51. 潘可武. 新媒体研究方法与观念 [C]. 北京：中国传媒大学出版社，2015.
52. 彭冬梅. 非物质文化遗产数字化保护与传播研究——以剪纸艺术为例 [M]. 济南：山东人民出版社，2014.
53. 全国人大常委会法制工作委员会行政法室. 非物质文化遗产法释义及实用指南 [M]. 北京：中国民主法制出版社，2011.
54. 阮艳萍. 传递与共享：文化遗产数字传承者——以云南为例的研究）[M]. 北京：中国书籍出版社，2013.
55. 宋娴，胡芳，刘哲，等. 新媒体与博物馆发展 [M]. 上海：上海科技教育出版社，2014.
56. 覃京燕. 文化遗产保护中的信息可视化设计方法研究 [D]. 北京：清华大学，2007.
57. 提姆·安鲁斯. 新博物馆管理：创办和管理博物馆的新视野 [M]. 桂雅文，译. 台北：五观艺术管理有限公司，2003.
58. 王贵生. 剪纸民俗的文化阐释 [M]. 北京：北京大学出版社，2009.
59. 王可. 互动技术在非物质文化遗产展示中的运用 [J]. 中国艺术研究院，2013.
60. 王嵩山. 想象与知识的道路：博物馆、族群与文化资产的人类学书写 [M]. 台北：稻乡出版社，2005.
61. 王巍. 诗经民俗文化阐释 [M]. 北京：商务印书馆，2004.
62. 王文章. 非物质文化遗产概论 [M]. 北京：文化艺术出版社，2006.
63. 王小根. 吴地文化遗产数字化及其教育传承 [M]. 北京：科学出版社，2013.
64. 魏青. 遗产的阐释与展示：连接起点的最后一环 [J]. 世界遗产，2015（11）：22-23.
65. 文化部外联局. 联合国教科文组织《保护非物质文化遗产公约》基础文件汇编 [C]. 北京：外文出版社有限责任公司，2012.
66. 文化部外联局. 联合国教科文组织保护世界文化公约选编 [C]. 北京：法律出版社，2006.
67. 夏学理. 文化创意产业概论（第 2 版）. 台北：五南图书出版公司，2011.
68. 肖航，纪秀生，韩愈. 软传播：华文媒体海外传播研究 [M]. 北京：中国传媒大学出版社，2013.
69. 萧放. 非物质文化遗产核心概念阐释与地方文化传统的重建 [J]. 民族艺术，2009（1）：6-12.
70. 杨红, 非物质文化遗产数字化研究 [M]. 北京：社会科学文献出版社，2014.
71. 尹笑非. 中国民间传统吉祥图像的理论阐释 [M]. 上海：上海世纪出版集团，2009.
72. 苑利，顾军. 非物质文化遗产学 [M]. 北京：高等教育出版社，2009.
73. 张力军，肖克之. 小黄侗族民俗：博物馆在非物质文化遗产保护中的理论研究与实践 [M]. 北京：中国农业出版社，2008.

74. 张铭心，徐婉玲．文化遗产保护与区域社会发展研究：以吐鲁番地区故城遗址为例 [M]．北京：民族出版社，2012．
75. 张宵临．数字化剪纸动画的动态表现研究 [D]．北京：清华大学．2013．
76. 郑巨欣，陈峰．文化遗产保护的数字化展示与传播 [M]．北京：学苑出版社，2011．
77. 周爱群，胡翼青．受众研究的理论与实践 [M]．南京：江苏人民出版社，2005．
78. 周超．社区参与：非物质文化遗产国际法保护的基本理念 [J]．河南社会科学，2011（2）．
79. 周明全，耿国华，武仲科．文化遗产数字化保护技术及应用 [M]．北京：高等教育出版社，2011．
80. 庄晓东．文化传播：历史、理论与现实 [M]．北京：人民出版社，2003．
81. 全国人大常委会法制工作委员会行政法室．中华人民共和国非物质文化遗产法释义及实用指南 [M]．北京：中国民主法制出版社，2011．
82. 中华人民共和国文化和旅游部国际交流与合作局．联合国教科文组织《保护非物质文化遗产公约》基础文件汇编（2016版）[M]．北京：中国数字文化集团有限公司，2019．
83. 田青．"非遗"扶贫 [J]．长江文化论丛，2017．
84. 杨红．目的·方式·方向——中国非遗保护的当代传播实践 [J]．文化遗产，2019（6）．
85. 杨红．非遗与旅游融合的五大类型 [J]．原生态民族文化学刊，2020，12（1）．
86. 王学思．全国非遗保护工作先进代表和传承人座谈活动举行 [N]．中国文化报，2018-6-9：2 版．
87. 陈熠瑶．非遗与旅游融合十大优秀案例发布 [N]．中国旅游报，2019-6-10（2）．
88. 中共南京市委宣传部．1700 岁的秦淮灯会，南京人的仪式感 [EB]．南京市委市政府新媒体平台"南京发布"，2019-1-16．
89. 张江信，袁婷婷．秦淮灯会：立足传统巧创新　活态传承促发展 [N]．中国旅游报，2019-7-4．
90. 国家旅游局．旅游服务基础术语（GB/T16766 – 1997）[S]．北京：中国标准出版社，1997：3．
91. 文化和旅游部财务司．中华人民共和国文化和旅游部 2018 年文化和旅游发展统计公报 [EB]．文化和旅游部网站，2019-5-30．
92. 业祖润．传统聚落环境空间结构探析 [J]．建筑学报，2001（12）：21-24．
93. 马航．中国传统村落的延续与演变——传统聚落规划的再思考 [J]．城市规划学刊，2006（1）：102-107．
94. 英国诺威治 HEART 数字遗产项目（Norwich HEART's Digital Heritage Project），http：//www.archivealive.org/．
95. 美国丹佛大学人类学博物馆，http：//www.du.edu/ahss/anthropology/museum．
96. 挪威民俗博物馆，http：//www.norskfolkemuseum.no/．
97. 韩国国立民俗博物馆，http：//www.nfm.go.kr．
98. 中国香港公共图书馆多媒体资讯系统——"香港非物质文化遗产资源库"，https：//sc.lcsd.gov.hk/TuniS/mmis.hkpl.gov.hk/ich．